Git

René Preißel arbeitet als freiberuflicher Software-Architekt, Entwickler und Trainer. Er beschäftigt sich seit vielen Jahren mit der Entwicklung objektorientierter Anwendungen und Frameworks. Seine Arbeitsschwerpunkte liegen im Bereich Architektur, Java EE und Konfigurationsmanagement.

Mehr Informationen unter www.eToSquare.de.

Bjørn Stachmann arbeitet als Senior Software Engineer mit Schwerpunkt Softwarearchitektur für die etracker GmbH in Hamburg und betreut dort Produktentwicklungen in PHP, Java und C++.

René Preißel · Bjørn Stachmann

Git

Dezentrale Versionsverwaltung im Team
Grundlagen und Workflows

3., aktualisierte und erweiterte Auflage

dpunkt.verlag

René Preißel
Bjørn Stachmann
E-Mail: git@eToSquare.de

Lektorat: René Schönfeldt
Copy-Editing: Friederike Daenecke, Zülpich
Satz: Da-TeX, Leipzig
Herstellung: Susanne Bröckelmann
Umschlaggestaltung: Helmut Kraus, www.exclam.de
Druck und Bindung: M.P. Media-Print Informationstechnologie GmbH, 33100 Paderborn

Bibliografische Information der Deutschen Nationalbibliothek
Die Deutsche Nationalbibliothek verzeichnet diese Publikation in der Deutschen Nationalbibliografie; detaillierte bibliografische Daten sind im Internet über http://dnb.d-nb.de abrufbar.

ISBN
Buch: 978-3-86490-130-0
PDF: 978-3-86491-817-9
ePub: 978-3-86491-818-6
mobi: 978-3-86491-819-3

3., aktualisierte und erweiterte Auflage 2016

Wieblinger Weg 17
69123 Heidelberg

5 4 3 2 1 0

Dieses Buch wurde selbstverständlich mit Git erstellt:

```
Version (Commit-Hash):
commit dd16c60d041cf90eddd3f49dcbd806745e13a048
Author: bstachmann

    Druckfertig machen.

Anzahl Commits:

    1767

Änderungsstatistik:

 785 files changed, 345123 insertions(+), 228 deletions(-)

Status:

On branch auflage-3/auflage3.1
nothing to commit, working directory clean
```

Vorwort

Warum Git?

Git hat eine rasante Erfolgsgeschichte hinter sich. Im April 2005 begann Linus Torvalds, Git zu implementieren, weil er keinen Gefallen an den damals verfügbaren Open-Source-Versionsverwaltungen fand. Heute, im Herbst 2015, liefert Google Millionen von Suchtreffern, wenn man nach »git version control« sucht. Für neue Open-Source-Projekte ist es zum Standard geworden, und viele große Open-Source-Projekte sind zu Git migriert.

Arbeiten mit Branches: Mit Git können viele Entwickler parallel auf dezentralen Repositorys arbeiten. Dabei entstehen viele unterschiedliche Entwicklungsstränge. Die Stärke von Git besteht in den Werkzeugen, die helfen, diese Entwicklungsstränge wieder zusammenzuführen: *Merging*, *Rebasing*, *Cherry-Picking* etc.

Flexibilität in den Workflows: Manche sagen, dass Git im Grunde gar keine Versionsverwaltung sei, sondern ein Baukasten, aus dem sich jeder seine eigene Versionsverwaltung zusammensetzen kann. Git ist außergewöhnlich flexibel. Ein einzelner Entwickler kann es für sich allein nutzen, agile Teams finden leichtgewichtige Arbeitsweisen damit, aber auch große internationale Projekte mit zahlreichen Entwicklern an mehreren Standorten können passende Workflows entwickeln.

Contribution: Die meisten Open-Source-Projekte existieren durch freiwillige Beiträge von Entwicklern. Es ist wichtig, das Beitragen so einfach wie nur möglich zu machen. Bei zentralen Versionsverwaltungen wird dies oft erschwert, weil man nicht jedem schreibenden Zugriff auf das Repository geben möchte. Jeder kann ein Git-Repository klonen, damit vollwertig arbeiten und dann später die Änderungen weitergeben (siehe auch »Pull-Request« auf Seite 150).

Performance: Auch bei Projekten mit vielen Dateien und langen Historien bleibt Git schnell. In weniger als einer halben Minute wechselt es zum Beispiel von der aktuellen Version auf eine sechs Jahre ältere Version der Linux-Kernel-Sourcen – auf einem kleinen

MacBook Air. Das kann sich sehen lassen, wenn man bedenkt, dass über 200.000 Commits und 40.000 veränderte Dateien dazwischen liegen.

Robust gegen Fehler und Angriffe: Da die Historie auf viele dezentrale Repositorys verteilt wird, ist ein schwerwiegender Datenverlust unwahrscheinlich. Eine genial simple Datenstruktur im Repository sorgt dafür, dass die Daten auch in ferner Zukunft interpretierbar bleiben. Der durchgängige Einsatz kryptografischer Prüfsummen erschwert es Angreifern, Repositorys unbemerkt zu korrumpieren.

Offline- und Multisite-Entwicklung: Die dezentrale Architektur macht es leicht, offline zu entwickeln, etwa unterwegs mit dem Laptop. Bei der Entwicklung an mehreren Standorten ist weder ein zentraler Server noch eine dauerhafte Netzwerkverbindung erforderlich.

Starke Open-Source-Community: Neben der detaillierten offiziellen Dokumentation unterstützen zahlreiche Anleitungen, Foren, Wikis etc. den Anwender. Es existiert ein Ökosystem aus Tools, Hosting-Plattformen, Publikationen, Dienstleistern und Plug-ins für Entwicklungsumgebungen, und es wächst stark.

Erweiterbarkeit: Git bietet neben komfortablen Befehlen für den Anwender auch elementare Befehle, die einen direkteren Zugang zum Repository erlauben. Dies macht Git sehr flexibel und ermöglicht individuelle Anwendungen, die über das hinausgehen, was Git von Haus aus bietet.

Neues in der dritten Auflage

Einsteiger finden die dezentrale Natur von Git oft verwirrend. In der aktuellen Auflage beschreiben wir diese Aspekte (Clone, Push und Pull) deshalb ausführlicher. Aus ursprünglich einem Kapitel sind dabei zwei geworden.

- »Repositorys erstellen, klonen und verwalten«, ab Seite 87
- »Austausch zwischen Repositorys«, ab Seite 93

Mehrere Leser haben kritisiert, dass wir in der vorherigen Auflage Git nur aus Kommandozeilenperspektive gezeigt haben. Die neue Auflage haben wir daher um eine Einführung in das Arbeiten mit dem beliebten grafischen User-Interface »Atlassian SourceTree« ergänzt.

- »Erste Schritte mit SourceTree«, ab Seite 21

Das Thema DevOps ist in aller Munde. Ein wichtiger Aspekt dabei ist die Automatisierung des Build- und Delivery-Prozesses. Dies adressieren wir durch einen neuen Workflow für *Continuous Delivery* und ein Kapitel zur Integration mit dem Build-Server Jenkins.

- »Kontinuierlich Releases durchführen«, ab Seite 193
- »Integration mit Jenkins«, ab Seite 285

Für Produktentwickler hilfreich ist ein neuer Workflow, der erläutert, wie man mehrere Release-Versionen eines Produkts parallel pflegen kann.

- »Mit mehreren aktiven Releases arbeiten«, ab Seite 217

Ein Buch für professionelle Entwickler

Wenn Sie Entwickler sind, im Team Software herstellen und wissen wollen, wie man Git effektiv einsetzt, dann halten Sie jetzt das richtige Buch in der Hand. Dieses Buch ist kein theorielastiger Wälzer und auch kein umfassendes Nachschlagewerk. Es beschreibt nicht alle Befehle von Git (es sind mehr als 100). Es beschreibt erst recht nicht alle Optionen (einige Befehle bieten über 50 an). Stattdessen beschreibt dieses Buch, wie man Git in typischen Projektsituationen einsetzen kann, z. B., wie man ein Git-Projekt aufsetzt oder wie man mit Git ein Release durchführt.

Ein Projekt aufsetzen
→ Seite 135
Release durchführen
→ Seite 203

Die Zutaten

Erste Schritte: Auf weniger als einem Dutzend Seiten zeigt ein Beispiel alle wichtigen Git-Befehle.

Gleich ausprobieren!
→ Seite 9

Einführung: Auf weniger als hundert Seiten erfahren Sie, was man benötigt, um mit Git im Team arbeiten zu können. Zahlreiche Beispiele zeigen, wie man die wichtigsten Git-Befehle anwendet. Darüber hinaus werden wesentliche Grundbegriffe, wie zum Beispiel Commit, Repository, Branch, Merge oder Rebase, erklärt, die Ihnen helfen zu verstehen, wie Git funktioniert, damit Sie die Befehle gezielter einsetzen können. Hier finden Sie auch einen Abschnitt mit Tipps und Tricks, die man nicht jeden Tag braucht, die aber manchmal nützlich sein können.

Was sind Commits?
→ Seite 29
Tipps und Tricks
→ Seite 121

Workflows: Workflows beschreiben Szenarien, wie man Git im Projekt einsetzen kann, zum Beispiel wenn man ein Release durchführen möchte (»Periodisch Releases durchführen« (Seite 203)). Für jeden Workflow wird beschrieben,

Workflow-Verzeichnis
→ Seite 315

- welches Problem er löst,
- welche Voraussetzungen dazu gegeben sein müssen und
- wer wann was zu tun hat, damit das gewünschte Ergebnis erreicht wird.

»Warum nicht anders?«-Abschnitte: Jeder Workflow beschreibt genau einen konkreten Lösungsweg. In Git gibt es häufig sehr unterschiedliche Wege, um dasselbe Ziel zu erreichen. Im letzten Teil eines jeden Workflow-Kapitels wird erklärt, warum wir genau diese eine Lösung gewählt haben. Dort werden auch Varianten und Alternativen erwähnt, die für Sie interessant sind, wenn in Ihrem Projekt andere Voraussetzungen gegeben sind oder wenn Sie mehr über die Hintergründe wissen wollen.

»Schritt für Schritt«-Anleitungen *→ Seite 313*

»Schritt für Schritt«-Anleitungen Häufig benötigte Befehlsfolgen, wie zum Beispiel »Einen Branch verschieben« (Seite 83), haben wir in »Schritt für Schritt«-Anleitungen beschrieben.

Warum Workflows?

Git ist extrem flexibel. Das ist gut, weil es für die unterschiedlichsten Projekte taugt. Vom einzelnen Sysadmin, der »mal eben« ein paar Shell-Skripte versioniert, bis hin zum Linux-Kernel-Projekt, an dem Hunderte von Entwicklern arbeiten, ist jeder damit gut bedient. Diese Flexibilität hat jedoch ihren Preis. Wer mit Git zu arbeiten beginnt, muss viele Entscheidungen treffen. Zum Beispiel:

- In Git hat man dezentrale Repositorys. Aber möchte man wirklich nur dezentral arbeiten? Oder richtet man doch lieber ein zentrales Repository ein?
- Git unterstützt zwei Richtungen für den Datentransfer: Push und Pull. Benutzt man beide? Falls ja: Wofür verwendet man das eine? Wofür das andere?
- Branching und Merging ist eine Stärke von Git. Aber wie viele Branches öffnet man? Einen für jedes Feature? Einen für jedes Release? Oder überhaupt nur einen?

Um den Einstieg zu erleichtern, haben wir 12 Workflows beschrieben:

- Die Workflows sind Arbeitsabläufe für den Projektalltag.
- Die Workflows geben konkrete Handlungsanweisungen.
- Die Workflows zeigen die benötigten Befehle und Optionen.
- Die Workflows eignen sich gut für eng zusammenarbeitende Teams, wie man sie in modernen Softwareprojekten häufig antrifft.

- Die Workflows sind *nicht* die einzige richtige Lösung für das jeweilige Problem. Aber sie sind ein guter Startpunkt, von dem man ausgehen kann, um optimale Workflows für das eigene Projekt zu entwickeln.

Wir konzentrieren uns auf die agile Entwicklung im Team für kommerzielle Projekte, weil wir glauben, dass sehr viele professionelle Entwickler (die Autoren inklusive) in solchen Umgebungen arbeiten. Nicht berücksichtigt haben wir die speziellen Anforderungen, die sich für Großprojekte ergeben, weil sie die Workflows deutlich aufgebläht hätten und weil wir glauben, dass sie für die meisten Entwickler nicht so interessant sind. Ebenfalls unberücksichtigt bleibt die Open-Source-Entwicklung, obwohl es auch dafür sehr interessante Workflows mit Git gibt.

Tipps zum Querlesen

Als Autoren wünschen wir uns natürlich, dass Sie unser Buch von Seite 1 bis Seite 309 am Stück verschlingen, ohne es zwischendrin aus der Hand zu legen. Aber, mal ehrlich: Haben Sie genug Zeit, um heute noch mehr als ein paar Seiten zu lesen? Wir vermuten, dass in Ihrem Projekt gerade die Hölle los ist und dass das Arbeiten mit Git nur eines von hundert Themen ist, mit denen Sie sich gerade beschäftigen. Deshalb haben wir uns Mühe gegeben, das Buch so zu gestalten, dass man es gut querlesen kann. Hier sind ein paar Tipps dazu:

Muss ich die Einführungskapitel lesen, um die Workflows zu verstehen?

Falls Sie noch keine Vorkenntnisse in Git haben, lautet die Antwort: am besten ja. Grundlegende Befehle und Prinzipien sollten Sie kennen, um die Workflows korrekt einsetzen zu können.

Ich habe schon mit Git gearbeitet. Welche Kapitel kann ich überspringen?

Zusammenfassung am Ende der Einführungskapitel

Auf der letzten Seite in jedem Einführungskapitel 1 bis 14 gibt es eine Zusammenfassung der Inhalte in Stichworten. Dort können Sie sehr schnell sehen, ob es in dem Kapitel für Sie noch Dinge zu entdecken gibt oder ob Sie es überspringen können. Die folgenden Kapitel können Sie relativ gut überspringen, weil sie nur für einige Workflows relevant sind:

Überspringen Sie diese Kapitel, wenn Sie es eilig haben.

Kapitel 6, Das Repository
Kapitel 9, Mit Rebasing die Historie glätten
Kapitel 12, Versionen markieren

Kapitel 13, Abhängigkeiten zwischen Repositorys
Kapitel 14, Tipps und Tricks

Wo finde ich was?

Workflow-Verzeichnis → Seite 315

Workflows: Ein Verzeichnis aller Workflows mit Kurzbeschreibungen und Überblicksabbildung finden Sie im Anhang.

Anleitungsverzeichnis → Seite 313

»Schritt für Schritt«-Anleitungen: Wir haben alle Anleitungen im Anhang aufgelistet.

Index → Seite 321

Befehle und Optionen: Wenn Sie beispielsweise wissen wollen, wie man die Option `find-copies-harder` verwendet und zu welchem Befehl sie gehört, dann schauen Sie in den Index. Dort sind fast alle Verwendungen von Befehlen und Optionen aufgeführt. Oft haben wir die Nummer jener Seite **fett** hervorgehoben, wo Sie am meisten Informationen zu dem Befehl oder der Option finden.

Index → Seite 321

Fachbegriffe: Fachbegriffe, wie zum Beispiel »First-Parent-History« oder »Remote-Tracking-Branch«, finden Sie natürlich auch im Index.

Beispiele und Notation

In den »Erste Schritte«-Kapiteln verwenden wir einige Git-Fachbegriffe, die wir erst in späteren Kapiteln ausführlicher behandeln. Diese sind kursiv gesetzt, z. B. *Repository*. Im Index sind jene Seitenzahlen Fett hervorgehoben, wo der Begriff dann definiert oder ausführlicher erläutert wird.

Index → Seite 321

Viele Beispiele in diesem Buch beschreiben wir mit Kommandozeilenaufrufen. Das soll nicht heißen, dass es dafür keine grafischen Benutzeroberflächen gibt. Im Gegenteil: Git bringt zwei einfache grafische Anwendungen bereits mit: `gitk` und `git-gui`. Darüber hinaus gibt es zahlreiche Git-Frontends (z. B. Atlassian SourceTree[1], TortoiseGit[2], SmartGit[3], GitX[4], Git Extensions[5], tig[6], qgit[7]), einige

Grafische Werkzeuge für Git → Seite 298

[1] http://www.sourcetreeapp.com/
[2] http://code.google.com/p/tortoisegit/
[3] http://www.syntevo.com/smartgit/
[4] http://gitx.frim.nl/
[5] http://code.google.com/p/gitextensions/
[6] http://jonas.nitro.dk/tig/
[7] http://sourceforge.net/projects/qgit/

Entwicklungsumgebungen, die Git von Haus aus unterstützen (IntelliJ[8], Xcode 4[9]), und viele Plug-ins für Entwicklungsumgebungen (z. B. EGit für Eclipse[10], NBGit für NetBeans[11], Git Extensions für Visual Studio[12]). Wir haben uns trotzdem für die Kommandozeilenbeispiele entschieden, weil

- Git-Kommandozeilenbefehle auf allen Plattformen fast gleich funktionieren,
- die Beispiele auch mit künftigen Versionen funktionieren werden,
- man damit Workflows sehr kompakt darstellen kann und weil
- wir glauben, dass das Arbeiten mit der Kommandozeile für viele Anwendungsfälle unschlagbar effizient ist.

In den Beispielen arbeiten wir mit der Bash-Shell, die auf Linux- und Mac-OS-Systemen standardmäßig vorhanden ist. Auf Windows-Systemen kann man die »Git Bash«-Shell (sie ist in der »msysgit«-Installation enthalten) oder »cygwin« verwenden. Die Kommandozeilenaufrufe stellen wir wie folgt dar:

```
> git commit
```

An den Stellen, wo es inhaltlich interessant ist, zeigen wir auch die Antwort, die Git geliefert hat, in etwas kleinerer Schrift dahinter an:

```
> git --version
  git version 2.3.7
```

Eine kurze Einführung in das Arbeiten mit Git-User-Interfaces zeigen wir am Beispiel von SourceTree in Kapitel »Erste Schritte mit SourceTree« ab Seite 21. Wo wir auf Menüpunkte oder Buttons Bezug nehmen, setzen wir diese in Kapitälchen, z. B. ANSICHT | AKTUALISIEREN.

Danksagungen

Danksagungen zur ersten Auflage

Rückblickend sind wir erstaunt, wie viele Leute auf die eine oder andere Weise zum Entstehen dieses Buchs beigetragen haben. Wir möchten uns ganz herzlich bei all jenen bedanken, ohne die dieses Buch nicht das geworden wäre, was es jetzt ist.

---

[8] http://www.jetbrains.com/idea/

[9] http://developer.apple.com/technologies/tools/

[10] http://eclipse.org/egit/

[11] http://nbgit.org/

[12] http://code.google.com/p/gitextensions/

An erster Stelle danken wir Anke, Jan, Elke und Annika, die sich inzwischen kaum noch daran erinnern, wie wir ohne einen Laptop unter den Fingern aussehen.

Dann danken wir dem freundlichen Team vom dpunkt.verlag, insbesondere Vanessa Wittmer, Nadine Thiele und Ursula Zimpfer. Besonderer Dank gebührt aber René Schönfeldt, der das Projekt angestoßen und vom ersten Tag bis zur letzten Korrektur begleitet hat. Außerdem bekanken wir uns bei Maurice Kowalski, Jochen Schlosser, Oliver Zeigermann, Ralf Degner, Michael Schulze-Ruhfus und einem halben Dutzend anonymer Gutachter für die wertvollen inhaltlichen Beiträge, die sehr geholfen haben, das Buch besser zu machen. Für den allerersten Anstoß danken wir Matthias Veit, der eines Tages zu Bjørn kam und meinte, Subversion wäre nun doch schon etwas in die Jahre gekommen und man solle sich doch mal nach etwas Schönerem umsehen, zum Beispiel gäbe es da so ein Tool, das die Entwickler des Linux-Kernels neuerdings nutzen würden ...

Danksagungen zur zweiten Auflage

Ein besonders herzlicher Dank geht an unseren Leser Herrn Ulrich Windl, der das Buch aufmerksamer gelesen hat als die meisten und uns eine lange Liste von Korrekturvorschlägen, Fragen und Verbesserungsvorschlägen zugesandt hat. Sie haben wesentlich dazu beigetragen, dass diese Auflage besser und präziser ist als die erste.

Ebenfalls danken wir Henrik Heine, Malte Finsterwalder und Tjabo Vierbücher für gute Hinweise und Korrekturvorschläge.

Danksagungen zur dritten Auflage

Dieses Mal gab es nicht so viel Feedback. Ein paar kleinere Fehlermeldungen haben wir dennoch erhalten, und so konnten wir das Buch wieder ein wenig verbessern. Vielen Dank dafür.

»Standing on the Shoulders of Giants«

Ein besonderer Dank geht an Linus Torvalds, Junio C. Hamano und die vielen Committer im Git-Projekt dafür, dass sie der Entwickler-Community dieses fantastische Tool geschenkt haben.

Inhaltsverzeichnis

Erste Schritte

Arbeiten mit Git

Workflows: Umstieg auf Git

Mehr über Git

Anhang

1 Grundlegende Konzepte

Dieses Kapitel macht Sie mit den Ideen einer dezentralen Versionsverwaltung vertraut und zeigt die Unterschiede zu einer zentralen Versionsverwaltung auf. Anschließend erfahren Sie, wie dezentrale *Repositorys* funktionieren und warum Branching und Merging keine fortgeschrittenen Themen in Git sind.

1.1 Dezentrale Versionsverwaltung – alles anders?

Bevor wir uns den Konzepten der dezentralen Versionsverwaltung widmen, werfen wir kurz einen Blick auf die klassische Architektur zentraler Versionsverwaltungen.

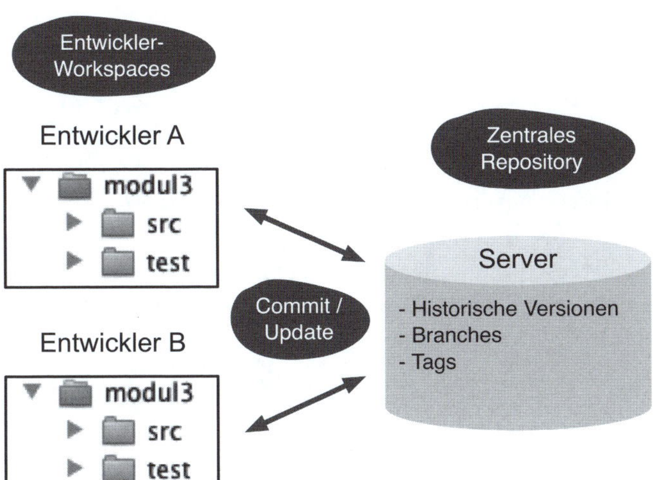

Abb. 1-1
Zentrale Versionsverwaltung

Abbildung 1-1 zeigt die typische Aufteilung einer zentralen Versionsverwaltung, z. B. von CVS oder Subversion. Jeder Entwickler hat auf seinem Rechner ein Arbeitsverzeichnis (*Workspace*) mit allen Projektdateien. Diese bearbeitet er, und er schickt die Änderungen regelmäßig per *Commit* an den zentralen Server. Per *Update* holt er die Änderungen der anderen Entwickler ab. Der zentrale Server speichert die aktuellen und historischen Versionen der Dateien (*Repository*). Parallele Entwicklungsstränge (*Branches*) und benannte Versionen (*Tags*) werden auch zentral verwaltet.

Abb. 1-2
Dezentrale Versionsverwaltung

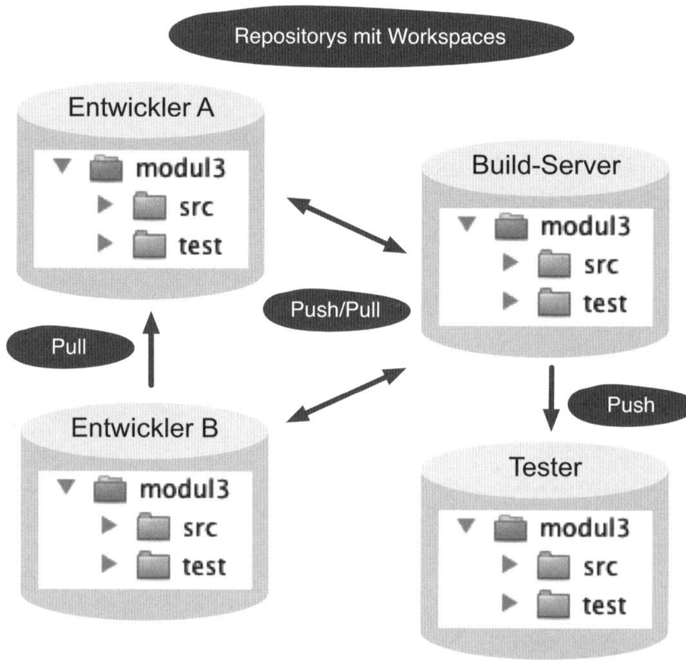

Das Repository → Seite 47

Was sind Commits? → Seite 29

Austausch zwischen Repositorys → Seite 93

Bei einer dezentralen Versionsverwaltung (Abbildung 1-2) gibt es keine Trennung zwischen Entwickler- und Serverumgebung. Jeder Entwickler hat sowohl einen *Workspace* mit den in Arbeit befindlichen Dateien als auch ein eigenes lokales *Repository* (genannt *Klon*) mit allen Versionen, *Branches* und *Tags*. Änderungen werden auch hier durch ein *Commit* festgeschrieben, jedoch zunächst nur im lokalen *Repository*. Andere Entwickler sehen die neuen Versionen nicht sofort. *Push*- und *Pull*-Befehle übertragen Änderungen dann von einem *Repository* zum anderen. Technisch gesehen sind in der dezentralen Architektur alle *Repositorys* gleichwertig. Theoretisch bräuchte es keinen Server: Man könnte alle Änderungen direkt von Entwicklerrechner zu Entwicklerrechner übertragen. In der Praxis spielen *Repositorys* auf Servern auch in Git eine wichtige Rolle, zum Beispiel in Form von folgenden spezifischen Repositorys:

Ein Projekt aufsetzen
→ Seite 135

Blessed Repository: Aus diesem *Repository* werden die »offiziellen« Releases erstellt.

Shared Repository: Dieses Repository dient dem Austausch zwischen den Entwicklern im Team. In kleinen Projekten kann hierzu auch das *Blessed Repository* genutzt werden. Bei einer Multisite-Entwicklung kann es auch mehrere geben.

Workflow Repository: Ein solches *Repository* wird nur mit Änderungen befüllt, die einen bestimmten Status im Workflow erreicht haben, z. B. nach erfolgreichem Review.

Fork Repository: Dieses Repository dient der Entkopplung von der Entwicklungshauptlinie (zum Beispiel für große Umbauten, die nicht in den normalen Releasezyklus passen) oder für experimentelle Entwicklungen, die vielleicht nie in den Hauptstrang einfließen sollen.

Folgende Vorteile ergeben sich aus dem dezentralen Vorgehen:

Hohe Performance: Fast alle Operationen werden ohne Netzwerkzugriff lokal durchgeführt.

Effiziente Arbeitsweisen: Entwickler können lokale *Branches* benutzen, um schnell zwischen verschiedenen Aufgaben zu wechseln.

Offline-Fähigkeit: Entwickler können ohne Serververbindung *Commits* durchführen, *Branches* anlegen, Versionen taggen etc. und diese erst später übertragen.

Flexibilität der Entwicklungsprozesse: In Teams und Unternehmen können spezielle *Repositorys* angelegt werden, um mit anderen Abteilungen, z. B. den Testern, zu kommunizieren. Änderungen werden einfach durch ein Push in dieses *Repository* freigegeben.

Backup: Jeder Entwickler hat eine Kopie des *Repositorys* mit einer vollständigen Historie. Somit ist die Wahrscheinlichkeit minimal, durch einen Serverausfall Daten zu verlieren.

Wartbarkeit: Knifflige Umstrukturierungen kann man zunächst auf einer Kopie des *Repositorys* erproben, bevor man sie in das Original-*Repository* überträgt.

1.2 Das Repository – die Grundlage dezentralen Arbeitens

Das Repository
→ Seite 47

Das *Repository* ist im Kern ein effizienter Datenspeicher. Im Wesentlichen enthält es:

Inhalte von Dateien (Blobs): Dies sind Texte oder binäre Daten. Die Daten werden unabhängig von Dateinamen gespeichert.

Verzeichnisse (Trees): Verzeichnisse verknüpfen Dateinamen mit Inhalten. Verzeichnisse können wiederum andere Verzeichnisse beinhalten.

Versionen (Commits): Versionen definieren einen wiederherstellbaren Zustand eines Verzeichnisses. Beim Anlegen einer neuen Version werden der Autor, die Uhrzeit, ein Kommentar und die Vorgängerversion gespeichert.

Abb. 1-3
Ablage von Objekten im Repository

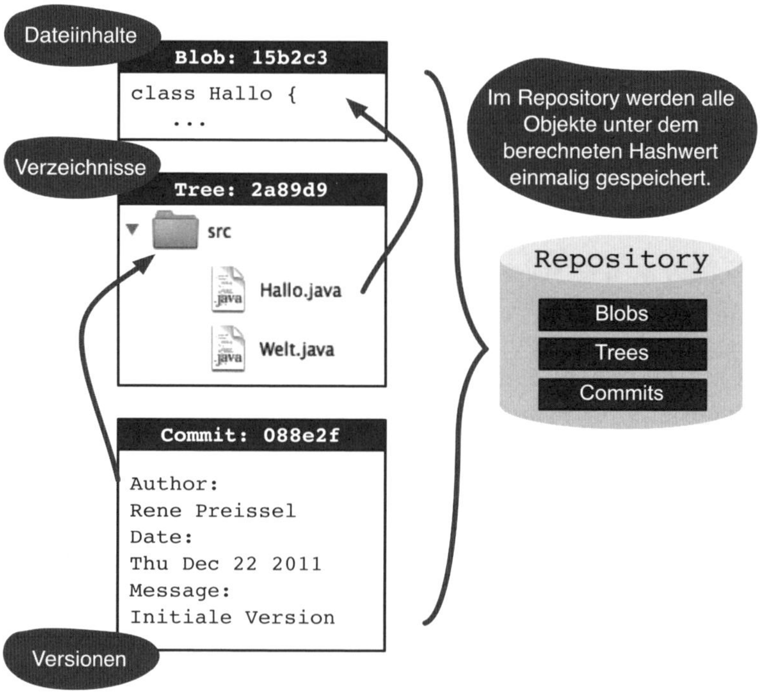

Für alle Daten wird ein hexadezimaler *Hashwert* berechnet, z. B. `1632acb65b01c6b621d6e1105205773931bb1a41`. Diese *Hashwerte* dienen als Referenz zwischen den Objekten und als Schlüssel, um die Daten später wiederzufinden (Abbildung 1-3).

Die *Hashwerte* von *Commits* sind die »Versionsnummern« von Git. Haben Sie so einen *Hashwert* erhalten, können Sie überprüfen, ob diese Version im *Repository* enthalten ist, und können das zugehörige Verzeichnis im *Workspace* wiederherstellen. Falls die Version nicht vorhanden ist, können Sie das *Commit* mit allen referenzierten Objekten aus einem anderen *Repository* importieren (*Pull*).

Folgende Vorteile ergeben sich aus der Verwendung von Hashwerten und der Repository-Struktur:

Hohe Performance: Der Zugriff auf Daten über den *Hashwert* geht sehr schnell.

Redundanzfreie Speicherung: Identische Dateiinhalte müssen nur einmal abgelegt werden.

Dezentrale Versionsnummern: Da sich die *Hashwerte* aus den Inhalten der Dateien, dem Autor und dem Zeitpunkt berechnen, können Versionen auch »offline« erzeugt werden, ohne dass es später zu Konflikten kommt.

Effizienter Abgleich zwischen *Repositorys*: Werden *Commits* von einem *Repository* in ein anderes *Repository* übertragen, müssen nur die noch nicht vorhandenen Objekte kopiert werden. Das Erkennen, ob ein Objekt bereits vorhanden ist, ist dank der *Hashwerte* sehr performant.

Integrität der Daten: Der *Hashwert* wird aus dem Inhalt der Daten berechnet. Man kann Git jederzeit prüfen lassen, ob Daten und *Hashwerte* zueinander passen. Unabsichtliche Veränderungen oder böswillige Manipulationen der Daten werden so erkannt.

Automatische Erkennung von Umbenennungen: Werden Dateien umbenannt, wird das automatisch erkannt, da sich der *Hashwert* des Inhalts nicht ändert. Es sind somit keine speziellen Befehle zum Umbenennen und Verschieben notwendig.

1.3 Branching und Merging – ganz einfach!

Branches verzweigen → *Seite 57*

Das Verzweigen (Branching) und das Zusammenzuführen (Merging) sind bei den meisten Versionsverwaltungen Ausnahmesituationen und gehören zu den fortgeschrittenen Themen. Ursprünglich wurde Git für die Entwickler des Linux-Kernels geschaffen, die dezentral über die ganze Welt verteilt arbeiten. Das Zusammenführen der vielen Einzelergebnisse ist dabei eine der größten Herausforderungen. Deshalb ist Git so konzipiert, dass es das Branching und Merging so einfach und sicher wie nur möglich macht.

In Abbildung 1-4 ist dargestellt, wie durch paralleles Arbeiten *Branches* entstehen. Jeder Punkt repräsentiert eine Version (*Commit*) des Projekts. In Git kann immer nur das gesamte Projekt versioniert werden, und somit repräsentiert so ein Punkt die zusammengehörigen Versionen mehrerer Dateien.

Beide Entwickler beginnen mit derselben Version. Nachdem beide Entwickler Änderungen durchgeführt haben, wird jeweils ein neues *Commit* angelegt. Da beide Entwickler ihr eigenes *Repository* haben, existieren jetzt zwei verschiedene Versionen des Projekts – zwei *Branches* sind entstanden. Wenn ein Entwickler die Änderungen des anderen in sein *Repository* importiert, kann er Git die Versionen zusammenführen lassen (*Merge*). Ist dies erfolgreich, so entsteht daraus ein *Merge-Commit*, das beide Änderungen enthält. Wenn der andere Entwickler dieses *Commit* abholt, sind beide wieder auf einem gemeinsamen Stand.

Abb. 1-4
Branches entstehen durch paralleles Arbeiten.

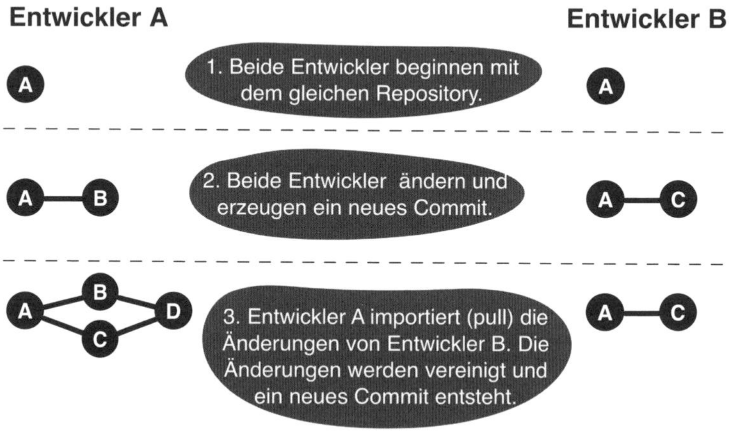

Mit Feature-Branches entwickeln → *Seite 161*

Im vorigen Beispiel ist eine Verzweigung ungeplant entstanden, einfach weil zwei Entwickler parallel an derselben Software gearbeitet haben. Natürlich kann man in Git eine Verzweigung auch gezielt beginnen und einen *Branch* explizit anlegen (Abbildung 1-5). Dies wird häufig genutzt, um die parallele Entwicklung von Features zu koordinieren (*Feature-Branches*).

Abb. 1-5
Explizite Branches für unterschiedliche Aufgaben

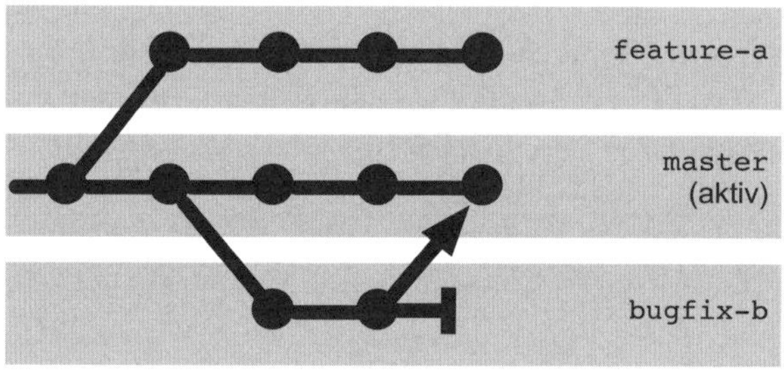

Beim Austausch zwischen *Repositorys* (*Pull* und *Push*) kann explizit entschieden werden, welche *Branches* übertragen werden. Neben dem einfachen Verzweigen und Zusammenführen erlaubt Git auch noch folgende Aktionen mit *Branches*:

Umpflanzen von Branches: Die *Commits* eines *Branch* können auf einen anderen *Branch* verschoben werden.

Mit Rebasing die Historie glätten
→ Seite 79

Übertragen einzelner Änderungen: Einzelne *Commits* können von einem *Branch* auf einen anderen *Branch* kopiert werden, z. B. Bugfixes (was *Cherry-Picking* genannt wird).

Historie aufräumen: Die Historie eines *Branch* kann umgestaltet werden, d. h., es können *Commits* zusammengefasst, umsortiert und gelöscht werden. Dadurch können die Historien besser als Dokumentation der Entwicklung genutzt werden (was man *interaktives Rebasing* nennt).

Interaktives Rebasing
→ Seite 295

1.4 Zusammenfassung

Nach dem Lesen der letzten Abschnitte sind Sie mit den grundlegenden Konzepten von Git vertraut. Selbst wenn Sie jetzt das Buch aus der Hand legen sollten (was wir nicht hoffen!), können Sie an einer Grundsatzdiskussion über dezentrale Versionsverwaltungen, die Notwendigkeit und Sinnhaftigkeit von Hashwerten sowie über das permanente Branching und Merging in Git teilnehmen.

Vielleicht stellen Sie sich aber auch gerade folgende Fragen:

- Wie soll ich mit diesen allgemeinen Konzepten mein Projekt verwalten?
- Wie koordiniere ich die vielen *Repositorys*?
- Wie viele *Branches* benötige ich?
- Wie integriere ich meinen Build-Server?

Um eine Antwort auf die erste Frage zu bekommen, lesen Sie schnell das nächste Kapitel. Dort erfahren Sie konkret, mit welchen Befehlen Sie ein *Repository* anlegen, Dateien versionieren und *Commits* zwischen *Repositorys* austauschen können.

Erste Schritte mit der Kommandozeile
→ Seite 9

Als Antwort auf die anderen Fragen finden Sie nach den Grundlagenkapiteln detaillierte Workflows.

Workflow-Einführung
→ Seite 129

Falls Sie ein vielbeschäftigter Manager sind und noch nach Gründen suchen, warum Sie Git einsetzen müssen oder auch nicht, dann schauen Sie sich am besten als Nächstes das Kapitel »Die Grenzen von Git« ab Seite 303 an.

2 Erste Schritte mit der Kommandozeile

Sie können Git sofort ausprobieren, wenn Sie möchten. Dieses Kapitel beschreibt, wie man das erste Projekt einrichtet. Es zeigt Kommandos zum Versionieren von Änderungen, zum Ansehen der Historie und zum Austausch von Versionen mit anderen Entwicklern.

Falls Sie lieber mit einem grafischen User-Interface starten wollen, finden Sie im nächsten Kapitel eine Anleitung dazu.

Erste Schritte mit SourceTree *→ Seite 21*

2.1 Git einrichten

Zunächst müssen Sie Git installieren. Sie finden alles Nötige hierzu auf der Git-Website:

```
http://git-scm.com/download
```

Git ist in hohem Maße konfigurierbar. Für den Anfang genügt es aber, wenn Sie Ihren Benutzernamen und Ihre E-Mail-Adresse mit dem `config`-Befehl eintragen:

```
> git config --global user.name hmustermann

> git config --global user.email "hans@mustermann.de"
```

2.2 Das erste Projekt mit Git

Am besten ist es, wenn Sie ein eigenes Projekt verwenden, um Git zu erproben. Beginnen Sie mit einem einfachen kleinen Projekt. Unser Beispiel zeigt ein winziges Projekt namens `erste-schritte` mit zwei Textdateien.

Abb. 2-1
Unser Beispielprojekt

Tipp: Sicherungskopie nicht vergessen!

Erstellen Sie eine Sicherungskopie, bevor Sie das Beispiel mit Ihrem Lieblingsprojekt durchspielen! Es ist gar nicht so leicht, in Git etwas endgültig zu löschen oder »kaputt« zu machen, und Git warnt meist deutlich, wenn Sie dabei sind, etwas »Gefährliches« zu tun. Trotzdem: Vorsicht bleibt die Mutter der Porzellankiste.

Repository anlegen

Als Erstes wird das *Repository* angelegt, in dem die Historie des Projekts gespeichert werden soll. Dies erledigt der `init`-Befehl im Projektverzeichnis. Ein Projektverzeichnis mit einem *Repository* nennt man einen *Workspace*.

```
> cd /projekte/erste-schritte
> git init
```

```
Initialized empty Git repository in /projekte/erste-schritte/.git/
```

Git hat im Verzeichnis `/projekte/erste-schritte` ein *Repository* angelegt, aber noch keine Dateien hinzugefügt. **Achtung!** Das *Repository* liegt in einem verborgenen Verzeichnis namens `.git` und wird im Explorer (bzw. Finder) unter Umständen nicht angezeigt.

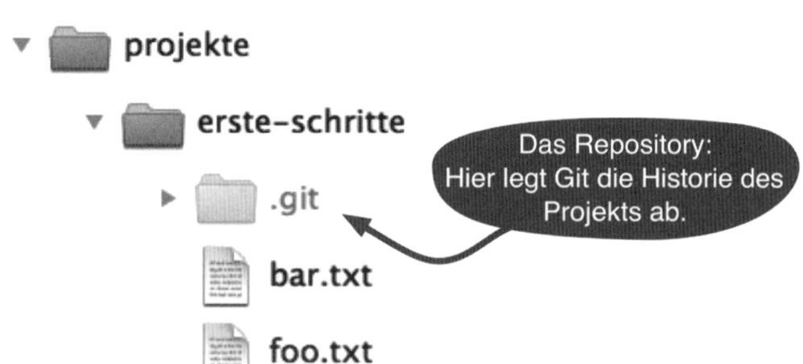

Abb. 2-2
Das Repository-Verzeichnis

Das erste Commit

Als Nächstes können Sie die Dateien `foo.txt` und `bar.txt` ins *Repository* bringen. Eine Projektversion nennt man bei Git ein *Commit*, und sie wird in zwei Schritten angelegt. Als Erstes bestimmt man mit dem `add`-Befehl, welche Dateien in das nächste *Commit* aufgenommen werden sollen. Danach überträgt der `commit`-Befehl die Änderungen ins *Repository* und vergibt einen sogenannten *Commit-Hash* (hier `2f43cd0`), der das neue *Commit* identifiziert.

```
> git add foo.txt bar.txt
> git commit --message "Beispielprojekt importiert."
```

```
master (root-commit) 2f43cd0] Beispielprojekt importiert.
 2 files changed, 2 insertions(+), 0 deletions(-)
 create mode 100644 bar.txt
 create mode 100644 foo.txt
```

Status abfragen

Jetzt ändern Sie `foo.txt`, löschen `bar.txt` und fügen eine neue Datei `bar.html` hinzu. Der `status`-Befehl zeigt alle Änderungen seit dem letzten *Commit* an. Die neue Datei `bar.html` wird übrigens als *untracked* angezeigt, weil sie noch nicht mit dem `add`-Befehl angemeldet wurde.

```
> git status
```

```
# On branch master
# Changed but not updated:
#   (use "git add/rm <file>..." to update what will be committed)
#   (use "git checkout -- <file>..." to discard changes in
#                                           working directory)
#
#       deleted:    bar.txt
#       modified:   foo.txt
#
# Untracked files:
#   (use "git add <file>..." to include in what will be committed)
#
#       bar.html
no changes added to commit (use "git add" and/or "git commit -a")
```

Wenn Sie mehr Details wissen wollen, zeigt Ihnen der `diff`-Befehl jede geänderte Zeile an. Die Ausgabe im diff-Format empfinden viele Menschen als schlecht lesbar, sie kann dafür aber gut maschinell verarbeitet werden. Es gibt glücklicherweise eine ganze Reihe von Tools und Entwicklungsumgebungen, die Änderungen übersichtlicher darstellen können (Abbildung 2-3).

Abb. 2-3
Diff-Darstellung in grafischem Tool (kdiff3)

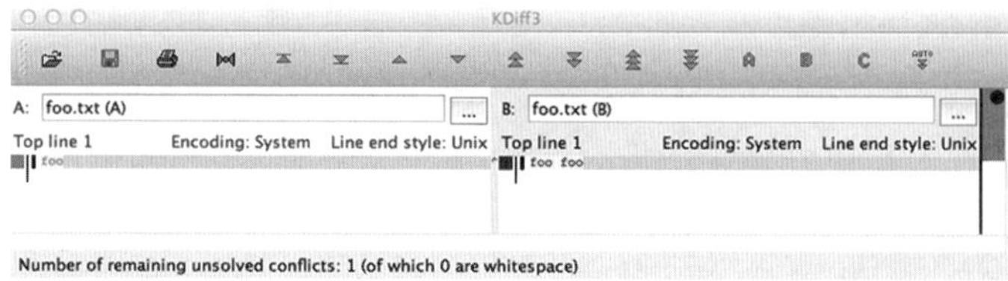


```
> git diff foo.txt

diff --git a/foo.txt b/foo.txt
index 1910281..090387f 100644
--- a/foo.txt
+++ b/foo.txt
@@ -1 +1 @@
-foo
\ No newline at end of file
+foo foo
\ No newline at end of file
```

Ein Commit nach Änderungen

Für jedes neue *Commit* müssen die Änderungen angemeldet werden. Für geänderte und neue Dateien erledigt dies der `add`-Befehl. Gelöschte Dateien müssen mit dem `rm`-Befehl als gelöscht markiert werden:

```
> git add foo.txt bar.html
> git rm bar.txt

rm 'bar.txt'
```

Ein weiterer Aufruf des `status`-Befehls zeigt, was in den nächsten *Commit* aufgenommen wird:

```
> git status

# On branch master
# Changes to be committed:
#   (use "git reset HEAD <file>..." to unstage)
#
#       new file:   bar.html
#       deleted:    bar.txt
#       modified:   foo.txt
#
```

Mit dem `commit`-Befehl werden diese Änderungen übernommen:

```
> git commit --message "Einiges geändert."

[master 7ac0f38] Einiges geändert.
 3 files changed, 2 insertions(+), 2 deletions(-)
 create mode 100644 bar.html
 delete mode 100644 bar.txt
```

Historie betrachten

Der `log`-Befehl zeigt die Historie des Projekts. Die *Commits* sind chronologisch absteigend sortiert.

```
> git log
commit 7ac0f38f575a60940ec93c98de11966d784e9e4f
Author: Rene Preissel <rp@eToSquare.de>
Date:   Thu Dec 2 09:52:25 2010 +0100

    Einiges geändert.

commit 2f43cd047baadc1b52a8367b7cad2cb63bca05b7
Author: Rene Preissel <rp@eToSquare.de>
Date:   Thu Dec 2 09:44:24 2010 +0100

    Beispielprojekt importiert.
```

2.3 Zusammenarbeit mit Git

Sie haben jetzt einen *Workspace* mit Projektdateien und ein *Repository* mit der Historie des Projekts. Bei einer klassischen zentralen Versionsverwaltung (etwa CVS[1] oder Subversion[2]) hat jeder Entwickler einen eigenen *Workspace*, aber alle Entwickler teilen sich ein gemeinsames *Repository*. In Git hat **jeder Entwickler einen eigenen *Workspace* mit einem eigenen *Repository***, also eine vollwertige Versionsverwaltung, die nicht auf einen zentralen Server angewiesen ist. Entwickler, die gemeinsam an einem Projekt arbeiten, können *Commits* zwischen ihren *Repositorys* austauschen. Um dies auszuprobieren, legen Sie einen zusätzlichen *Workspace* an, in dem Aktivitäten eines zweiten Entwicklers simuliert werden.

Repository klonen

Der zusätzliche Entwickler braucht eine eigene Kopie (genannt *Klon*) des *Repositorys*. Sie beinhaltet alle Informationen, die das Original auch besitzt, d. h., die gesamte Projekthistorie wird mitkopiert. Dafür gibt es den `clone`-Befehl:

```
> git clone /projekte/erste-schritte
            /projekte/erste-schritte-klon
Cloning into erste-schritte-klon...
done.
```

Die Projektstruktur sieht nun so wie in Abbildung 3-6 auf Seite 25 aus.

[1] http://www.nongnu.org/cvs/

[2] http://subversion.apache.org/

Änderungen aus einem anderen Repository holen

Ändern Sie die Datei erste-schritte/foo.txt.

```
> cd /projekte/erste-schritte
> git add foo.txt
> git commit --message "Eine Änderung im Original."
```

Abb. 2-4
Das Beispielprojekt und sein Klon

Das neue *Commit* ist jetzt im ursprünglichen *Repository* erste-schritte enthalten, es fehlt aber noch im *Klon* erste-schritte-klon. Zum besseren Verständnis zeigen wir hier noch das Log für erste-schritte:

```
> git log --oneline
a662055 Eine Änderung im Original.
7ac0f38 Einiges geändert.
2f43cd0 Beispielprojekt importiert.
```

Ändern Sie im nächsten Schritt die Datei erste-schritte-klon/bar.html im *Klon-Repository*:

```
> cd /projekte/erste-schritte-klon
> git add bar.html
> git commit --message "Eine Änderung im Klon."
> git log --oneline
1fcc06a Eine Änderung im Klon.
7ac0f38 Einiges geändert.
2f43cd0 Beispielprojekt importiert.
```

Sie haben jetzt in jedem der beiden *Repositorys* zwei gemeinsame *Commits* und jeweils ein neues *Commit*. Als Nächstes soll das neue *Commit* aus dem Original in den Klon übertragen werden. Dafür gibt es den pull-Befehl. Beim Klonen ist der Pfad zum *Original-Repository* im Klon hinterlegt worden. Der pull-Befehl weiß also, wo er neue *Commits* abholen soll.

```
> cd /projekte/erste-schritte-klon
> git pull
```

```
remote: Counting objects: 5, done.
remote: Compressing objects: 100% (2/2), done.
remote: Total 3 (delta 0), reused 0 (delta 0)
Unpacking objects: 100% (3/3), done.
From /projekte/erste-schritte
   7ac0f38..a662055  master     -> origin/master
Merge made by recursive.
 foo.txt |    2 +-
 1 files changed, 1 insertions(+), 1 deletions(-)
```

Der pull-Befehl hat die neuen Änderungen aus dem Original abgeholt, mit den lokalen Änderungen im Klon verglichen und beide Änderungen im *Workspace* zusammengeführt und ein neues *Commit* daraus erstellt. Man nennt dies einen *Merge*.

Achtung! Gelegentlich kommt es beim *Merge* zu Konflikten. Dann kann Git die Versionen nicht automatisch zusammenführen. Dann müssen Sie die Dateien zunächst manuell bereinigen und die Änderungen danach mit einem *Commit* bestätigen.

Branches zusammenführen *→ Seite 65*

Ein erneuter log-Befehl zeigt das Ergebnis der Zusammenführung nach dem pull an. Diesmal nutzen wir eine grafische Variante des Logs.

```
> git log --graph
```

```
*   9e7d7b9 Merge branch 'master' of /projekte/erste-schritte
|\
| * a662055 Eine Änderung im Original.
* | 1fcc06a Eine Änderung im Klon.
|/
* 7ac0f38 Einiges geändert.
* 2f43cd0 Beispielprojekt importiert.
```

Die Historie ist nun nicht mehr linear. Im Graphen sehen Sie sehr schön die parallele Entwicklung (mittlere *Commits*) und das anschließende *Merge-Commit*, mit dem die *Branches* wieder zusammengeführt wurden (oben).

Änderungen aus beliebigen Repositorys abholen

Der pull-Befehl ohne Parameter funktioniert nur in geklonten *Repositorys*, da diese eine Verknüpfung zum originalen *Repository* haben. Beim pull-Befehl kann man den Pfad zu einem beliebigen *Repository* angeben. Als weiterer Parameter kann der *Branch* (Entwicklungszweig) angegeben werden, von dem Änderungen geholt werden. In unserem Beispiel gibt es nur den *Branch* `master`, der als Default von Git automatisch angelegt wird.

```
> cd /projekte/erste-schritte
> git pull /projekte/erste-schritte-klon master
```

```
remote: Counting objects: 8, done.
remote: Compressing objects: 100% (4/4), done.
remote: Total 5 (delta 0), reused 0 (delta 0)
Unpacking objects: 100% (5/5), done.
From /projekte/erste-schritte-klon
 * branch            master       -> FETCH_HEAD
Updating a662055..9e7d7b9
Fast-forward
 bar.html |    2 +-
 1 files changed, 1 insertions(+), 1 deletions(-)
```

Ein Repository für den Austausch erstellen

Abb. 2-5 *»Bare-Repository«: ein Repository ohne Workspace*

Neben dem `pull`-Befehl, der *Commits* von einem anderen *Repository* holt, gibt es auch einen `push`-Befehl, der *Commits* in ein anderes *Repository* überträgt. Der `push`-Befehl sollte allerdings nur auf *Repositorys* angewendet werden, auf denen gerade kein Entwickler arbeitet. Am besten erzeugt man sich dazu ein *Repository* ohne einen Workspace, der es umgibt. Ein solches Repository wird als *Bare-Repository* bezeichnet. Es wird durch die Option `--bare` des `clone`-Befehls erzeugt.

Man kann es als zentrale Anlaufstelle verwenden. Entwickler übertragen ihre *Commits* mit dem (push-Befehl) dorthin und holen sich mit dem pull-Befehl die *Commits* der anderen Entwickler dort ab. Man verwendet die Endung .git, um ein *Bare-Repository* zu kennzeichnen. Das Ergebnis sehen Sie in Abbildung 2-5.

```
> git clone --bare /projekte/erste-schritte
                   /projekte/erste-schritte-bare.git
```

```
Cloning into bare repository erste-schritte-bare.git...
done.
```

Änderungen mit Push hochladen

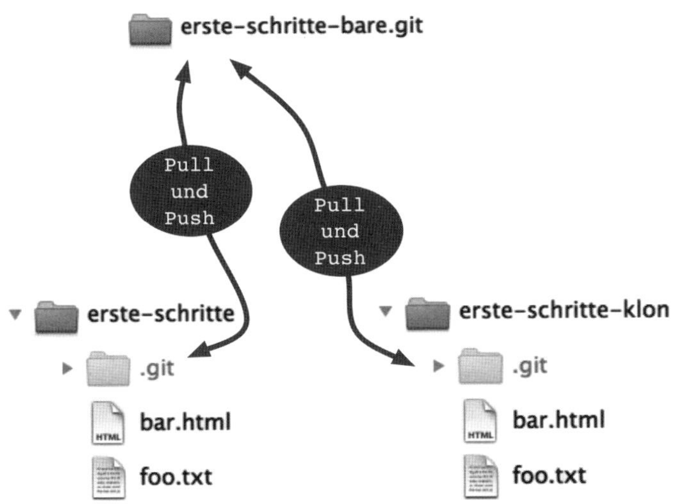

Abb. 2-6
Austausch über ein gemeinsames Repository

Zur Demonstration des push-Befehls ändern Sie noch mal die Datei erste-schritte/foo.txt und erstellen ein neues *Commit*:

```
> cd /projekte/erste-schritte
> git add foo.txt
> git commit --message "Weitere Änderung im Original."
```

Dieses *Commit* übertragen Sie dann mit dem push-Befehl in das zentrale *Repository* (Abbildung 2-6). Dieser Befehl erwartet dieselben Parameter wie der pull-Befehl: den Pfad zum *Repository* und den zu benutzenden *Branch*.

```
> git push /projekte/erste-schritte-bare.git master
Counting objects: 5, done.
Delta compression using up to 2 threads.
Compressing objects: 100% (2/2), done.
Writing objects: 100% (3/3), 293 bytes, done.
Total 3 (delta 0), reused 0 (delta 0)
Unpacking objects: 100% (3/3), done.
To /projekte/erste-schritte-bare.git/
   9e7d7b9..7e7e589  master -> master
```

Pull: Änderungen abholen

Um die Änderungen auch in das *Klon-Repository* zu holen, nutzen wir wieder den pull-Befehl mit dem Pfad zum zentralen *Repository*.

```
> cd /projekte/erste-schritte-klon
> git pull /projekte/erste-schritte-bare.git master
remote: Counting objects: 5, done.
remote: Compressing objects: 100% (2/2), done.
remote: Total 3 (delta 0), reused 0 (delta 0)
Unpacking objects: 100% (3/3), done.
From ../erste-schritte-bare
 * branch            master     -> FETCH_HEAD
Updating 9e7d7b9..7e7e589
Fast-forward
 foo.txt |    2 +-
 1 files changed, 1 insertions(+), 1 deletions(-)
```

Push verweigert! *Was tun?* → *Seite 100*

Achtung! Hat ein anderer Entwickler vor uns ein push ausgeführt, verweigert der push-Befehl die Übertragung. Die neuen Änderungen müssen dann zuerst mit pull abgeholt und lokal zusammengeführt werden.

2.4 Zusammenfassung

Workspace und Repository: Ein *Workspace* ist ein Verzeichnis, das ein *Repository* in einem Unterverzeichnis .git enthält. Mit dem init-Befehl legt man ein *Repository* im aktuellen Verzeichnis an.

Commit: Ein Commit definiert einen Versionsstand für alle Dateien des Repositorys und beschreibt, wann, wo und von wem dieser Stand erstellt wurde. Mit dem add-Befehl bestimmt man, welche Dateien ins nächste *Commit* aufgenommen werden. Der commit-Befehl erstellt ein neues *Commit*.

Informationen abrufen: Der status-Befehl zeigt, welche Dateien lokal verändert wurden und welche Änderungen ins nächste *Commit* aufgenommen werden. Der log-Befehl zeigt die Historie der *Commits*. Mit dem diff-Befehl kann man sich die Änderungen bis auf die einzelne Zeile heruntergebrochen anzeigen lassen.

Klonen: Der `clone`-Befehl erstellt eine Kopie eines *Repositorys*, die Klon genannt wird. In der Regel hat jeder Entwickler einen vollwertigen Klon des Projekt-*Repositorys* mit der ganzen Projekthistorie in seinem *Workspace*. Mit diesem Klon kann er autark ohne Verbindung zu einem Server arbeiten.

Push und Pull: Mit den Befehlen `push` und `pull` werden *Commits* zwischen lokalen und entfernten *Repositorys* ausgetauscht.

3 Erste Schritte mit SourceTree

Es gibt zahlreiche User-Interfaces für Git: eigenständige Anwendungen, Plug-ins für Entwicklungsumgebungen und Dienste im Web. Eines davon stellen wir hier exemplarisch vor. Wir haben dazu *Atlassian SourceTree* gewählt, weil es eine hohe Verbreitung hat und weil wir selbst gern damit arbeiten. Sie finden es hier:

Grafische Werkzeuge für Git → *Seite 298*

`https://www.atlassian.com/software/sourcetree/overview`

Anmerkung: *SourceTree* ist kostenlos, aber nicht Open Source. Es ist für Windows und Mac OS erhältlich. Es gibt leider keine Linux-Version. Die Screenshots haben wir unter Mac OS aufgenommen.

3.1 SourceTree konfigurieren

Auch SourceTree ist in hohem Maße konfigurierbar. Für den Anfang genügt es aber, wenn Sie Ihren Benutzernamen und Ihre E-Mail-Adresse im Menü SourceTree / Einstellungen / Allgemein eintragen.

Falls Sie Git auch für die Kommandozeile installiert haben, empfehlen wir, folgende Einstellungen durchzuführen, um widersprüchliche Konfigurationen zu vermeiden:

- Unter SourceTree / Einstellungen / Git klicken Sie auf den Button Benutze System Git.
- Unter SourceTree / Einstellungen / Allgemein aktivieren Sie die Option SourceTree erlauben, Änderungen an der globalen Git- und Mercurial-Konfiguration durchzuführen.

3.2 Das erste Projekt mit Git

Am besten ist es, wenn Sie ein eigenes Projekt verwenden, um Git zu erproben. Beginnen Sie mit einem einfachen kleinen Projekt. Unser Beispiel zeigt ein winziges Projekt namens `erste-schritte` mit zwei Textdateien.

Abb. 3-1
Unser Beispielprojekt

Tipp: Sicherungskopie nicht vergessen!

Erstellen Sie eine Sicherungskopie, bevor Sie das Beispiel mit Ihrem Lieblingsprojekt durchspielen! Es ist gar nicht so leicht, in Git etwas endgültig zu löschen oder »kaputt« zu machen, und Git warnt meist deutlich, wenn Sie dabei sind, etwas »Gefährliches« zu tun. Trotzdem: Vorsicht bleibt die Mutter der Porzellankiste.

Repository anlegen

Als Erstes wird das *Repository* angelegt, in dem die Historie des Projekts gespeichert werden soll. Das Repository legen Sie mit + NEUES REPOSITORY gefolgt von LOKALES REPOSITORY ERSTELLEN an. Im Feld ZIELPFAD geben Sie an, wo Ihre Projektdateien liegen. Ein Projektverzeichnis mit einem *Repository* nennt man einen *Workspace*.

Abb. 3-2
Repository-Übersicht von SourceTree

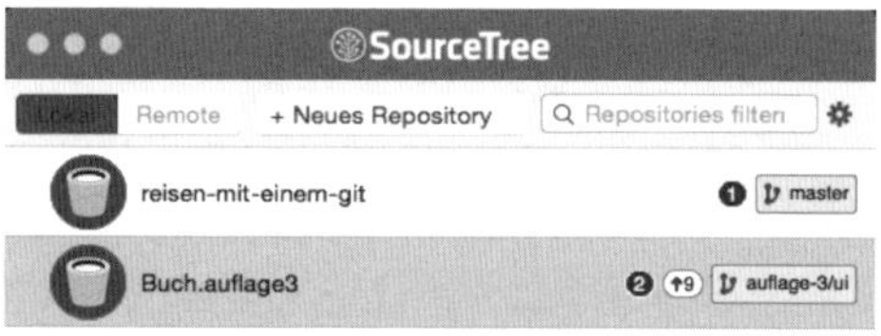

Von der Repository-Übersicht aus (Abbildung 3-2) können Sie per Doppelklick ein Fenster für das jeweilige Repository öffnen.

Das erste Commit

Als Nächstes können Sie die Dateien `foo.txt` und `bar.txt` ins *Repository* bringen. Eine Projektversion nennt man in Git ein *Commit* und wird mit SourceTree in drei Schritten angelegt (Abbildung 3-2).

1. Falls Sie nicht schon dort sind: Wechseln Sie in die Ansicht DATEISTATUS.
2. Im Abschnitt NICHT VORGEMERKTE DATEIEN setzen Sie ein Häkchen neben jene Dateien, die Sie mit dem nächsten Commit versionieren möchten. Die Dateien wechseln dann nach oben in den Abschnitt VORGEMERKTE DATEIEN.

3. Im Feld COMMIT-MELDUNG geben Sie einen Text ein und bestätigen ihn mit dem COMMIT-Button.

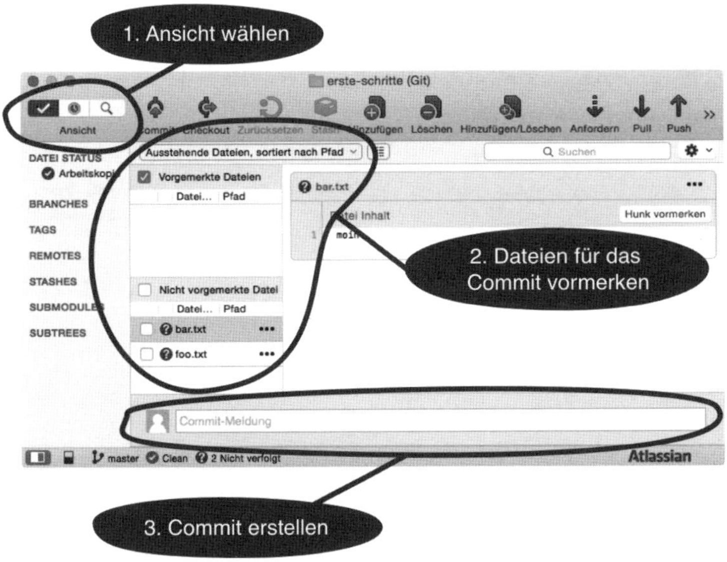

Abb. 3-3
Commits erstellen

Dateistatus ansehen

Jetzt ändern Sie `foo.txt`, löschen `bar.txt` und fügen eine neue Datei `bar.html` hinzu. Die Ansicht DATEI STATUS (Abbildung 3-3) aktualisiert sich von alleine, sobald Sie Ihre Änderungen speichern. Für jede neue, geänderte oder gelöschte Datei erscheint ein Eintrag unter NICHT VORGEMERKTE DATEIEN. Selektieren Sie einen oder mehrere dieser Einträge (ohne Häkchen zu setzen), dann zeigt der rechte Bereich die Änderungen im Detail an.

Ein Commit nach Änderungen

Um Änderungen zu übernehmen, setzen Sie Häkchen an den Einträgen unter NICHT VORGEMERKTE DATEIEN, tragen einen Commit-Kommentar ein und bestätigen ihn mit dem COMMIT-Button.

Achtung! Änderungen müssen in Git immer vorgemerkt werden (*Staging*). Wenn Sie eine Datei ändern, nachdem Sie das Vormerken-Häkchen gesetzt haben, müssen Sie das Häkchen erneut setzen, damit auch die neuen Änderungen übernommen werden.

Commits zusammenstellen
→ Seite 37

Tipp: Alle Änderungen übernehmen

Wenn Sie das Häkchen im Kopf von NICHT VORGEMERKTE DATEIEN setzen, werden alle angezeigten Änderungen auf einmal vorgemerkt.

Historie betrachten

Die Ansicht LOG (Abbildung 3-4) zeigt die Commits. Wenn Sie in der Liste oben einen Eintrag selektieren, zeigt der untere Bereich die Änderungen dieses Commits (bezogen auf dessen ersten Vorgänger) an. Sie können auch zwei Commits auswählen, dann werden die Unterschiede zwischen diesen angezeigt.

Abb. 3-4
Commit-Log-Ansicht

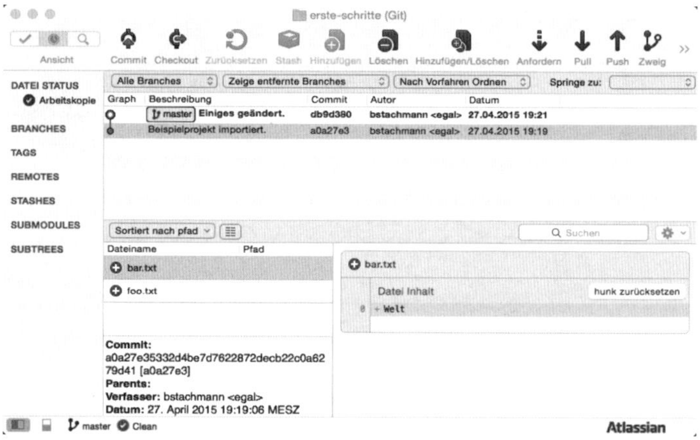

3.3 Zusammenarbeit mit Git

Sie haben jetzt einen *Workspace* mit Projektdateien und ein *Repository* mit der Historie des Projekts. Bei einer klassischen zentralen Versionsverwaltung (etwa CVS[1] oder Subversion[2]) hat jeder Entwickler einen eigenen *Workspace*, aber alle Entwickler teilen sich ein gemeinsames *Repository*. In Git hat **jeder Entwickler einen eigenen *Workspace* mit einem eigenen *Repository***, also eine vollwertige Versionsverwaltung, die nicht auf einen zentralen Server angewiesen ist. Entwickler, die gemeinsam an einem Projekt arbeiten, können *Commits* zwischen ihren *Repositorys* austauschen.

Repository klonen

Jeder Entwickler, der neu zu einem Projekt hinzukommt, braucht eine eigene Kopie (genannt *Klon*) des *Repositorys*. Sie beinhaltet alle Informationen, die das Original auch besitzt, d. h., die gesamte Projekthistorie wird mitkopiert.

[1] http://www.nongnu.org/cvs/

[2] http://subversion.apache.org/

In der Repository-Übersicht (Abbildung 3-2) klicken Sie + NEUES REPOSITORY, gefolgt von VON URL KLONEN. Im Feld QUELL-URL geben Sie an, von wo geklont wird, meistens ist das eine `https`-URL von dem Server, auf dem das *Repository* liegt. Da unser Beispiel-*Repository* lokal erstellt wurde, geben wir eine `file`-URL ein. Der Zielpfad kann frei gewählt werden (Abbildung 3-5). Für das Beispiel legen Sie den Klon am besten neben dem Original ab.

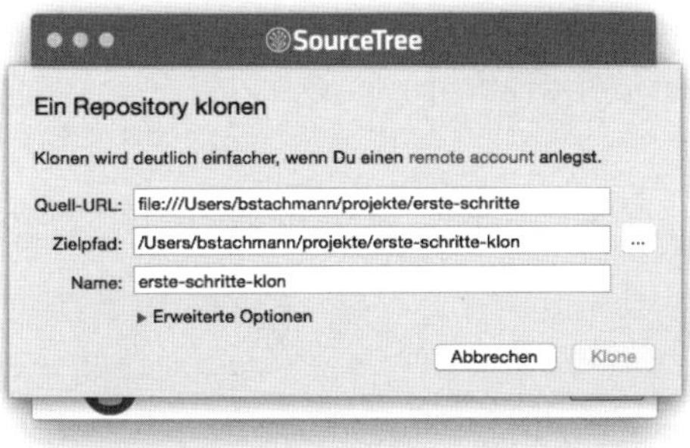

Abb. 3-5
Repository klonen

Die Projektstruktur sieht nun so wie in Abbildung 3-6 aus.

Abb. 3-6
Das Beispielprojekt und sein Klon

Änderungen aus einem anderen Repository holen

Jetzt sollten zwei *Repository*-Fenster in SourceTree geöffnet sein: ERSTE-SCHRITTE und ERSTE-SCHRITTE-KLON. Über das Menü FENSTER können Sie hin- und herwechseln.

Tipp: Dateien bearbeiten

Wenn Sie in der Ansicht DATEI STATUS den Filter ALLE DATEIEN (statt AUSSTEHEND) wählen, werden auch unveränderte Dateien angezeigt. Über das Kontextmenü können Sie die Dateien dann öffnen.

Beginnen Sie im Fenster ERSTE-SCHRITTE. Ändern Sie die Datei `foo.txt` im Original-Repository, und führen Sie dort ein Commit durch.

Wechseln Sie jetzt in das Fenster ERSTE-SCHRITTE-KLON, um die Änderungen abzuholen. Klicken Sie auf den Button ANFORDERN.

Abb. 3-7 Daten wurden geholt.

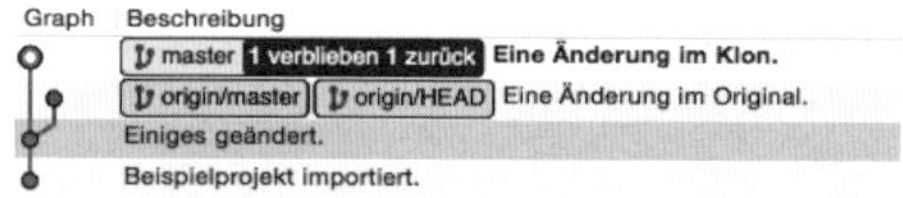

SourceTree zeigt an, dass frische Commits zum Integrieren bereitstehen.

Abb. 3-8 Anzeige neuer Commits

Mit dem PULL-Button können Sie die Änderungen integrieren. Im Dialog, der dann erscheint, klicken Sie auf OK.

Abb. 3-9 Die Änderungen wurden integriert.

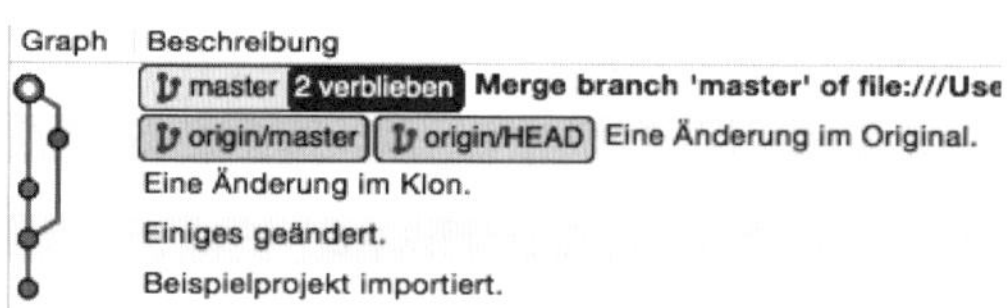

Die Aktion PULL hat die neuen Änderungen aus dem Original abgeholt, mit den lokalen Änderungen im Klon verglichen und beide Änderungen im *Workspace* zusammengeführt und ein neues *Commit* daraus erstellt. Man nennt dies einen *Merge*. Die Historie ist nun nicht mehr linear. Im Graphen sehen Sie sehr schön die parallele Entwicklung (mittlere *Commits*) und das anschließende *Merge-Commit*, mit dem die *Branches* wieder zusammengeführt wurden (oben).

Branches zusammenführen → *Seite 65*

Achtung! Gelegentlich kommt es beim *Merge* zu Konflikten. Dann kann Git die Versionen nicht automatisch zusammenführen. In so einem Fall müssen Sie die Dateien zunächst manuell bereinigen und die Änderungen danach mit einem *Commit* bestätigen.

Repository für den Austausch über einen Server erstellen

Zum Austausch zwischen den Entwicklern nutzt man in der Regel ein Repository auf einem Server. Um das auszuprobieren, können Sie einen Account bei Bitbucket[3] oder Github[4] anlegen. In der Repository-Übersicht (Abbildung 3-2) sehen Sie rechts oben einen Button mit einem Zahnrad. Dort können Sie unter Einstellungen Ihren Account eintragen.

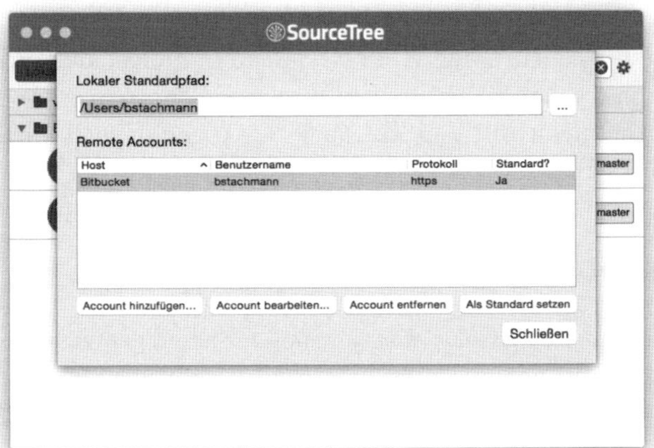

Abb. 3-10
Einstellung in der Repository-Übersicht

Sobald Sie den Account eingetragen haben, können Sie im Kontextmenü von erste-schritte mit Publish to remote ... das Beispielrepository veröffentlichen. Nennen Sie das Repository erste-schritte-shared.

Änderungen mit push hochladen

Zur Demonstration der Aktion Push ändern Sie noch mal in erste-schritte die Datei `foo.txt` und erstellen ein neues *Commit*.

Dieses *Commit* übertragen Sie dann mit dem Push-Button in das zentrale *Repository*.

Repository verknüpfen

Öffnen Sie nun wieder das Fenster für erste-schritte-klon, und wählen Sie im Menü Repository den Punkt Remote hinzufügen .... Es erscheint ein Dialog, in dem sie URL, Benutzername etc. eingeben können. In diesem Fall ist das aber nicht nötig. Rechts neben dem

[3] http://www.bitbucket.com
[4] http://www.github.com

Feld URL/PFAD ist ein Button mit einer Weltkugel. Dieser zeigt eine Auswahl bereits bekannter Repositorys an. Das eben erzeugte ERSTE-SCHRITTE-SHARED ist natürlich dabei. Wenn Sie es auswählen und ORIGIN nennen, können Sie danach mit dem PULL-Button Commits aus dem gemeinsamen Repository abholen.

Pull: Änderungen abholen

Jetzt können sie mit dem PULL-Button die Änderungen vom Server abholen.

Push verweigert! *Was tun?* → *Seite 100*

Achtung! Hat ein anderer Entwickler vor Ihnen die Aktion *Push* ausgeführt, verweigert Git die Übertragung. Die neuen Änderungen müssen dann zuerst mit der Aktion PULL abgeholt und lokal zusammengeführt werden.

3.4 Zusammenfassung

Workspace und Repository: Ein *Workspace* ist ein Verzeichnis, das ein *Repository* in einem Unterverzeichnis `.git` enthält. Mit + NEUES REPOSITORY, gefolgt von LOKALES REPOSITORY ERSTELLEN im Repository-Übersichtsfenster, erstellen Sie ein Repository mit Workspace.

Commit: Ein Commit definiert einen Versionsstand für alle Dateien des Repositorys und beschreibt, wann, wo und von wem dieser Stand erstellt wurde. Durch das Setzen von Häkchen in der Ansicht DATEI-STATUS bestimmt man, welche Dateien aufgenommen werden. Durch Eingabe eines Kommentars und Bestätigung mit dem COMMIT-Button erstellt man ein Commit.

Informationen abrufen: Die Ansicht DATEI STATUS zeigt, welche Dateien verändert wurden. Die Ansicht LOG zeigt die Historie der *Commits*. Selektiert man dort ein Commit, werden die Details der Änderung angezeigt.

Klonen: Mit + NEUES REPOSITORY, gefolgt von VON URL KLONEN im Repository-Übersichtsfenster, erstellt man einen Klon eines anderen *Repositorys*, dessen URL man kennt. In der Regel hat jeder Entwickler einen vollwertigen Klon des Projekt-*Repositorys* mit der ganzen Projekthistorie in seinem *Workspace*. Mit diesem Klon kann er autark ohne Verbindung zu einem Server arbeiten.

Push und Pull: Mit den Aktionen PUSH und PULL werden *Commits* zwischen lokalen und entfernten *Repositorys* ausgetauscht.

4 Was sind Commits?

Der wichtigste Begriff in Git ist das *Commit*. Git verwaltet Versionen von Software, und jede Version wird als Commit in einem *Repository* abgelegt. Ein Commit umfasst dabei immer das ganze Projekt. Mit einem Commit wird für jede einzelne Datei des Projekts eine Kopie im Repository gespeichert.

Abbildung 4-1 zeigt eine Zusammenfassung[1] wichtiger Informationen zu einem Commit.

Abb. 4-1
Informationen zu einem Commit

```
commit 9acc5d5efecld2d62f7e98bcc3880cda762cb831
Author: Bjørn Stachmann <bstachmann@yahoo.de>
Date:   Sat Dec 18 18:20:45 2010 +0100

    Abschnitt darüber, was Commits sind.

 buch/commits/commits.tex |   28 +++++++++++++++++++++++++---
 1 files changed, 25 insertions(+), 3 deletions(-)
```

Als Erstes sieht man den sogenannten Commit-Hash `9acc5d5e...cb831`. Dann folgen Informationen zu Autor und Commit-Zeitpunkt und ein Kommentar. Abschließend zeigt eine Zusammenfassung, welche Dateien sich gegenüber der vorigen Version verändert haben. Was die Zusammenfassung nicht zeigt: Auch dieses Commit enthält nicht nur die geänderte Datei `commits.tex`, sondern alle Dateien des Projekts. Für jedes Commit berechnet Git einen 40 Zeichen langen eindeutigen Code, den sogenannten *Commit-Hash*. Kennt man diesen Commit-Hash, kann man die Dateien des Projekts aus dem Repository so wiederherstellen, wie sie zum Zeitpunkt des Commits festgehalten wurden. Das Wiederherstellen einer Version bezeichnet man in Git als *Checkout*.

[1] Die Zusammenfassung wurde mit `git log -stat -1` erstellt.

4.1 Zugriffsberechtigungen und Zeitstempel

Git speichert die Zugriffsberechtigungen (POSIX File Permissions: Read, Write, Execute) für jede Datei, nicht aber den Änderungszeitstempel. Beim Checkout wird der Änderungszeitstempel auf die aktuelle Uhrzeit gesetzt.

Warum werden Änderungszeitstempel nicht gespeichert?

Anmerkung: Der Grund dafür ist, dass viele Build-Tools den Änderungszeitstempel als Auslöser für das erneute Bauen von Dateien nutzen: Ist die letzte Änderung jünger als das letzte Build-Ergebnis, muss neu gebaut werden. Da Git beim *Checkout* den Änderungszeitstempel immer auf die aktuelle Zeit setzt, lösen auch Wechsel auf ältere Versionen den Build-Vorgang korrekt aus.

4.2 Die Befehle `add` und `commit`

Mit den beiden Befehlen `add` und `commit` erstellt man Commits.

Mit `.gitignore` ***Dateien unversioniert lassen*** → *Seite 43*

Schritt für Schritt

Alle Änderungen in einem Commit übernehmen

Erstelle ein Commit mit allen aktuellen Änderungen im Workspace. Dies umfasst neu hinzugekommene Dateien und Löschungen. Ausgenommen sind nur jene Dateien, die in `.gitignore` *eingetragen sind (siehe auch »Mit* `.gitignore` *Dateien unversioniert lassen« ab Seite 43).*

1. Änderungen anmelden

Mit dem `add`-Befehl werden Änderungen für das nächste Commit angemeldet. Durch die Option `--all` wird ausgedrückt, dass alle Änderungen übernommen werden sollen.

```
> git add --all
```

2. Commit erstellen

Das neue Commit wird erstellt.

```
> git commit
```

4.3 Exkurs: Mehr über Commit-Hashes

Auf den ersten Blick wirken die 40 Zeichen langen Commit-Hashes etwas sperrig. Andere Versionsverwaltungen verwenden einfach fortlaufende Nummern (Subversion[2]) oder Versionsnamen wie »1.17« (CVS[3]). Es gibt jedoch gute Gründe, weshalb sich die Entwickler von Git für Hashes entschieden haben:

- Commit-Hashes können lokal erzeugt werden. Eine Kommunikation mit anderen Rechnern oder zentralen Servern ist dabei nicht erforderlich. Ein neues Commit kann man also jederzeit und überall erstellen. Die Commit-Hashes werden aus dem Inhalt der Dateien und den Metadaten (Autor, Commit-Zeitpunkt) errechnet. Die Wahrscheinlichkeit, dass zwei verschiedene Änderungen zufällig denselben Commit-Hash bekommen, ist extrem gering. Immerhin stehen 2^{160} verschiedene Werte zur Verfügung.
- Noch wichtiger ist jedoch Folgendes: Commit-Hashes sind mehr als nur Namen für festgehaltene Softwarestände. Sie sind gleichzeitig auch deren Prüfsumme. Mit dem `fsck`-Befehl von Git kann man die Integrität des Repositorys prüfen lassen. Passen die Inhalte nicht zu den Commit-Hashes, wird ein Fehler gemeldet. Das sieht dann so aus:

```
> git fsck

error: sha1 mismatch 2b6c746e5e20a64032bac627f2729f72a9cba4ee
error: 2b6c746e5e20a64032bac627f2729f72a9cba4ee:
object corrupt or missing
```

Verkürzung von Commit-Hashes

Man kann Commit-Hashes auch verkürzt angeben. Meist genügen wenige Zeichen, um ein Commit zu identifizieren. Gibt man zu wenige Zeichen an, liefert Git eine Fehlermeldung.

```
> git checkout 9acc5d5efec1d2d62f7e98bcc3880cda762cb831

> git checkout 9acc
```

Versionen markieren
→ Seite 103

Außerdem ist es möglich, sprechende Namen (wie zum Beispiel `release-1.2.3`) für Commits zu vergeben. Diese Namen nennt man *Tags*.

```
> git checkout release-1.2.3
```

[2] http://subversion.apache.org/

[3] http://www.nongnu.org/cvs/

4.4 Eine Historie von Commits

Das Repository enthält nicht nur die einzelnen Commits, es speichert auch die Beziehungen zwischen den Commits. Jedes Mal, wenn man die Software verändert und dies mit einem Commit bestätigt, merkt Git sich, welches die Vorgängerversion für dieses Commit war. Auf diese Weise entsteht ein Graph (Abbildung 4-2) aus Commits, der die Entwicklung des Projekts abbildet.

Abb. 4-2
Commit-Historie

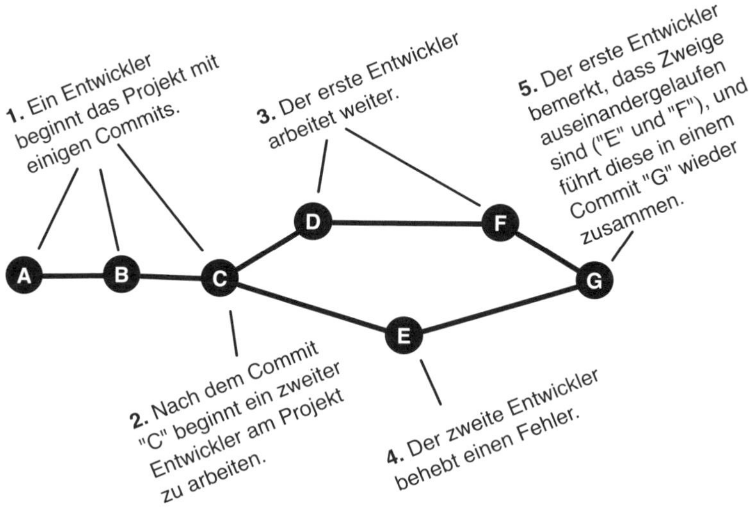

Branches verzweigen
→ Seite 57

Interessant wird es, wenn mehrere Entwickler gleichzeitig an der Software arbeiten. Dann entstehen häufig Verzweigungen im Commit-Graphen wie bei »C« und Zusammenführungen wie bei »G«.

4.5 Eine etwas andere Sichtweise auf Commits

Man kann ein Commit als einen eingefrorenen Versionsstand ansehen. Man kann es aber auch als eine Menge von Änderungen auffassen, die das Commit im Verhältnis zum Vorgänger eingeführt hat. Man spricht dann auch von einem *Diff* oder einem *Changeset*. Das Repository ist also auch eine Geschichte von Änderungen.

Schritt für Schritt

Unterschiede zwischen Commits

Der `diff`-Befehl zeigt die Unterschiede zwischen zwei beliebigen Commits.

a. Zwei Commits

Man kann sich die Unterschiede zwischen zwei Commits auflisten lassen. Statt Commit-Hashes darf man auch symbolische Namen (Branches, Tags, `HEAD` etc.) angeben.

```
> git diff 77d231f HEAD
```

b. Unterschiede zum Vorgänger

Mit der Dach-Ausrufezeichen-Notation zeigt der `diff`-Befehl die Unterschiede eines Commits zu seinem unmittelbaren Vorgänger (das *Changeset*).

```
> git diff 77d231f^!
```

c. Auf Datei(en) beschränken

Man kann die Anzeige der Differenzen auf Dateien oder Verzeichnisse beschränken.

```
> git diff 77d231f 05bcfd1~-- buch/bisection/
```

d. Änderungsstatistik

Oder man lässt sich mit der Option `--stat` nur die Anzahl von Änderungen pro Datei anzeigen.

```
> git diff --stat 77d231f 05bcfd1
```

4.6 Viele unterschiedliche Historien desselben Projekts

Anfangs ist die dezentrale Architektur von Git gewöhnungsbedürftig. In zentralen Versionsverwaltungen (wie zum Beispiel CVS oder Subversion) gibt es einen zentralen Server, der die Geschichte des Projekts enthält. Bei Git hingegen ist es so, dass jeder Entwickler einen eigenen Klon des Repositorys besitzt (manchmal sogar mehrere). Wenn ein Entwickler Commits erstellt, geschieht dies lokal. Sein Repository hat dann eine andere Geschichte als die Repositorys der anderen Entwickler, die dasselbe Projekt geklont haben. Jedes Repository kann seine *eigene Geschichte* erzählen. Mit den Befehlen `fetch`, `pull` und `push` können Commits zwischen den Repositorys ausgetauscht werden. Mit dem `merge`-Befehl können die verschiedenen Historien jederzeit wieder zusammengeführt werden.

Austausch zwischen Repositorys *→ Seite 93*
Branches zusammenführen *→ Seite 65*

In vielen Projekten gibt es ein Repository (meist auf dem Projektserver), das die *offizielle* Historie des Projekts darstellt. Ein solches Repository nennt man Haupt-Repository oder zentrales Repository (engl.: *Blessed Repository*). Dies ist jedoch nur eine Konvention. Aus technischer Sicht sind alle Klone gleichwertig. Wenn beispielsweise das Haupt-Repository beschädigt wird, kann man einen anderen Klon zum Haupt-Repository erklären.

Abhängigkeiten zwischen Repositorys *→ Seite 107*

Sehr große Projekte kann man auf mehrere Repositorys verteilen. Dann gibt es ein übergeordnetes Repository, das wiederum Repositorys für die Teilprojekte enthält. Solche Repositorys nennt man Submodule.

Schritt für Schritt

Commit-Historie zeigen

Der `log`-Befehl zeigt die Historie der Commits.

a. Einfache Log-Ausgabe

```
> git log
```

```
commit 2753f19072d332dc550f5ec0612a4486ffe3ab4a
Author: Bjørn Stachmann <bstachmann@yahoo.de>
Date:   Sat Dec 25 11:30:32 2010 +0100

    TODO für Abbildung verschoben.

commit e0ffbdbd9f183e405b280a6c3a970bd860d3de81
Author: Bjørn Stachmann <bstachmann@yahoo.de>
  ...
```

b. Ein paar nützliche Optionen

```
> git log -n 3        # Nur die letzten 3 Commits
> git log --oneline   # Nur eine Zeile je Commit
> git log --stat      # Nur Statistik zeigen
```

Achtung! Der `log`-Befehl zeigt nicht unbedingt alle Commits im Repository an. Es werden in der Regel nur Vorgänger des aktuellen Commits gezeigt.

Der `log`-Befehl kennt zahlreiche Optionen, mit denen man bestimmt, welche Commits in welchem Format angezeigt werden. Im Folgenden sind einige davon beschrieben, die wir selbst häufig nutzen.

Ausgabe begrenzen: `-n`

Oft ist es nützlich, die Ausgabe zu begrenzen. Das folgende Kommando zeigt beispielsweise nur die letzten 3 Commits:

```
> git log -n 3
```

Ausgabeformat wählen: `--format`, `--oneline`

Das Ausgabeformat für Logs kann mit `--format` beeinflusst werden. So liefert beispielsweise `--format=fuller` viele Details. Für den schnellen Überblick ist das einzeilige Format `--oneline` hilfreich.

```
> git log --oneline
```

```
2753f19 TODO für Abbildung verschoben.
e0ffbdb Notizen.
4200ba2 Abschnitt über verschiedene Historien desselben Projekts.
...
```

Änderungsstatistik: `--stat`, `--shortstat`

Ebenfalls nützlich sind die Statistiken: `--stat` zeigt, welche Dateien geändert wurden, `--dirstat` zeigt, in welchen Verzeichnissen etwas geändert wurde, und `--shortstat` zeigt eine kurze Zusammenfassung darüber, wie viele Dateien geändert, hinzugefügt und gelöscht wurden.

```
> git log --shortstat --oneline
```

```
2753f19 TODO für Abbildung verschoben.
 1 files changed, 2 insertions(+), 2 deletions(-)
e0ffbdb Notizen.
 1 files changed, 27 insertions(+), 4 deletions(-)
4200ba2 Abschnitt über verschiedene Historien desselben Projekts.
 1 files changed, 15 insertions(+), 6 deletions(-)
...
```

Option: `log --graph`

Möchte man die Beziehungen zwischen den Commits sehen, zeigt `--graph` die Historie als »Grafik«.

```
> git log --graph --oneline
```

```
*   6d7f278 Merge branch 'master' into redaktion
|\
| *   419b389 merge: Formatierungen eingebaut.
| |\
| | * 8f5b053 Quickstart: Formatierungen eingebaut.
| | * 5f22c8d Neue Macros zur Formatierung.
| |/
* | ab36269 TODOs
* | c2cae84 Intro zu den ersten Schritten.
|/
*   63788eb merge: Abschnitt 'Beispiele und Notation' ergänzt.
```

4.7 Zusammenfassung

Repository: Im Verzeichnis `.git` eines Projekts liegt das Git-Repository. Es enthält die Historie des Projekts in Form von Commits. Weil Git dezentral organisiert ist, gibt es für ein Projekt oft viele Repositorys mit unterschiedlichen Historien. Git ist so gebaut, dass es diese bei Bedarf gut wieder zusammenführen kann.

Commit (auch Version, Revision oder Changeset genannt): Der `commit`-Befehl erstellt ein Commit. Es speichert einen definierten Stand des Projekts. Es umfasst den Zustand aller Dateien des Projekts. Jedes Commit enthält Metainformationen über den Autor und den Commit-Zeitpunkt. Insbesondere speichert Git die Vorgänger/Nachfolger-Beziehung. Die Beziehungen bilden den Versionsgraphen des Projekts. Der `log`-Befehl zeigt Commits aus dem Repository.

Commit-Hash: Commit-Hashes identifizieren Commits. Sie dienen gleichzeitig als Prüfsumme für die Integrität des gespeicherten Softwarestands. Commit-Hashes sind 40 Zeichen lang. Für Git-Kommandos dürfen Commit-Hashes verkürzt angegeben werden, z. B. als `5ff8aa9`, sofern es nur ein Commit mit diesem Start-Hash gibt.

5 Commits zusammenstellen

Ein neues *Commit* muss nicht unbedingt alle Änderungen aus dem Workspace übernehmen. Tatsächlich gibt Git dem Benutzer hier die volle Kontrolle. Im Extremfall kann bis auf die einzelne Codezeile genau bestimmt werden, welche Änderungen in das nächste *Commit* einfließen.

Commits entstehen in zwei Schritten. Als Erstes werden die Änderungen mit dem add-Befehl in einem Zwischenspeicher gesammelt, den man *Stage-Bereich* oder *Index* nennt. Erst danach überträgt der commit-Befehl die Änderungen aus dem *Stage-Bereich* in das Repository.

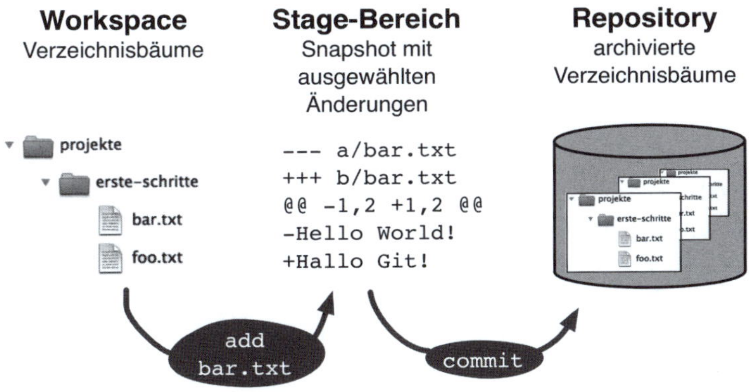

Abb. 5-1
Der Weg von Änderungen in das Repository

5.1 Der status-Befehl

Der status-Befehl zeigt, welche Änderungen aktuell im Workspace vorliegen und welche davon bereits im *Stage-Bereich* für das nächste Commit angemeldet sind.

```
> git status

# On branch staging
# Changes to be committed:
#   (use "git reset HEAD <file>..." to unstage)
#
# modified:   bar.txt
#
# Changed but not updated:
#   (use "git add <file>..." to update what will be committed)
#   (use "git checkout -- <file>..." to discard changes in ...
#
# modified:   foo.txt
#
# Untracked files:
#   (use "git add <file>..." to include in what will be committed)
#
# neu.txt
no changes added to commit (use "git add" and/or "git commit -a")
```

Die Ausgabe zeigt verschiedene Rubriken:

Changes to be committed: Zeigt jene Dateien, für die beim nächsten Commit Änderungen in das Repository übernommen werden sollen.

Changed but not updated: Zeigt Dateien, die Änderungen haben, aber noch nicht für das nächste Commit angemeldet sind.

Untracked files: Listet alle neuen Dateien auf.

Hilfreich ist, dass Git hier gleich anzeigt, mit welchen Befehlen man den Status wieder ändern kann. Hier sehen Sie beispielsweise, dass man mit `git reset HEAD blah.txt` die Änderungen an der Datei »blah.txt« aus dem *Stage-Bereich* wieder entfernen kann.

Für CVS[1]- und Subversion[2]-Anwender ist die Verwendung des Begriffs *Update* hier leider etwas verwirrend. In diesen Systemen bezeichnet man mit »Update« die Übernahme von Änderungen aus dem Repository in den Workspace. In Git hingegen bezeichnet man damit die Übernahme von Änderungen aus dem Workspace in den Stage-Bereich. Das ist genau die entgegengesetzte Richtung. Babylon lässt grüßen.

Wenn viele Änderungen vorliegen, kann es nützlich sein, mit `--short` ein kompakteres Ausgabeformat zu wählen. Die Bedeutung der einzelnen Buchstabencodes zeigt `git help status`:

[1] http://www.nongnu.org/cvs/

[2] http://subversion.apache.org/

```
> git status --short
M  blah.txt
 M foo.txt
 M bar.txt
?? neue-datei.txt
```

Schritt für Schritt

Selektives Commit – Änderungen auswählen

Ein neues Commit wird erstellt. Es sollen aber nicht alle Änderungen übernommen werden. Dabei kann man ganze Dateien wählen oder gezielt mit `--interactive` einzelne Codeabschnitte herauspicken.

1. Änderungen ansehen

```
> git status
```

In den Rubriken »Changed but not updated« und »Untracked files« zeigt der `status`-Befehl an, welche Dateien noch nicht für das nächste Commit angemeldet sind.

2. Änderungen sammeln

Mit dem `add`-Befehl werden die Änderungen dem *Stage-Bereich* hinzugefügt. Man kann die Dateipfade einzeln angeben. Gibt man ein Verzeichnis an, werden neue und geänderte Dateien darunter (auch aus den Unterverzeichnissen) hinzugefügt. Der `add`-Befehl kann beliebig oft aufgerufen werden. Man kann dabei auch Dateipfade mit den Jokerzeichen »*« und »?«, sogenannte *Globs*, verwenden.

```
> git add foo.txt bar.txt # ausgewählte Dateien
> git add verzeichnis/    # ein Verzeichnis und
                          # alles darunter
> git add .               # aktuelles Verzeichnis
                          # und alles darunter
```

Wenn Sie eine noch feinere Kontrolle wollen, können Sie den interaktiven Modus mit der Option `--interactive` verwenden. Dann können Sie sogar einzelne Codefragmente, im Extremfall einzelne Codezeilen, für das Commit anmelden.

3. Commit erstellen

Zum Abschluss werden die Änderungen mit einem Commit übernommen:

```
> git commit
```

Der *Stage-Bereich* ist danach geleert. Der Workspace wird durch das Commit nicht berührt. Änderungen, die nicht mit `add` hinzugefügt wurden, bleiben im Workspace erhalten.

Achtung! Selektive Commits können sehr nützlich sein, um Änderungen voneinander zu trennen, die inhaltlich nicht zusammenhängen. Beispiel: Eine neue Klasse wurde erstellt. Nebenher wurden ein paar Fehler in anderen Klassen korrigiert. Die Trennung in mehrere Commits macht die Historie klarer und erleichtert es, einzelne Fehlerkorrekturen gezielt früher auszuliefern (Cherry-Picking).

Aber man sollte bedenken, dass durch selektive Commits Softwarestände im Repository erzeugt werden, die es lokal so nie gegeben hat. Sie sind also nie getestet worden und können im schlimmsten Fall nicht einmal kompiliert werden. Wir empfehlen, selektive Commits wenn möglich zu vermeiden. Oft genügt es, eine Notiz zu machen, dass man einen Fehler beheben möchte, anstatt ihn sofort zu beheben. Dann stellt man erst das Feature fertig, bevor man die Korrektur vornimmt. Falls der Fehler schnell behoben werden soll, kann man den Zwischenstand der Feature-Entwicklung sichern (Stashing), dann die Korrektur durchführen und danach die Feature-Entwicklung fortsetzen.

Schritt für Schritt

Add und Commit in einem Schritt

Man kann sich den add-Befehl oft sparen.

Wenn man nur Dateien geändert hat, ohne neue hinzuzufügen, dann kann man die Option `--all` des `commit`-Befehls nutzen.

```
> git commit --all           # alle geänderten Dateien
```

Stattdessen kann man auch einzelne Dateien direkt angeben. Die Änderungen werden direkt übernommen und müssen nicht vorher in den Staging-Bereich übertragen werden.

```
> git commit foo.txt bar.txt # ausgewählte Dateien
```

5.2 Der Stage-Bereich speichert Momentaufnahmen

Eines sollten Sie über den *Stage-Bereich* unbedingt wissen: Er ist mehr als nur eine Liste mit den Namen der Dateien für das nächste Commit. Er speichert nicht nur, *wo* etwas geändert wurde, sondern auch, *was* geändert wurde. Git erzeugt dazu eine Momentaufnahme (Snapshot) der betroffenen Dateien mit genau den ausgewählten Änderungen. Abbildung 5-2 veranschaulicht dies. In Zeile 1 stimmen *Workspace*, *Stage-Bereich* und *Repository* noch überein. Dann bearbeitet der Entwickler die Datei im *Workspace* (Zeile 2). Mit dem `add`-Befehl überträgt er die Änderung in den *Stage-Bereich* (Zeile drei), aber noch nicht in das *Repository*. In Zeile 4 ändert der Entwickler die Datei erneut. Jetzt enthalten alle drei Bereiche unterschiedliche Stände. Ein `commit`-Befehl überträgt die erste Änderung in das *Repository* (Zeile 5). Die zweite Änderung steht weiterhin im *Workspace*. Mit dem `add`-Befehl wird sie in den *Stage-Bereich* übertragen.

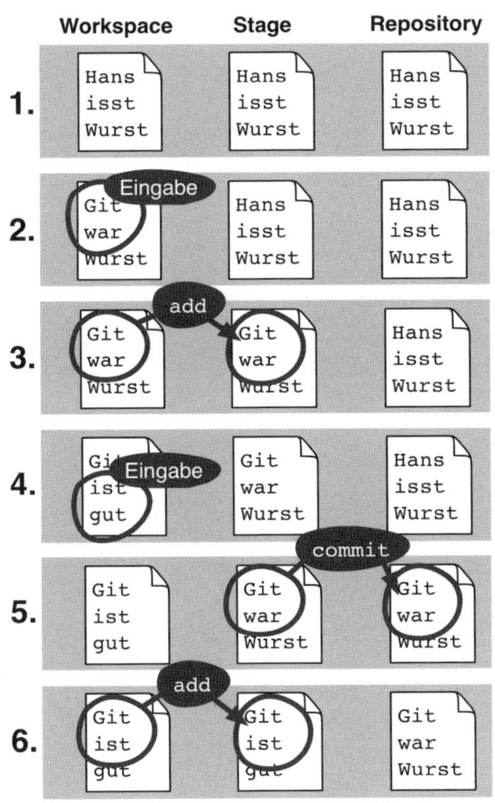

Abb. 5-2
Änderungen vom Workspace über den Stage-Bereich ins Repository bringen

Schritt für Schritt

Was steht im Stage-Bereich? Was nicht?

Mit dem `add`-Befehl wurden Änderungen für das nächste Commit angemeldet. Danach wurden weitere Änderungen im Workspace durchgeführt. Der `diff`-Befehl zeigt, was Sache ist.

a. Was steht im Stage-Bereich?

Änderungen, die bereits mit dem `add`-Befehl zum Stage-Bereich hinzugefügt wurden, werden mit der Option `--staged` angezeigt. Der folgende Befehl zeigt die Unterschiede zwischen dem Stage-Bereich und dem aktuellen *HEAD*-Commit im Repository:

```
> git diff --staged   # stage vs. repository
```

b. Was ist noch nicht angemeldet?

Ohne Angabe von Optionen zeigt der `diff`-Befehl die lokalen Änderungen im Workspace, die noch nicht angemeldet sind, also den Unterschied zwischen Stage-Bereich und dem Workspace.

```
> git diff    # stage vs. workspace
```

5.3 Was tun mit Änderungen, die nicht übernommen werden sollen?

Es kommt vor, dass man bestimmte Änderungen nicht in Commits übernehmen möchte, wie z. B.:

- experimentelle Änderungen für Debug-Zwecke
- versehentlich hinzugefügte Änderungen
- Änderungen, die noch nicht fertig sind
- Änderungen in generierten Dateien

Git bietet verschiedene Möglichkeiten, damit umzugehen:

- Zurücksetzen von experimentellen oder versehentlich durchgeführten Änderungen mit dem `reset`-Befehl
- Ignorieren von Dateien, die man gar nicht übernehmen möchte, mittels `.gitignore`
- Zwischenspeichern von Änderungen, die man erst später übernehmen möchte, mit dem `stash`-Befehl

Schritt für Schritt

Zurücknehmen von Änderungen aus dem Stage-Bereich

Der reset-Befehl kann den *Stage-Bereich* zurücksetzen. Der erste Parameter HEAD gibt an, dass auf die aktuelle HEAD-Version zurückgesetzt wird. Der zweite Parameter gibt an, welche Dateien oder Verzeichnisse zurückgesetzt werden sollen.

```
> git reset HEAD .
```

oder

```
> git reset HEAD foo.txt src/test/
```

Achtung! Der *Stage-Bereich* wird beim reset überschrieben. In der Regel ist das kein Problem, weil dieselben Änderungen meist noch im Workspace stehen (Abbildung 5-2). Wenn die gleichen Dateien nach dem add noch weiter bearbeitet wurden, können Informationen verloren gehen.

5.4 Mit .gitignore Dateien unversioniert lassen

Generierte Dateien, temporäre Dateien oder von Editoren erstellte Sicherungskopien möchte man in der Regel nicht unter Versionsverwaltung stellen. Durch Einträge in die Datei .gitignore im Hauptverzeichnis des Projekts kann man sie für Git »unsichtbar« machen. Man kann darin Dateipfade, aber auch Verzeichnisse angeben. Die Jokerzeichen »*« und »&« sind zulässig (*Glob-Syntax*). Bei Pfadangaben sollte man Folgendes wissen: Eine einfache Pfadangabe, wie generated/, sorgt dafür, dass Verzeichnisse dieses Namens überall ignoriert werden, z. B. auch src/demo/generated. Stellt man ein / voran, z. B. /generated/, dann wird nur der exakte Pfad – ausgehend vom Wurzelverzeichnis des Projekts – ignoriert.

```
#
# Einfacher Dateipfad
#
irgendwie/unerwuenscht.txt
#
# Verzeichnisse werden mit einem "/" abgeschlossen
#
generated/
#
# Dateitypen als glob-Ausdrücke
#
*.bak
#
# "!" markiert Ausnahmen. "demo.bak"
# wird versioniert, obwohl "*.bak"'
# ausgenommen wurde.
#
!demo.bak
```

Tipp: Mehrere `.gitignore`*-Dateien*

Sie können übrigens eine `.gitignore`-Datei in einem Unterverzeichnis des Projekts anlegen. Sie gilt dann für alle Dateien und Pfade unterhalb dieses Verzeichnisses. Dies kann zum Beispiel dann nützlich sein, wenn Ihr Projekt verschiedene Programmiersprachen umfasst, für die jeweils eine andere Konfiguration erforderlich ist.

Lokale Änderungen temporär ignorieren
→ Seite 122

Anmerkung: Einträge in `.gitignore` wirken nur auf Dateien, die noch nicht von Git verwaltet werden. Wenn eine Datei bereits versioniert wird, wird der `status`-Befehl Änderungen daran anzeigen, und diese können auch mit dem `add`-Befehl für das nächste Commit angemeldet werden. Möchte man bereits versionierte Dateien ignorieren, kann man dies mit der Option `--assume-unchanged` des `update-index`-Befehls tun.

5.5 Stashing: Änderungen zwischenspeichern

Wenn man bei der Arbeit unterbrochen wird, z. B. weil schnell ein Bugfix gemacht werden muss, hat man oft angefangene Änderungen vor sich, die man so noch nicht in ein Commit fassen möchte. In so einem Fall hilft der `stash`-Befehl, mit dem Änderungen lokal zwischengespeichert und später wieder hervorgeholt werden können.

Schritt für Schritt

Änderungen zwischenspeichern

Der stash-Befehl übernimmt alle Änderungen im Workspace und im Stage-Bereich in einen Zwischenspeicher.

```
> git stash --include-untracked
```

Schritt für Schritt

Änderungen aus dem Zwischenspeicher zurückholen

Änderungen aus dem Zwischenspeicher können jederzeit mit dem Befehl `stash pop` *in den Workspace zurückgeholt werden.*

a. Letzte gespeicherte Änderungen zurückholen

```
> git stash pop
```

b.1. Was steht im Zwischenspeicher?

Erst einmal nachsehen, welche Änderungen gespeichert wurden:

```
> git stash list
stash@{0}: WIP on master: 297432e Mindmap aktualisiert.
stash@{1}: WIP on omaster: 213e335 Einführung einer
Workflow-Beschreibung
```

b.2. Ältere gespeicherte Änderung zurückholen

```
> git stash pop stash@{1}
```

5.6 Zusammenfassung

Stage-Bereich: Im Stage-Bereich (auch Index genannt) wird das nächste Commit vorbereitet. Er enthält eine Momentaufnahme von Dateiinhalten.

`add` **erzeugt Momentaufnahmen:** Mit `add` wird eine Momentaufnahme von geänderten Dateien im Stage-Bereich erzeugt. Ändert man dieselben Dateien noch einmal, gehen die neuen Änderungen nicht automatisch ins nächste Commit ein.

Selektives Commit: Beim `add`-Befehl kann man angeben, welche Dateien bei der Momentaufnahme berücksichtigt werden. Alle anderen Dateien bleiben unverändert.

Auswählen von Codeabschnitten: Mit `--interactive` kann man sogar einzelne Abschnitte von veränderten Zeilen (*Hunks*) auswählen. Nur diese Änderungen werden dann als Momentaufnahme in den Stage-Bereich übertragen.

Status: Der `status`-Befehl zeigt an, welche Dateien ins nächste Commit eingehen und welche Dateien lokal verändert wurden, aber noch nicht im Stage-Bereich angemeldet sind.

Stage-Bereich zurücksetzen: Mit `git reset HEAD .` werden alle Dateien auf den Stand des aktuellen Commmits zurückgesetzt.

`.gitignore`: In dieser Datei konfiguriert man, welche Dateien und Verzeichnisse nicht von Git verwaltet werden.

Stashing: Mit dem `stash`-Befehl kann man die aktuellen Änderungen in Workspace und Stage-Bereich zwischenspeichern. Später kann man sie mit `git stash pop` wieder zurückholen.

6 Das Repository

Man kann Git durchaus benutzen, ohne zu wissen, wie das *Repository* funktioniert. Wir glauben aber, dass man ein besseres Verständnis für die Workflows gewinnt, wenn man weiß, wie Git seine Daten speichert und organisiert. Wenn Sie ein absoluter Theorie-Verächter sind, können Sie dieses Kapitel auch überfliegen und nur die »Schritt für Schritt«-Anleitungen durchsehen.

Git ist in zwei Ebenen aufgebaut. Auf der oberen Ebene finden Sie Befehle wie `log`, `reset` oder `commit`, die komfortabel zu bedienen sind und zahlreiche Optionen und Aufrufvarianten bieten. Die Git-Entwickler nennen diese Befehle »Porcelaine« (gemeint sind die sichtbaren Teile eines Badezimmers, wie etwa Waschbecken und WCs).

Die Ebene darunter wird »Plumbing« (Installation, Rohre) genannt. Hier gibt es eine Reihe von einfachen Befehlen mit wenigen Optionen, auf denen die »Porcelaine«-Befehle aufbauen. »Plumbing«-Befehle werden nur selten direkt verwendet. Dieses Kapitel gibt einen kleinen Einblick in die »Plumbing«-Ebene des Systems.

6.1 Ein einfaches und effizientes Speichersystem

Das Herz von Git ist die sogenannte *Object Database*. Man kann darin beliebige Text- oder Binärdaten ablegen, zum Beispiel den Inhalt einer Datei. Der `hash-object`-Befehl mit der Option `-w` (sie steht für »write«) schreibt einen Datensatz in die *Object Database*.

```
> git hash-object -w hallo.txt
28cf67640e502fe8e879a863bd1bbcd4366689e8
```

Als Ergebnis der Speicherung wird ein 40 Zeichen langer Code geliefert. Dieser ist der Schlüssel für das gespeicherte Objekt. Merkt man sich diesen, kann man später wieder auf das Objekt zugreifen. Der Zugriff erfolgt z. B. mit dem `cat-file`-Befehl und der Option `-p` (für »print«).

```
> git cat-file -p 28cf67640e
```

```
Hallo Welt!
```

Die Implementierung der Object Database ist sehr effizient. Selbst bei großen Projekten mit sehr langer Commit-Historie (wie zum Beispiel dem Linux-Kernel mit mehr als 200.000 Commits und fast zwei Millionen Objekten) erfolgt der Zugriff auf Objekte aus dem Repository fast augenblicklich. Git ist extrem gut geeignet für Projekte mit sehr vielen kleinen Quelltextdateien. Die Grenzen zeigen sich erst, wenn das Gesamtdatenvolumen der Daten sehr groß wird. Wer beispielsweise große binäre Dateien verwalten möchte, der ist mit einem Git-Repository nicht so gut bedient.

6.2 Verzeichnisse speichern: Blob und Tree

Zum Speichern von Dateien und Verzeichnissen verwendet Git eine einfache Baumstruktur mit zwei Knotentypen. Die Inhalte von Dateien werden unverändert, Byte für Byte, als Blob-Objekte in der *Object Database* abgelegt. Verzeichnisse werden durch sogenannte Tree-Objekte dargestellt, die wie folgt aussehen:

```
> git cat-file -p 2790ef78
```

```
100644 blob 507d3a30ae9ed53bcf953744c5f5c9391a263356 README
040000 tree 91c7822ab43800b0e3c13049519587df4fd74591 src
```

Das Tree-Objekt listet die enthaltenen Dateien und Unterverzeichnisse auf. Abbildung 6-2 zeigt dies. Jeder Eintrag enthält Informationen über die Zugriffsrechte (z. B. `100644`), den Typ (`blob` oder `tree`), einen *Hashcode* für den Dateiinhalt sowie den Namen der Datei bzw. des Verzeichnisses.

Abb. 6-1
Ein kleines Projekt

```
beispiel-workspace/
    README
    /src
        Hallo.java
        Welt.java
```

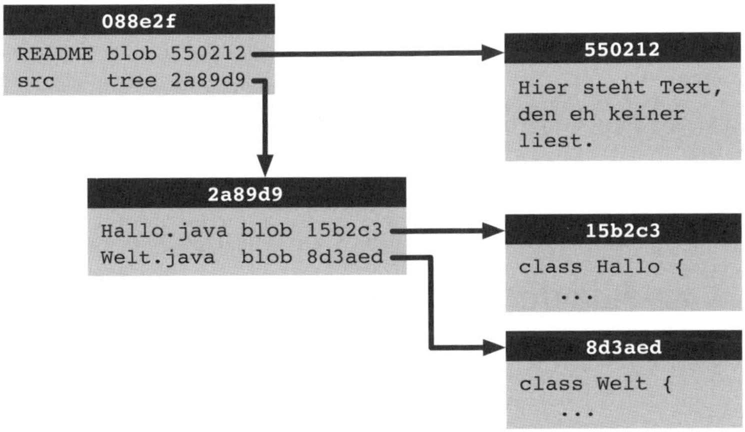

Abb. 6-2
Darstellung von Verzeichnissen im Repository

6.3 Gleiche Daten werden nur einmal gespeichert

Um Speicher zu sparen, werden gleiche Daten nur einmal gespeichert. Im folgenden Beispiel erhalten die Dateiinhalte von `foo.txt` und `kopie-von-foo.txt` denselben Hashcode, weil sie gleich sind:

```
> git hash-object -w foo.txt
a42a0aba404c211e8fdf33d4edde67bb474368a7

> git hash-object -w kopie-von-foo.txt
a42a0aba404c211e8fdf33d4edde67bb474368a7
```

Git spart durch dieses Vorgehen nicht nur Speicher, sondern gewinnt gleichzeitig Performance. Bei vielen Operationen ist dieses Verfahren rasend schnell, weil es in den Algorithmen oft nur Hashcodes vergleicht, ohne die eigentlichen Daten anzusehen.

6.4 Kompression ähnlicher Inhalte

Git kann aber mehr, als nur identische Dateiinhalte zusammenzufassen. Beim Programmieren entstehen laufend neue Dateiinhalte, die sich nur in wenigen Zeilen von ihren Vorgängerversionen unterscheiden. Git kann diese Dateiinhalte mit einem Deltaverfahren, das nach einer Ursprungsversion nur die Änderungen ablegt, in sogenannten *Pack-Files* speichern.

Hierzu ruft man den `gc`-Befehl auf, wenn man Speicher sparen möchte. Git entfernt dann nicht benötigte Commits, die von keinem Branch-Head mehr erreichbar sind, und speichert die verbleibenden

Commits in Pack-Files. Bei Projekten, die hauptsächlich Quelltexte enthalten, wird eine erstaunlich hohe Kompression erreicht. Oft ist der entpackte Workspace-Inhalt mit der aktuellen Version des Projekts größer als das Git-Repository mit der über Jahre gesammelten Historie des Projekts.

6.5 Ist es schlimm, wenn verschiedene Daten zufällig denselben Hashwert bekommen?

Das wäre in der Tat schlecht, weil Git Inhalte über Hashwerte identifiziert. Git könnte also falsche Daten liefern, wenn die Inhalte verschiedener Dateien zufällig denselben Hashwert hätten. Man nennt dies eine Hashkollision.

Die gute Nachricht ist aber, dass eine Hashkollision ein extrem unwahrscheinliches Ereignis ist. Das liegt daran, dass es immerhin 2^{160} mögliche Hashwerte gibt. Das Linux-Kernel-Projekt hat nach 5 Jahren intensiver Entwicklung »nur« ca. 2^{21} Objekte im Repository.[1]

6.6 Commits

Auch Commits werden in der *Object Database* abgelegt. Das Format ist einfach:

```
> git cat-file -p 64b98df0

tree 319c67d41a0b3f7464550b41db4bb1584939ad2a
parent 6c7f1ba0828a5b595026e08d2476808105a6b815
author Bjørn Stachmann <bs@test123.de> 1295906997 +0100
committer Bjørn Stachmann <bs@test123.de> 1295906997 +0100

Abschnitt über Trees & Blobs.
```

Neben den Metainformationen – wie Autor, Committer, Zeitpunkt und Kommentar – enthält das *Commit-Objekt* einige Hashwerte für weitere Objekte aus der *Object Database*. Das Tree-Objekt beschreibt den Inhalt des Commits. Es verweist auf das Hauptverzeichnis des Projekts und wird wie oben beschrieben durch *Trees* und *Blobs* dargestellt. Das *Parent-Objekt* repräsentiert das Vorgänger-Commit.

---

[1] In der Theorie hat der SHA1-Hash Schwächen. Es wurde ein Algorithmus beschrieben, in dem man mit »nur« 2^{51} Operationen eine SHA1-Kollision finden könnte. Ein Forschungsprojekt der Technischen Universität Graz hat von 2007 bis 2009 versucht, eine (!) solche *Hashkollision* tatsächlich zu finden. Es wurde aber ohne Sucherfolg eingestellt. Zusammenfassend kann gesagt werden, dass die Sicherheit für die Zwecke einer Versionsverwaltung heute ganz okay ist.

6.7 Wiederverwendung von Objekten in der Commit-Historie

Bis auf das allererste Commit hat jedes Commit mindestens ein *Vorgänger-Commit* (*Parent-Objekt*). Oft verändert ein Commit nur wenige Dateien eines Projekts, und der Großteil der Dateien und Verzeichnisse bleibt unverändert. Wann immer es möglich ist, verwendet Git die Objekte aus vorigen Commits wieder.

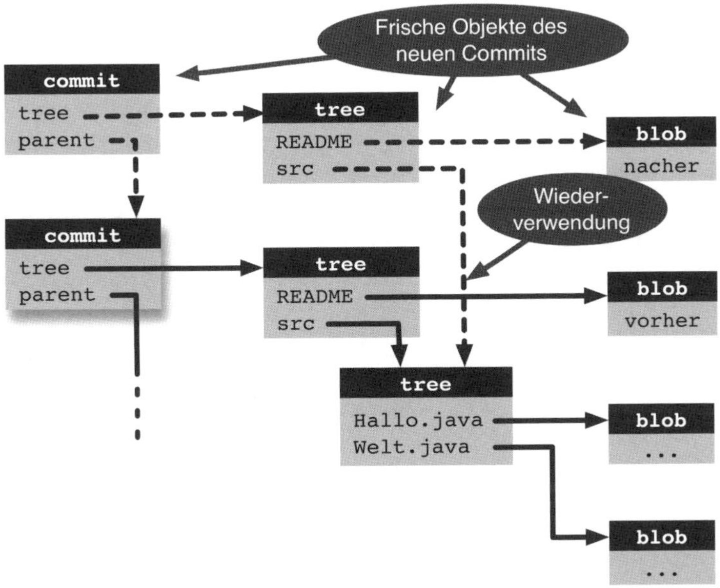

Abb. 6-3
Wiederverwendung eines Tree-Objekts

Abbildung 6-3 zeigt ein Beispiel. Ein Commit (unten, durchgezogene Pfeile) enthält eine Datei README und ein Verzeichnis src mit weiteren Dateien. Auf diesem baut ein weiteres Commit (oben, gestrichelte Pfeile) auf, in dem nur die Datei README geändert wurde. Man sieht, dass für README ein neues Blob-Objekt entstanden ist. Für das src-Verzeichnis hingegen konnten das Tree-Objekt und die dazu gehörenden Blob-Objekte unverändert weitergenutzt werden.

6.8 Umbenennen, verschieben und kopieren

Viele Versionsverwaltungssysteme ermöglichen es, die Geschichte von Dateien auch über Umbenennungen und Verschiebungen hinweg zu verfolgen. Meist wird dies dadurch erreicht, dass man einen besonderen Befehl zum Verschieben oder Umbenennen verwendet. In Subversion[2] zum Beispiel verschiebt man Dateien mit `svn move`. Dort ist es schlecht, wenn man Dateien beispielsweise per »Drag and Drop« verschiebt. Subversion erfährt dann nichts von der Verschiebung und protokolliert stattdessen eine Löschung einer Datei und die Erstellung einer neuen Datei.

Git verfolgt einen anderen Ansatz: Es speichert keine Informationen darüber, welche Dateien verschoben wurden. Stattdessen besitzt es einen »*Rename Detection*«-Algorithmus: Fehlt eine Datei in einem Commit, die beim Vorgänger noch da war, prüft Git, ob an anderer Stelle eine Datei mit gleichem oder sehr ähnlichem Inhalt aufgetaucht ist. Wenn das so ist, geht Git davon aus, dass die Datei verschoben wurde. Abbildung 6-4 zeigt dies: Die verschobene Datei `foo.txt` fehlt im zweiten Commit. Git sucht dann unter den neu hinzugekommenen Dateien nach ähnlichem Inhalt und findet diesen in `src/foo-verschoben.txt`. Dies wird dann als Umbenennung interpretiert.

Abb. 6-4 Eine Datei wird verschoben.

```
beispiel-workspace/        beispiel-workspace/
    foo.txt                    (foo.txt fehlt)
    /src                       /src
        bar.txt                    bar.txt
                                   foo-verschoben.txt

(Commit 1)                 (Commit 2)
```

Schritt für Schritt

Umbenennungen und Verschiebungen verfolgen

Git soll anzeigen, welche Dateien umbenannt oder verschoben wurden.

1. Sich einen Überblick verschaffen

Mit der Option `-M` (für »Move«) beim `log`-Befehl aktiviert man die *Rename Detection*. Für die Ausgabe nutzt man die Option `--summary`, die Informationen über Dateiänderungen darstellt. Die Ausgabe dabei ist jedoch lang. Wenn man es kompakter mag, filtert man die gesuchten `rename`-Zeilen mit dem `grep`-Befehl heraus. Die Prozentzahl gibt dabei an, wie ähnlich Quell- und Zieldatei sein müssen.

[2] http://subversion.apache.org/

```
> git log --summary -M90% | grep -e "^ rename"
 rename foo.txt => foo-umbenannt.txt (90%)
 rename src/{vorher => nachher}/bar.txt (100%)
```

2. Historie einer verschobenen Datei verfolgen

Mit der Option `--follow` wird das Log für eine einzelne Datei auch über Verschiebungen und Umbenennungen hinweg verfolgt. Die Ausgabe entspricht einer normalen Log-Ausgabe. Ohne diese Option würde das Log bei dem Commit enden, in dem die Datei umbenannt wurde.

```
> git log --follow foo-umbenannt.txt
```

Schritt für Schritt

Kopien aufspüren

Git kann auch kopierte Daten aufspüren. Dafür verwendet man die Option `-C`:

```
> git log --summary -C90% | grep -e "^ copy"
```

Bei Bedarf kann man die Option `--find-copies-harder` hinzunehmen. Git rechnet dann länger. Dafür untersucht es dann alle Dateien eines Commits und nicht nur jene, die in diesem Commit verändert worden sind.

Tipp: Rename Detection als Default

Man kann Git auch so konfigurieren, dass *Rename Detection* standardmäßig aktiviert ist. Dann muss man die Optionen `-M` und `--follow` nicht für jeden `log`-Aufruf einzeln angeben.

```
> git config diff.renames true
```

Schritt für Schritt

Herkunft von Codeabschnitten bestimmen

Sie wollen herausfinden, wer wann welche Codezeilen zuletzt bearbeitet hat.

1. Herkunftsinformationen zeilenweise ausgeben

Git kann die Herkunft von Codezeilen selbst dann bestimmen, wenn größere Codeabschnitte aus anderen Dateien kopiert oder verschoben wurden. Der `blame`-Befehl zeigt für jede Zeile an, wann und durch wen diese Zeile zuletzt geändert wurde.

```
> git blame -M -C -C -C zusammenkopiert.txt
```

```
f5fdbad0 foo.txt  (Rene   2010-11-14 18:30:42 +0100   1) Eins,
a5b80903 bar.txt  (Bjørn  2011-01-31 21:32:49 +0100   2) Zwei oder
f5fdbad0 foo.txt  (Rene   2010-11-14 18:30:42 +0100   3) Drei!
```

Mit der Option `-M` (für Move) werden Kopien und Verschiebungen innerhalb einer Datei aufgedeckt. Mit der Option `-C` werden auch Kopien aus anderen Dateien im selben Commit entdeckt. Man kann `-C` auch mehrfach angeben; dann durchsucht Git auch Dateien aus anderen Commits. Bei großen Repositorys kann das dann aber auch mal etwas länger dauern.

6.9 Zusammenfassung

Object Database: Dateien, Verzeichnisse und alle Metainformationen für Commits werden in dieser Datenbank abgelegt.

SHA1-Hashes: Über den SHA1-Hash kann man die Objekte aus der Objektdatenbank abrufen. Der SHA1-Hash ist eine kryptografische Prüfsumme über den Inhalt der Datei.

Identische Daten werden nur einmal gespeichert: Objekte mit gleichem Inhalt haben denselben SHA1-Hash und werden nur einmal abgelegt.

Ähnliche Daten werden komprimiert: Hierzu gibt es ein Deltaverfahren, das nur die Änderungen speichert.

Blob: Inhalte von Dateien werden in sogenannten *Blobs* abgelegt.

Tree: Verzeichnisse werden in sogenannten *Tree*-Objekten abgelegt. Sie enthalten eine Liste von Dateinamen mit dem SHA1-Hash des dazugehörenden Inhalts (wiederum ein Blob oder ein Tree).

Commit-Graph: Die Commit-Objekte bilden zusammen mit den Tree- und Blob-Objekten den Commit-Graphen.

Rename Detection: Die Verschiebungen und Umbenennungen müssen dazu nicht vor dem Commit angemeldet werden. Git erkennt dies nachträglich durch Ähnlichkeiten in den Inhalten der Dateien. Beispiel: `git log --follow`

Wer war's: Mit dem `blame`-Befehl kann Git die Herkunft von Codezeilen sogar dann bestimmen, wenn diese verschoben oder kopiert wurden.

7 Branches verzweigen

Es gibt zwei wichtige Gründe, weshalb Versionshistorien nicht immer linear, *Commit* auf *Commit*, verlaufen:

- Zwei oder mehr Entwickler arbeiten parallel an einem Projekt.
- Bugfixes für ältere Versionen müssen erstellt und ausgeliefert werden.

In beiden Fällen entstehen Verzweigungen im Graphen der *Commit-Historie*.

7.1 Parallele Entwicklung

Wenn mehrere Entwickler mit Git an derselben Software arbeiten, entstehen Verzweigungen im Commit-Graphen. Die obere Hälfte von Abbildung 7-1 zeigt, wie zwei Entwickler verschiedene Nachfolgerversionen (Commits C und D) für ein Commit B in ihren lokalen Repositorys erstellen. Unten sieht man das Repository nach einer Zusammenführung (wie man das macht, erfahren Sie in Kapitel 11). Es ist eine Verzweigung entstanden. Diese Art von Verzweigung lässt sich kaum vermeiden, wenn parallel entwickelt wird.

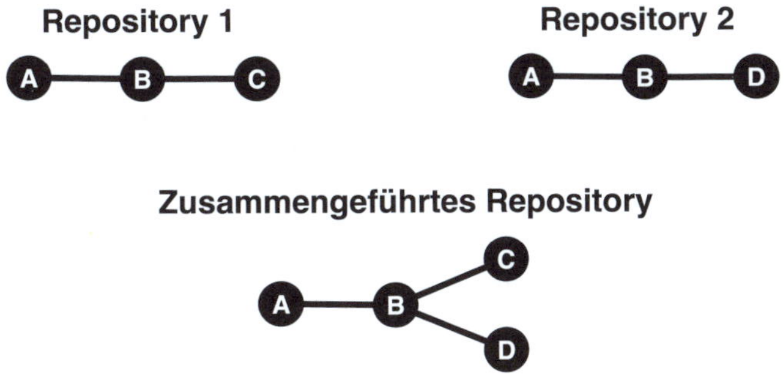

Abb. 7-1
Parallele Entwicklung

7.2 Bugfixes in älteren Versionen

Außerdem entstehen Verzweigungen, wenn man Fehler in älteren Softwareversionen beseitigt. Abbildung 7-2 zeigt ein Beispiel: Während die Entwickler schon intensiv an der Version für das kommende Release arbeiten (Commits C und D), wird ein Fehler in der ausgelieferten Version (Commit B) entdeckt. Da die neuen Features noch nicht ausgeliefert werden sollen, wird ein Bugfix E auf Basis von B erstellt.

Abb. 7-2
Bugfix in alter Version

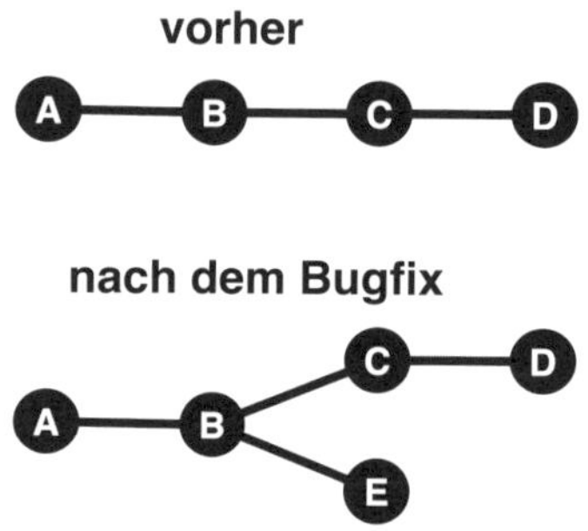

7.3 Branches

Um in verzweigten Versionsgraphen den Überblick zu behalten, gibt es Branches. Ein *Branch* zeigt auf einen Knoten im Versionsgraphen. Im Beispiel von Abbildung 7-3 sieht man zum einen den Branch `release1` für die ausgelieferte Version und zum anderen einen Branch `master` für die aktuelle Entwicklung. Bei jedem neuen Commit »wandert« der aktive Branch mit. Im unteren Bild rechts sieht man, wie der Branch `release1` mit dem Bugfix »weitergewandert« ist und dadurch eine Verzweigung im Versionsbaum erzeugt hat.

Abb. 7-3
Branches im Versionsgraphen

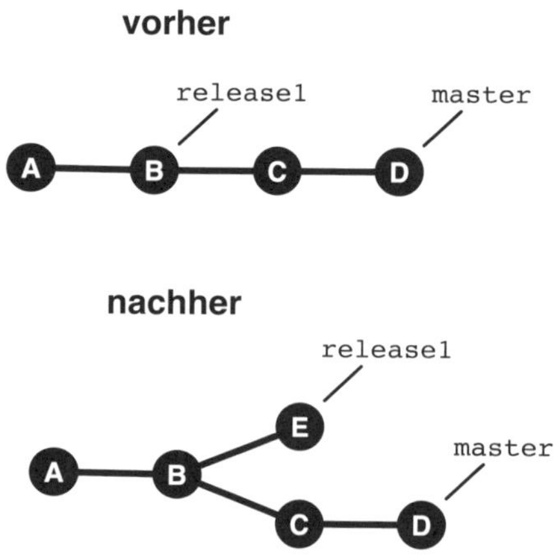

Man kann sich *Branches* als parallele Linien der Entwicklung vorstellen. Man kann dies durch Swimlanes (Schwimmbahnen) im Commit-Graphen (Abbildung 7-4) visualisieren.

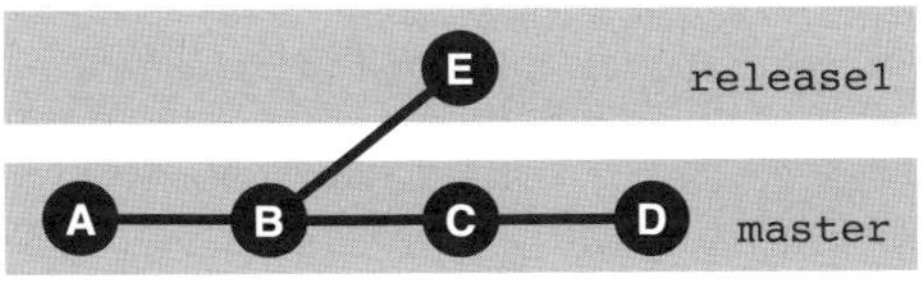

Abb. 7-4
Branches als parallele Entwicklungslinien

Anmerkung: Git kennt keine feste Zuordnung von Commits zu *Branches*; die Aufteilung in Bahnen ist eine Interpretation, also zu einem gewissen Grad willkürlich.

7.4 Aktiver Branch

In einem Git-Repository gibt es immer genau einen aktiven Branch. Der `branch`-Befehl (ohne Optionen) zeigt eine Liste mit allen Branches. Der aktive Branch wird mit einem * hervorgehoben.

```
> git branch

  ein-zweig
* master
  noch-ein-zweig
```

Bei einem *Commit* wird immer der aktive *Branch* weitergeführt. Dieser zeigt dann auf das neu entstandene Commit. Mit dem `checkout`-Befehl kann man den aktiven *Branch* wechseln.

Dabei werden Dateien im Workspace ausgetauscht, sodass sie dem *Commit* entsprechen, auf das der neue *Branch* zeigt.

```
> git checkout ein-zweig
```

Schritt für Schritt

Branch erstellen

Ein neuer Branch wird angelegt.

1a. Vom aktuellen Commit abzweigen

```
> git branch ein-zweig
```

1b. Von beliebigem Commit abzweigen

Man kann auch von beliebigen anderen Stellen abzweigen. Dafür muss man lediglich angeben, bei welchem Commit der neue Branch starten soll.

```
> git branch noch-ein-zweig 38b7da45e
```

1c. Von vorhandenem Zweig abzweigen

```
> git branch noch-ein-zweig alter-zweig
```

2. Auf den neuen Branch wechseln

Der `branch`-Befehl erzeugt lediglich einen neuen Branch, wechselt aber nicht dorthin. Letzteres geschieht durch den `checkout`-Befehl.

```
> git checkout ein-zweig
```

Abkürzung: Branch erzeugen und gleich wechseln

```
> git checkout -b ein-zweig
```

Schritt für Schritt

Checkout verweigert. Was nun?

Normalerweise kann man mit dem `checkout`*-Befehl einfach zwischen den Branches hin- und herspringen. Falls der Workspace jedoch noch lokale Änderungen enthält, muss man entscheiden, wie man mit diesen umgehen möchte.*

1. Checkout

Hier wird ein Checkout verweigert:

```
> git checkout ein-zweig
```

```
error: Your local changes to the following files would be
overwritten by checkout: foo.txt
Please, commit your changes or stash them before you can
switch branches.
Aborting
```

Es liegen Änderungen im Workspace oder Stage-Bereich vor, die noch nicht durch ein Commit bestätigt wurden. Sie müssen entscheiden, was mit den Änderungen geschehen soll.

2a. Commit und dann wechseln

```
> git commit --all
> git checkout ein-zweig
```

2b. Verwerfen und dann wechseln

Sie können den Wechsel auch mit der Option `--force` erzwingen. **Achtung!** Dabei werden lokale Änderungen unwiderruflich überschrieben!

```
> git checkout --force ein-zweig
```

2c. Zwischenspeichern und dann wechseln

Sie können die Änderungen mit dem `stash`-Befehl (siehe auch »Stashing: Änderungen zwischenspeichern« ab Seite 44) zwischenspeichern, um sie später mit dem `stash pop`-Befehl zurückzuholen.

```
> git stash
> git checkout ein-zweig
```

7.5 Branch-Zeiger umsetzen

Der Branch-Zeiger für den aktiven Branch wird mit jedem Commit weitergeführt. Daher ist es nur selten erforderlich, den Branch-Zeiger direkt zu setzen. Manchmal kommt es vor, dass man sich verrannt hat und zu einem früheren Stand zurückkehren möchte. Dann kann man den Branch-Zeiger mit dem `reset`-Befehl zurücksetzen.

```
> git reset --hard 39ea21a
```

Hier wurde der Zeiger für den aktiven Branch auf das Commit `39ea21a` gesetzt. Die Option `--hard` sorgt dafür, dass Workspace und Stage-Bereich ebenfalls auf den Stand von `39ea21a` gesetzt werden.

Tipp: `stash` *vor dem* `reset`

Achtung! `reset -hard` überschreibt Workspace und Stage-Bereich. Es können Änderungen verloren gehen! Sie sollten die offenen Änderungen mit `git stash` vorher zwischenspeichern (siehe »Stashing: Änderungen zwischenspeichern« ab Seite 44).

7.6 Branch löschen

Schritt für Schritt

Branch löschen

Ein Branch kann mit `branch -d` *gelöscht werden.*

a. Abgeschlossenen Branch löschen

```
> git branch -d  b-branch
```

b. Offenen Branch löschen

Git warnt und verweigert die Löschung, falls der betroffene Branch noch nicht in einen anderen Branch, z. B. den `master`, überführt wurde. Möchte man den Branch trotzdem löschen, kann man die Option `-D` angeben.

```
error: The branch '-branch' is not fully merged.
If you are sure you want to delete it, run 'git branch -D b-branch'.
```

```
> git branch -D  b-branch
```

```
Deleted branch b-branch (was 742dcf6).
```

Schritt für Schritt

Versehentlich gelöschten Branch wiederherstellen

Git löscht zunächst nur den Zeiger auf das Commit, der zur Verwaltung des Branch verwendet wird. Die Commit-Objekte bleiben im Repository erhalten. Man kann den Branch wiederherstellen, wenn man sich den Commit-Hash aus der Meldung nach dem Löschen (siehe Beispiel oben) gemerkt hat.

a. Branch herstellen (Commit-Hash bekannt)

```
> git branch a-branch 742dcf6
```

b.1. Commit-Hash ermitteln

Wenn man den Commit-Hash nicht mehr weiß, kann man diesen meist im lokalen *Reflog* finden. Dort wird die Historie der Commits der Branch-Referenzen gespeichert.

```
> git reflog
c765a1e HEAD@{0}: checkout: moving from b-branch to master
88117f6 HEAD@{1}: merge b-branch: Fast-forward
9332b08 HEAD@{2}: checkout: moving from a-branch to b-branch
441cdef HEAD@{3}: commit: Wichtige Dinge ergänzt
```

Mehr darüber lesen Sie in »Keine Panik – Es gibt ein Reflog!« ab Seite 121.

b.2. Branch wiederherstellen (Commit-Hash aus Reflog)

```
> git branch b-branch HEAD@{1}
```

7.7 Und was ist, wenn man die Commit-Objekte wirklich loswerden will?

Der gc-Befehl (Garbage Collect) räumt im Repository auf und entfernt Commit-Objekte, die von den aktuellen Branches aus nicht erreichbar sind. Wenn man wirklich sichergehen möchte, empfiehlt es sich, das Repository zu klonen und das Original-Repository zu löschen. Dann hat man definitiv einen sauberen Stand.

Ein Repository klonen → Seite 89

7.8 Zusammenfassung

Verzweigungen im Commit-Graphen: Bei paralleler Entwicklung und beim Bugfixen auf alten Versionen verzweigt sich der Commit-Graph.

Branches: Ein Branch gibt einem Zweig im Commit-Graphen einen Namen. Der Branch hat einen Zeiger auf das jüngste Commit in diesem Zweig.

Aktiver Branch: Im Normalfall ist immer ein Branch aktiv. Macht man dort neue Commits, wird der Zeiger weitergesetzt.

Branch erstellen: Mit dem `branch`-Befehl erstellt man einen neuen Branch.

Checkout: Mit dem `checkout`-Befehl wechselt man auf einen anderen Branch.

Reflog: Git führt ein Log über jede Änderung an den Branch-Zeigern, insbesondere auch über jedes Commit. Dies ist hilfreich, wenn man versehentlich gelöschte Branches wiederherstellen möchte.

Garbage: Commits, die nicht Vorgänger eines Branch sind, gelten als Garbage. Sie können mit dem `gc`-Befehl aufgeräumt werden.

8 Branches zusammenführen

Die wichtigste Operation auf Branches ist das Zusammenführen mit dem `merge`-Befehl. Auch wenn die zugrunde liegenden Algorithmen komplex sind, ist der Aufruf einfach. Man gibt den Namen des *Branch* an, dessen Änderungen integriert werden sollen. Es entsteht dann ein neues Commit mit den zusammengeführten Inhalten.

Abbildung 8-1 zeigt ein Beispiel: Während einige Entwickler auf einem *Branch* namens `feature` emsig weiterentwickeln, hat ein anderer Entwickler einen Fehler auf dem *Branch* `master` behoben (Commit `E`) und eine korrigierte Version der Software ausgeliefert. Kurz darauf wird das Feature fertiggestellt und soll ebenfalls ausgeliefert werden. Die nächste Version auf dem `master`-Branch soll sowohl den Bugfix als auch das neue Feature enthalten. Mit dem `merge`-Befehl führt man die Zweige zusammen. Dabei entsteht ein sogenanntes *Merge-Commit* (hier: `F`), das zwei Vorgänger hat (`D` und `E`).

```
> # auf dem Branch "master"
> git merge feature
```

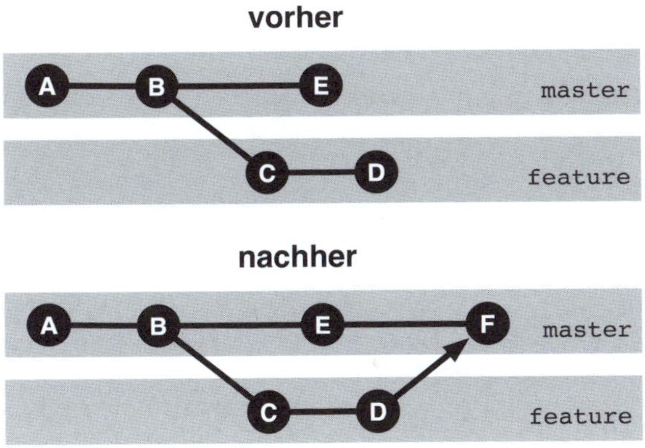

Abb. 8-1
Merge: Zusammenführen von Branches

8.1 Was passiert bei einem Merge?

Ein Ziel von Git ist es, die Zusammenarbeit von dezentral arbeitenden Entwicklern so leicht wie nur möglich zu machen. Deshalb soll der `merge`-Befehl Branches weitgehend automatisch, also ohne Benutzerinteraktion, zusammenführen. Doch wie ist das möglich?

Abbildung 8-2 zeigt zwei verschiedene Versionen eines Dateiinhalts, eine vom `a-branch` und eine vom `b-branch`. Es ist recht leicht zu erkennen, welche Zeilen sich unterscheiden. Aber welche Variante ist die richtige? »Freitag« oder »Montag«? »Git« oder »Fit«? Wie soll ein Algorithmus das entscheiden?

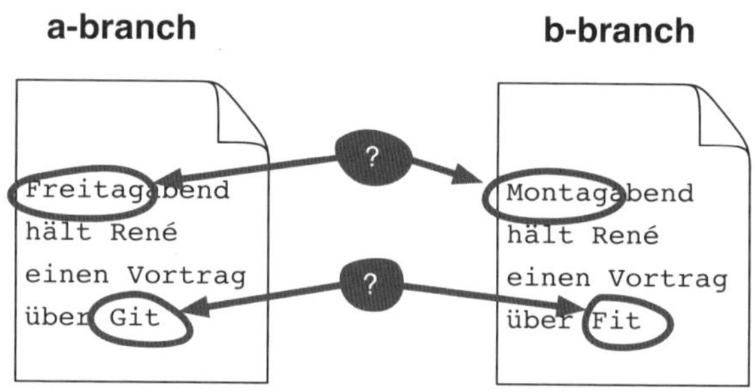

Abb. 8-2
2 Versionen: Welche ist richtig?

Der Schlüssel dazu liegt oft in der *Commit-Historie*. Der Trick besteht darin, den letzten gemeinsamen Vorgänger zu finden. Etwas vereinfacht ausgedrückt ist das die Stelle, wo sich die Wege der *Branches* getrennt haben. Vergleicht man die Ursprungsversion mit den Varianten in den *Branches*, wird das Bild klarer.

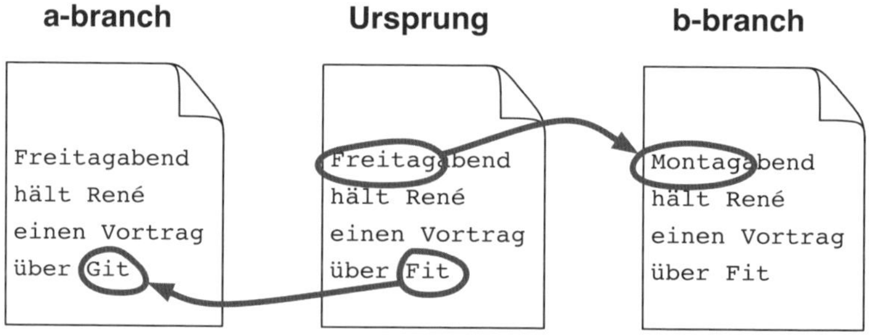

Abb. 8-3
3-Wege-Betrachtung

Im Beispiel in Abbildung 8-3 erkennt man, dass im `b-branch` in der ersten Zeile der »Freitagabend« durch »Montagabend« ersetzt wurde. Im `a-branch` wurde die erste Zeile gar nicht verändert. Das ist ein starkes Indiz dafür, dass man den »Montagabend« mitnehmen sollte, wenn man beide *Branches* zusammenführt. Auf dieselbe Weise schließt man, dass in der letzten Zeile »Git« und nicht »Fit« zu übernehmen ist. Abbildung 8-4 zeigt das Ergebnis, das der Merge-Algorithmus[1] liefern würde.

Abb. 8-4
Merge-Ergebnis

8.2 Konflikte

Git ist sehr gut darin, Änderungen an Programmquelltexten zusammenzuführen, wenn verschiedene Entwickler verschiedene Stellen darin bearbeitet haben. Dies funktioniert oftmals selbst dann, wenn betroffene Dateien verschoben oder umbenannt wurden. Leider gibt es trotzdem immer wieder Konflikte, die auch Git nicht automatisch auflösen kann.

Bearbeitungskonflikte treten auf, wenn zwei Entwickler dieselben Codezeilen in unterschiedlicher Weise geändert haben. Dann kann Git nicht entscheiden, welche von beiden Änderungen die richtige ist.

Inhaltliche Konflikte treten dann auf, wenn zwei Entwickler verschiedene Codeteile so geändert haben, dass sie zusammen nicht mehr funktionieren. Dies passiert zum Beispiel dann, wenn ein Entwickler eine Funktion inhaltlich verändert und ein anderer Entwickler parallel dazu etwas programmiert, was noch auf der alten Arbeitsweise dieser Funktion beruht.

---

[1] Tatsächlich ist es gar nicht so ganz einfach, den oben erwähnten gemeinsamen Vorgänger zu finden. Git implementiert daher drei verschiedene Merge-Algorithmen. Default ist der »recursive«-Algorithmus, auf den die Linux-Kernel-Entwickler schwören. Außerdem sind der klassische 3-Wege- und der »octopus«-Algorithmus implementiert. »octopus« kann viele Branches gleichzeitig zusammenführen.

Bearbeitungskonflikte

Wenn Git einen Konflikt nicht auflösen kann, erscheint eine Fehlermeldung:

```
> git merge ein-branch

Auto-merging foo.txt
CONFLICT (content): Merge conflict in foo.txt
Automatic merge failed; fix conflicts and then commit the result.
```

Folgendes ist dann geschehen:

1. Git hat *kein* Commit erstellt. Normalerweise tut Git dies nach einem Merge automatisch. Im Konfliktfall muss man zuerst die Probleme aus dem Weg räumen und danach das Commit manuell erstellen.
2. In `.git/MERGE_HEAD` steht der Commit-Hash des anderen Branch.
3. Die Dateien im Workspace spiegeln das Merge-Ergebnis wider.
4. Konfliktfrei zusammengeführte Änderungen sind im Stage-Bereich (Seite 37) schon für das nächste Commit angemeldet.
5. *Konfliktmarkierungen* wurden eingefügt.
6. Die Konfliktstellen sind noch nicht für das nächste Commit angemeldet.

Der `status`-Befehl zeigt jetzt in der Sektion `Changes to be committed:` die automatisch zusammengeführten Dateien an und in der Sektion `Unmerged paths:` jene Dateien, die der Benutzer noch manuell nachbearbeiten sollte.

```
> git status

# On branch master
# You have unmerged paths.
#   (fix conflicts and run "git commit")
#
# Changes to be committed:
#
# modified:   blah.txt
#
# Unmerged paths:
#   (use "git add <file>..." to mark resolution)
#
# both modified:      foo.txt
#
```

Konfliktmarkierungen

Eine Konfliktmarkierung zeigt beide Varianten. Zuerst sieht man die Zeilen, wie sie auf dem aktuellen Branch (`HEAD`) vorher aussahen. Dahinter sieht man, wie sie auf dem anderen Branch (`MERGE_HEAD`, hier `ein-branch`) aussahen:

```
Im Frühtau
<<<<<<< HEAD
zu Tale
=======
zum Schwimmen
>>>>>>> ein-branch
wir geh'n. Fallera!;
```

Tipp: 3-Wege-Format für Konflikte

Aus historischen Gründen wird der gemeinsame Vorgänger dabei standardmäßig nicht angezeigt. Sie können sich das 3-Wege-Format aber konfigurieren:

```
> git config merge.conflictstyle diff3
```

Ein Bearbeitungskonflikt wird dann wie folgt dargestellt:

```
Im Frühtau
<<<<<<< HEAD
zu Tale
||||||| merged common ancestors
zu Berge
=======
zum Schwimmen
>>>>>>> ein-branch
wir geh'n. Fallera!;
```

Zwischen der eigenen und der fremden Variante wird gezeigt, wie der Code im letzten gemeinsamen Vorgänger aussah.

Bearbeitungskonflikte lösen

Am besten löst man Bearbeitungskonflikte mit einem Merge-Tool, wie zum Beispiel `kdiff3`. Man startet das Merge-Tool mit dem `mergetool`-Befehl:

```
> git mergetool
```

Dort löst man die Konflikte, speichert die Änderungen und beendet die Anwendung wieder. Danach stehen die zusammengeführten Änderungen im Stage-Bereich und können mit einem Commit bestätigt werden.

Tipp: Konflikte in Binärdateien

Für Binärdateien gibt es keine textuelle Konfliktmarkierung. Hier muss man sich die Ursprungsversionen ansehen. Drei Versionen einer Datei spielen beim Konflikt eine Rolle: die Version auf dem aktuellen Branch (*ours*), die Version auf dem anderen Branch (*theirs*) und der letzte gemeinsame Vorgänger dieser beiden Branches (*ancestor*). Der `show`-Befehl kann die Versionen abrufen:

```
> git show :1:picture.png   >ancestor.png
> git show :2:picture.png   >ours.png
> git show :3:picture.png   >theirs.txt
```

Tipp: Ignore Whitespace

Merge- und Diff-Tools zeigen in der Regel auch Änderungen am Whitespace an. Wenn ein Entwickler beispielsweise Tabs durch Spaces ersetzt hat, werden alle Zeilen markiert, obwohl sich inhaltlich vielleicht gar nichts getan hat. Die Tools bieten in der Regel eine Option, um Whitespace-Änderungen zu ignorieren. Diese sollte man nutzen.

Tipp: Auto-Formatter

Noch besser ist es natürlich, wenn alle Entwickler denselben automatischen Formatierer für Quelltexte nutzen. Damit sind Formatierungen als Fehlerquelle für Konflikte weitgehend ausgeschlossen.
Es geht natürlich auch ohne Tool, wie die folgende Anleitung zeigt:

Schritt für Schritt

Merge manuell durchführen

1a. Betroffene Dateien editieren

Für jede Konfliktstelle überlegt man sich, welche Variante man übernehmen möchte. Danach entfernt man den Rest und die Konfliktmarkierungen mit einem Texteditor. Für Binärdateien geht das nicht, da ist nur Schritt **1b** möglich.

1b. `--ours` oder `--theirs` übernehmen

Alternativ kann man mit dem `checkout`-Befehl auch nur die eigenen (oder die fremden) Versionen der Dateien komplett übernehmen:

```
> git checkout --theirs tests/
```

2. Änderungen anmelden

```
> git add .
```

3. Commit

```
> git commit
```

Es kann vorkommen, dass man ein Merge versehentlich ausführt oder Fehler bei der Konfliktauflösung macht. Dann sollte man nicht direkt weiterarbeiten, sondern das Merge explizit abbrechen, damit keine Reste der Zusammenführung im Workspace verbleiben und damit Git das nächste Commit nicht als *Merge-Commit* kennzeichnet.

Ein Merge kann mit dem reset-Befehl wieder abgebrochen werden:

Tipp: Merge abbrechen

```
> git reset --merge
```

Und was ist mit den inhaltlichen Konflikten?

Problematisch sind die inhaltlichen Konflikte, denn die kann Git nicht erkennen und erst recht nicht automatisch lösen. Gefährlich dabei ist, dass der merge-Befehl bei einem rein inhaltlichen Konflikt ein gültiges *Merge-Commit* erzeugt.

Achtung! Auch wenn alle zusammengeführten Versionen korrekt sind und Git keine Bearbeitungskonflikte gemeldet hat, kann das *Merge-Commit* defekt sein!

Wer sich davor schützen will, inhaltlich inkonsistente Softwarestände auszuliefern, sollte mehr tun:

Integration mit Jenkins → Seite 285

Absicherung durch automatisierte Tests: Wenn diese Tests regelmäßig ausgeführt werden und eine gute Abdeckung haben, entdeckt man inhaltliche Konflikte oft schnell.

Assertions, Pre- und Postconditions: Je mehr Erwartungen explizit geprüft werden, desto früher erkennt man Probleme.

Klare Schnittstellen, lose Kopplung: Je sauberer die Architektur in diesem Punkt ist, desto weniger wahrscheinlich sind überraschende Seiteneffekte durch Codeänderungen an unterschiedlichen Stellen.

Statische Typprüfungen: Wenn die Programmiersprache dies unterstützt, werden Probleme durch Signaturänderungen bereits zur Compile-Zeit erkannt.

Es ist übrigens zulässig, mehrere zu integrierende *Branches* beim merge-Befehl anzugeben. Dies nennt man dann ein *Octopus-Merge*.

8.3 Fast-Forward-Merges

Abb. 8-5
»Fast-Forward-Merge«

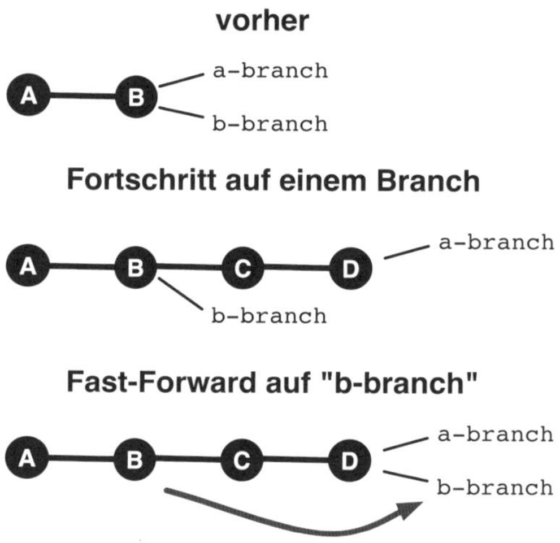

Nicht selten tritt Folgendes ein: Es gibt mehrere *Branches*, aber nur auf einem wurde weitergearbeitet. In Abbildung 8-5 ist auf `a-branch` weiterentwickelt worden, auf dem `b-branch` ist nichts passiert. Wenn man auf dem Branch `b-branch` ein Merge mit `a-branch` ausführt, hat Git es einfach: Es setzt nur den Zeiger für `b-branch` hoch. Es entsteht kein *Merge-Commit*. Man nennt dies ein *Fast-Forward-Merge*.

```
> git checkout b-branch
> git merge a-branch
```

```
Updating 9d4caed..9332b08
Fast-forward
 foo.txt     |    2 +-
 1 files changed, 1 insertions(+), 1 deletions(-)
```

Der Vorteil von *Fast-Forward-Merges* besteht darin, dass die Versionshistorie einfach und linear bleibt. Der Nachteil ist, dass man der Historie später nicht mehr ansieht, dass eine Zusammenführung stattgefunden hat. Deshalb verwenden wir in einigen Workflows in diesem Buch lieber die Option `--no-ff`, um zu erzwingen, dass beim *Merge* ein neues Commit entsteht (Abbildung 8-6).

```
> git merge --no-ff a-branch
```

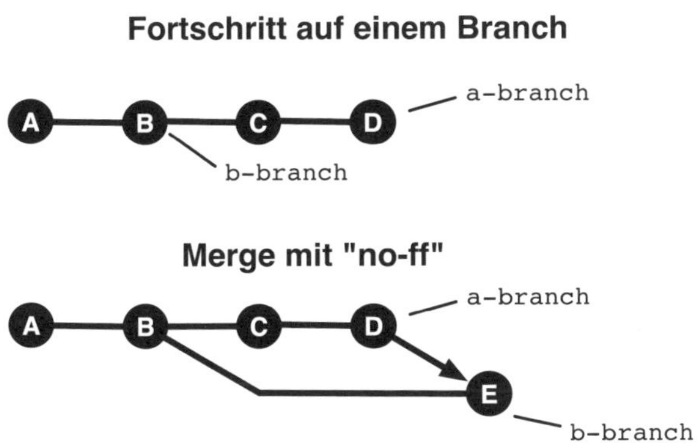

Abb. 8-6
Variante ohne »Fast-Forward-Merge«

8.4 First-Parent-History

Ein *Merge-Commit* hat in der Regel zwei Vorgänger[2]. Im folgenden Beispiel sind es die Commits `ed1c70e` und `f1d55be`:

```
> git log --merges
```

```
commit 7f3eae07c42df05f894fdd4754e38ab9e66a5051
Merge: ed1c70e f1d55be
Author: ...
```

Das erste angegebene Commit nennt man den *First-Parent*, im obigen Beispiel ist es `ed1c70e`. Es ist jenes Commit, das `HEAD` war, als das Merge durchgeführt wurde. Man sieht also, wo das *Merge* stattgefunden hat.

Gemeinsam auf einem Branch entwickeln → Seite 153

Wenn alle Entwickler auf demselben Branch entwickeln, dann ergibt es sich eher willkürlich, wann und wo Merges durchgeführt werden. In diesem Fall ist es eher uninteressant, welches Commit der *First-Parent* ist.

Mit Feature-Branches entwickeln → Seite 161

Anders sieht es aus, wenn mit *Feature-Branches* entwickelt wird. Dann wird ein Feature nach dem anderen auf dem Feature-Branch integriert, und es entsteht auf dem Integrations-Branch (im Beispiel `master`) eine Folge von *Merge-Commits* (Abbildung 8-7), deren *First-Parent* immer das *Merge-Commit* des vorigen Features ist.

Wenn man vom `HEAD` aus der Historie über die *First-Parents* rückwärts folgt, erhält man einen Überblick über die Feature-Integrationen. Diese Folge nennt man *First-Parent-History*. Die Option `--first-parent` des `log`-Befehls zeigt sie an:

[2] Bei den sogenannten Octopus-Merges kann es auch mehr als zwei Vorgänger geben.

Abb. 8-7
First-Parent-History

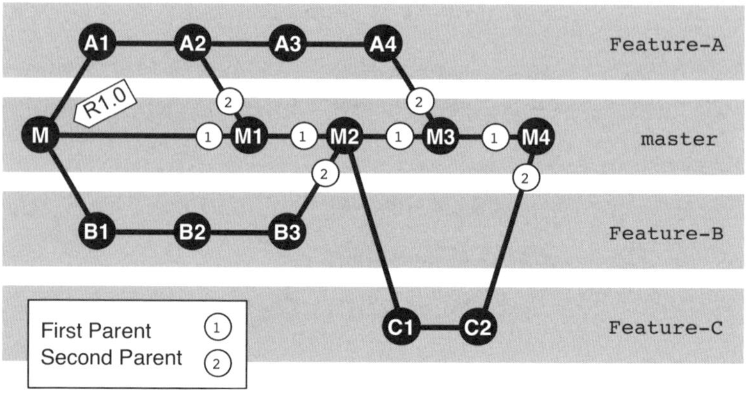


```
> git log --first-parent --oneline R1.0..master
7f3eae0 Merge branch 'Feature-C' Fertig (M4)
ed1c70e Merge branch 'Feature-A' Fertig (M3)
eeb6ec2 Merge branch 'Feature-B' Fertig (M2)
8ce3213 Merge branch 'Feature-A' Teillieferung (M1)
```

Das Schöne an der First-Parent-History ist, dass sie eine verdichtete Darstellung der Historie liefert. Man sieht, welche Features integriert wurden, ohne jedes einzelne Commit der Feature-Branches betrachten zu müssen.

Achtung! Das funktioniert nur, wenn man auf dem Integrations-Branch keine *Fast-Forward-Merges* durchführt. Anderenfalls würden einzelne Commits der Feature-Branches direkt in der *First-Parent-History* des `master` landen.

Achtung! Außerdem sollte man auf dem Integrations-Branch (hier: `master`) keine internen Merges durchführen, sondern darauf achten, dass die Features alle nacheinander integriert werden, sodass eine lineare Historie von *Feature-Merges* entsteht.

8.5 Knifflige Merge-Konflikte

Die meisten Zusammenführungen erledigt Git automatisch oder mit geringer manueller Nachhilfe. Wenn zwei Branches sich stark unterschiedlich entwickelt haben, kann es aber zu kniffligen Konflikten kommen.

Tipp: Octopus-Merges schrittweise auflösen

Wir sprechen in diesem Abschnitt immer nur von zwei Branches. Falls Sie bei einem Octopus-Merge auf Probleme stoßen, sollten Sie den Merge abbrechen und versuchen, Branch für Branch vorzugehen.

Tipp: Historie lesen!

Das Wichtigste ist, erst einmal Informationen zu sammeln, um zu verstehen, was auf den Branches passiert ist. Hierbei hilft die *..-Notation* beim `log`-Befehl. Zum Beispiel zeigt `a..b` jene Commits aus dem

Branch `b`, die im Branch `a` nicht enthalten sind. Man kann sich zeigen lassen, was »wir« (auf dem aktuellen Branch) getan haben, also welche von »unseren« Commits im anderen Branch noch nicht enthalten sind.

```
> git log MERGE_HEAD..HEAD
```

Umgekehrt kann man zeigen, was »die anderen« gemacht haben:

```
> git log HEAD..MERGE_HEAD
```

Eine grafische Darstellung der Verzweigung kann ebenfalls nützlich sein:

```
> git log --graph --oneline --decorate HEAD MERGE_HEAD
```

Mit der Option `--merge` des `log`-Befehls kann man die Anzeige auf *Merge-Commits* einschränken:

```
> git log --merge
```

Auch das Vergleichen der Ausgangsversion mit den Spitzen der Branches kann nützlich sein. Hierzu benötigt man die *Merge-Base*, d. h. den gemeinsamen Vorgänger der Branches im Merge:[3]

```
> git merge-base HEAD MERGE_HEAD
ed3b1832c48b359111d00bddb071c42ba6f38324
> git diff --stat ed3b18 HEAD         % Unsere Änderungen
> git diff --stat ed3b18 MERGE_HEAD   % Fremde Änderungen
```

Man kann auch den `difftool`-Befehl verwenden, wenn man ein grafisches Tool anstelle einer Textausgabe haben möchte.

Tipp: »die anderen« dazuholen

Jetzt sieht man, welche Entwickler am Konflikt beteiligt sind. Am besten ist es, alle an einen Tisch zu holen. Dann kann jeder dafür sorgen, dass seine Änderungen bei der Zusammenführung korrekt berücksichtigt werden.

Tipp: Denkrichtung wechseln hilft manchmal

Falls »die anderen« nicht erreichbar sind, wird es schwieriger, weil man sich auf dem »anderen« Branch ja nicht auskennt. Technisch betrachtet ist ein Merge eine symmetrische Operation. Im Kopf hat man oft eine asymmetrische Sicht. Man stellt sich die Frage: »Wie bekomme ich die Änderungen der anderen in meinen Code?« Manchmal hilft es, die Frage umzukehren. Nehmen Sie den »anderen« Versionsstand als Ausgangspunkt, und überlegen Sie, wie Sie »Ihre« Änderungen dort einbringen. Manchmal hilft der Wechsel des Blickwinkels.

[3] In seltenen Fällen kann der gemeinsame Vorgänger nicht eindeutig bestimmt werden. Dann liefert der `merge-base`-Befehl mehrere Commits.

Egal, es wird schon irgendwie gehen

Unter Zeitdruck können Merge-Tools Sie dazu verleiten, willkürlich auf die eine oder andere Variante zu klicken, deren Code »irgendwie besser« aussieht. Widerstehen Sie dieser Versuchung. Wenn man nach Analyse von Diffs und Logs und nach der Zuhilfenahme der »anderen« Versionen immer noch unsicher ist, wie die Konflikte aufzulösen sind, dann sollte man den Merge abbrechen. Ein paar mögliche Strategien sind dann:

Branch restrukturieren: Die sauberste Lösung besteht wohl darin, einen der Branches durch Refactoring und mithilfe von interaktivem Rebasing aufzuräumen. Das ist allerdings viel Arbeit.

Merge in kleinen Schritten: Wenn einer der beiden Branches aus feingranularen Commits besteht, kann man Commit für Commit vorgehen. Der Vorteil besteht darin, dass bei kleinen Commits Konflikte meist leicht aufzulösen sind. Das kann zäh sein, wenn es um viele Commits geht. Es empfiehlt sich auf jeden Fall, einen lokalen Branch hierfür anzulegen.

Verwerfen und Cherry-Pick: In manchen Fällen ist es besser, die Änderungen des schlechteren Branch nicht zu übernehmen. Einzelne Verbesserungen kann man dann mit dem `cherry-pick`-Befehl übernehmen.

Raten und testen: Wenn sich die betroffene Funktionalität gut testen lässt, kann man natürlich versuchen, bei der Konfliktauflösung zu raten und das Ergebnis so lange zu verbessern, bis die Tests grün sind. Sagen Sie dann aber bitte nicht, wir hätten das empfohlen.

8.6 Zusammenfassung

Merge: Die Zusammenführung von Zweigen im Commit-Graphen nennt man Merge.

Merge-Commit: Das Ergebnis des `merge`-Befehls ist ein sogenanntes Merge-Commit.

3-Wege-Merge: Git nutzt den Commit-Graphen, um beim Merge den letzten gemeinsamen Vorfahren zu finden. Dann führt Git die Änderungen, die auf dem einen Branch seit dem Vorfahren erfolgt sind, mit den Änderungen zusammen, die auf dem anderen Branch vorgenommen wurden. Solange die Änderungen an verschiedenen Codestellen passiert sind, führt Git die Versionen automatisch zusammen.

Konflikt: Jene Stellen, die Git nicht automatisch zusammenführen kann, etwa weil dieselbe Zeile auf unterschiedliche Weise geändert wurde, nennt man Konflikt.

Inhaltlicher Konflikt: Es kommt immer wieder vor, dass Änderungen an verschiedenen Stellen stattfinden, aber trotzdem inhaltlich nicht zusammenpassen. Git kann solche inhaltlichen Konflikte nicht erkennen. Das Projekt muss eigene Vorkehrungen treffen, zum Beispiel automatische Tests, um sich davor zu schützen.

Fast-Forward-Merge: Es kommt recht häufig vor, dass einer der Branches beim Merge ein Vorfahr des anderen ist. In diesem Fall setzt Git einfach den Branch-Zeiger weiter. Es ist kein Merge-Commit notwendig.

9 Mit Rebasing die Historie glätten

Viele Verzweigungen in einer *Commit-Historie* sind unübersichtlich. Git ermöglicht es, die Historie zu begradigen. Das wichtigste Werkzeug hierfür ist der `rebase`-Befehl, der Folgen von Commits an andere Stellen im *Commit-Graphen* verschieben kann. Dies will man dann tun,

- wenn man Commits versehentlich auf dem falschen Branch ausgeführt hat. Typisch wäre etwa ein Bugfix, den man auf der Entwicklungslinie (`master`) abgezweigt hat, der aber eigentlich als Hotfix von der Release-Linie (`stable`) hätte abgezweigt werden sollen.
- wenn mehrere Entwickler intensiv an der gleichen Software arbeiten und ihre Änderungen häufig integrieren. Ohne *Rebasing* entsteht dann eine Historie aus vielen kleinen Verzweigungen und Zusammenführungen (eine sogenannte Diamantenkette). Mit dem `rebase`-Befehl kann man stattdessen eine glatte lineare Historie herstellen.

Periodisch Releases durchführen
→ Seite 203

Gemeinsam auf einem Branch entwickeln
→ Seite 153

9.1 Das Prinzip: Kopieren von Commits

Das Prinzip beim *Rebasing* ist einfach: Git nimmt eine Folge von Commits, die verschoben werden sollen, und spielt diese auf dem Ziel-Branch in genau derselben Reihenfolge erneut ein. Dabei entsteht für jedes der ursprünglichen Commits eine getreue Kopie mit den gleichen Änderungen (Changeset), dem gleichen Autor, Zeitpunkt und Kommentar.

Rebasing erzeugt immer neue Commits!

Achtung! Es sieht auf den ersten Blick so aus, als ob Git beim *Rebasing* Commits verschieben würde. Tatsächlich sind die »verschobenen« Commits immer neue Commits und haben auch einen anderen Commit-Hash. Dies ist dann von Bedeutung, wenn von Original-Commits bereits weitere Branches abgezweigt wurden. Mehr dazu folgt ab Seite 84.

Achtung! Da die neuen Commits an einer anderen Stelle im Commit-Graphen eingespielt werden, kann es natürlich zu Konflikten kommen, weil die Änderungen dort nicht passen. Solche Änderungen müssen dann wie Merge-Konflikte manuell aufgelöst werden.

Bearbeitungskonflikte
→ Seite 68

»Diamantenketten« vermeiden

Gemeinsam auf einem Branch entwickeln
→ Seite 153

Wenn mehrere Entwickler gemeinsam an einer Software arbeiten und häufig die Änderungen integrieren, entsteht eine *Commit-Historie* aus Verzweigungen und Zusammenführungen, die an eine Kette aus Diamanten erinnert. Mit dem `rebase`-Befehl kann man stattdessen eine – inhaltlich gleichwertige – lineare Geschichte erzeugen.

Abb. 9-1
Diamantenkette

Das Beispiel in Abbildung 9-2 zeigt, wie das geht: Ein Branch `feature-a` wurde vom `master` abgezweigt und hat zwei Commits `C` und `D`. Auch auf dem `master` wurde weiterentwickelt: Commit `B`.

Abb. 9-2
Einfaches Rebasing

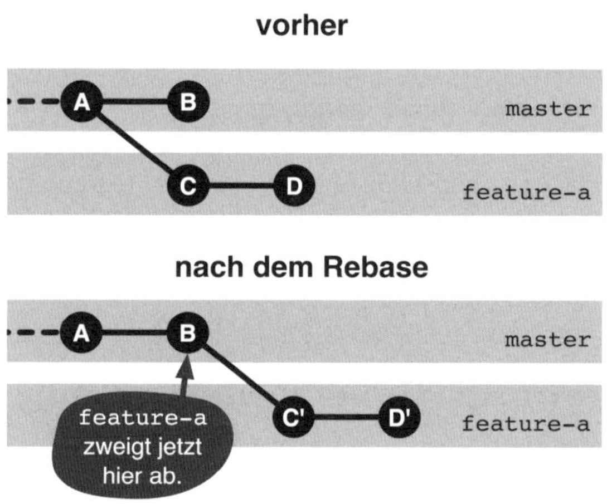

Man könnte nun die Änderungen mit `git merge master` zusammenführen. Nur hätte man dann wieder einen neuen »Diamanten« in der Kette. Stattdessen kann man mit dem `rebase`-Befehl die Historie wieder »glatt ziehen«. Als Parameter gibt man, wie beim `merge`-Befehl, den Branch an, dessen neueste Änderungen man in den aktiven Branch übernehmen möchte:

```
> # Branch "feature-a" ist aktiv
> git rebase master
```

Git tut nun Folgendes:

Welche Commits? Es wird ermittelt, welche Commits aus dem aktiven Branch `feature-a` noch nicht im Ziel-Branch `master` enthalten sind. Im Beispiel sind dies `C` und `D`.

Wohin? Git bestimmt das Ziel-Commit. Die neuen Commits sollen vom Kopf des Ziel-Branch `master` abzweigen. Im Beispiel ist das Ziel-Commit `B`.

Kopieren der Commits: Ausgehend vom Ziel-Commit werden alle oben ermittelten Commits noch einmal neu, aber mit den gleichen Änderungen ausgeführt. Im Beispiel entstehen dabei die Commits `C'` und `D'`.

Aktiven Branch auf Kopie umsetzen: Der aktive Branch wird auf das oberste kopierte Commit umgesetzt. Im Beispiel wird der Branch `feature-a` also auf das Commit `D'` umgesetzt.

Tipp: Pull und Rebase in einem Schritt

Oftmals muss man den `rebase`-Befehl gar nicht direkt aufrufen. Man kann stattdessen die Option `--rebase` des `pull`-Befehls zum Abgleich mit entfernten Repositorys nutzen.

Original-Commits werden nicht gelöscht!

Anmerkung: Die alten Commits `C` und `D` sind übrigens immer noch im Repository vorhanden. Sie sind nur nicht mehr direkt sichtbar, da der Branch `feature-a` jetzt auf `D'` verweist. Kein Branch verweist mehr auf `C` und `D`. Über die Commit-Hashes sind sie weiterhin erreichbar. Erst nach einer *Garbage Collection* mit dem `gc`-Befehl werden sie aus dem Repository verschwinden.

9.2 Und wenn es zu Konflikten kommt?

Genau wie beim `merge`-Befehl kann es auch beim *Rebasing* zu Konflikten kommen, wenn Änderungen nicht zusammenpassen. Einen wichtigen Unterschied gibt es aber doch: Beim *Merge* entsteht ein einzelnes Commit mit dem Ergebnis der Zusammenführung. Beim *Rebasing* hingegen werden mehrere Commits Schritt für Schritt neu erzeugt. Wenn alles glattgeht, sieht der Inhalt des letzten Commits genauso aus wie jener, den der `merge`-Befehl erzeugt hätte, denn Git verwendet für beide Befehle die gleichen Algorithmen zur Konfliktbehandlung. Wenn der `rebase`-Befehl aber auf einen Konflikt stößt, wird der Vorgang unterbrochen. Die Dateien werden, wie beim *Merge*, mit Konfliktmarkierungen versehen. Man kann die Dateien manuell oder mit einem *Merge-Tool* bereinigen. Danach fügt man sie dem Staging-Bereich hinzu. Dann kann man den `rebase`-Befehl mit der Option `--continue` fortfahren lassen:

```
> git add foo.txt
> git add bar.txt
> git rebase --continue
```

Tipp: Abbrechen oder überspringen

Mit der Option --abort kann man den *Rebasing-Vorgang* auch ganz abbrechen, und mit --skip kann man das konfliktbehaftete Commit überspringen. Es wird dann einfach weggelassen, d. h., seine Änderungen tauchen in dem neuen Branch nicht auf.

Achtung! Anders als beim Merge ist bei einer Unterbrechung des Rebasing erst ein Teil der zu kopierenden Commits angewendet worden.

9.3 Branches umpflanzen

Gelegentlich kommt es vor, dass man einen Branch bereits erstellt und erste Commits darauf gemacht hat. Mit der Option --onto kann man einen Branch an eine andere Stelle im *Commit-Graphen* verpflanzen.

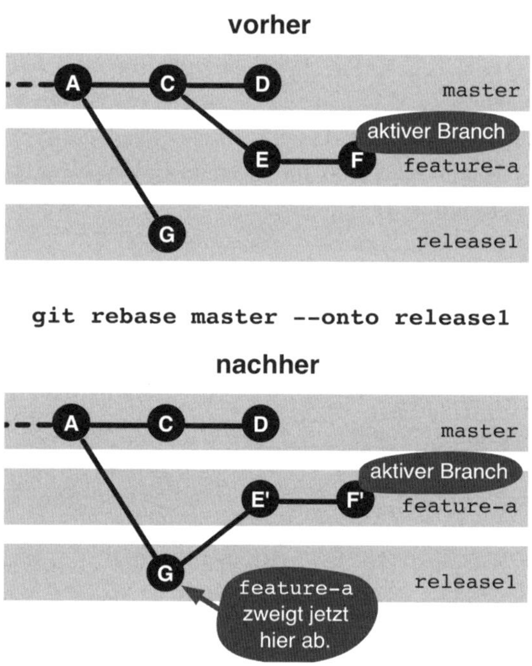

Abb. 9-3
Einen Branch verschieben

Im Beispiel in Abbildung 9-3 wird der Branch feature-a, der von master abzweigt, auf den Branch release1 aufgepfropft.

```
> # Branch "feature-a" ist aktiv
> git rebase master --onto release1
```

Der erste Parameter gibt den Branch an, von dem ursprünglich abgezweigt wurde (hier `master`). Git ermittelt dann alle Commits des aktiven Branch (`feature-a`), die noch nicht im ursprünglichen Branch enthalten sind, im Beispiel: `E` und `F`. Diese werden an die Stelle kopiert, die beim `--onto` angegeben ist; im Beispiel ist dies `release1`.

Schritt für Schritt

Einen Branch verschieben

Ein Branch soll an eine andere Stelle im Commit-Graphen *verschoben werden.*

1. Gegebenenfalls auf den zu verschiebenden Branch wechseln

```
> git checkout zweig
```

2. Ursprung bestimmen

Es gibt einen Branch `ursprung`, von dem der zu verschiebende Branch `zweig` abgezweigt wurde. Es werden alle Commits verschoben, die noch nicht im `ursprung` enthalten sind.

3. Prüfen, was verschoben wird

Es empfiehlt sich, vorher zu prüfen, welche Commits betroffen sind, denn ein falsch durchgeführtes *Rebasing* kann eine sehr unübersichtliche Situation im Repository hinterlassen.

```
> git log ursprung..zweig
```

4. Zielpunkt bestimmen

Man wählt einen Branch `ziel`, auf den der verschobene Branch nachher aufgesetzt werden soll.

5. Rebasing durchführen

```
> git rebase ursprung --onto ziel
```

Anmerkung: Der Ursprung beim `rebase`-Befehl muss nicht unbedingt ein Branch sein. Es kann auch ein beliebiges Commit angegeben werden. Somit lässt sich sehr genau steuern, welche Commits verschoben werden.

9.4 Was passiert mit den ursprünglichen Commits nach dem Rebasing?

Beim *Rebasing* werden Commits kopiert. Die Originale (im Beispiel `C` und `D`) bleiben zunächst erhalten. Im Normalfall, d. h., wenn von diesen Commits keine weiteren Branches abgezweigt wurden, wird die nächste *Garbage Collection* (`gc`-Befehl) sie einfach aus dem Repository entfernen.

Abb. 9-4
Alter und neuer Branch nach dem Rebasing

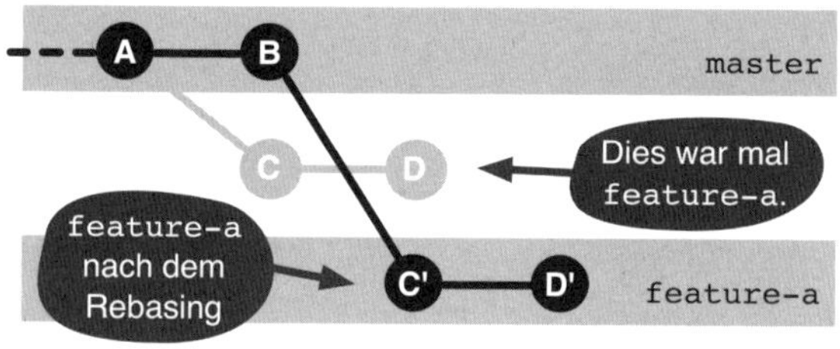

Warum ist es problematisch, Original und Kopie eines Commits im gleichen Repository zu haben?

Duplikate machen das Repository unübersichtlicher. Es kann leicht zu Missverständnissen darüber kommen, in welchen Branches eine gegebene Codeänderung enthalten ist und in welchen nicht. Normalerweise zeigt `git log HEAD..ein-branch`, welche Commits von `ein-branch` im aktuellen Branch noch nicht enthalten sind. Falls es Duplikate gibt, kann es vorkommen, dass der aktuelle Branch die Codeänderungen zu diesen Commits trotzdem schon enthält. Das erschwert Reviews und die Qualitätssicherung.

Außerdem kann es zu Schwierigkeiten kommen, wenn Branches mit Duplikat-Commit und Original-Commit später wieder zusammengeführt werden (*Merge*). Im günstigen Fall erkennt Git, dass die gleiche Änderung mehrfach vorkommt, und wendet sie nur einmal an. Im ungünstigen Fall – wenn das Duplikat-Commit zur *Konfliktbereinigung* nachbearbeitet wurde – erkennt Git dies nicht und versucht dann, die Änderungen mehrfach anzuwenden. Dabei entstehen für den Anwender unerwartete Konflikte.

Tipp: Nicht »rebasen«, was »gepusht« ist

Sobald man Commits in ein entferntes Repository übertragen hat, sollte man diese Commits nicht mehr mit dem `rebase`-Befehl verschieben. Andere Entwickler könnten sonst mit den Originalen weiterarbeiten und es würden die oben genannten Probleme auftreten, wenn die Änderungen wieder zusammengeführt werden.

9.5 Cherry-Picking

Es gibt eine weitere Möglichkeit, um Commits zu kopieren, und zwar den `cherry-pick`-Befehl. Man gibt dabei an, welches Commit man haben möchte, und Git erstellt auf dem aktuellen Branch ein neues Commit mit den gleichen Änderungen (Changeset) und Metainformationen.

```
> git cherry-pick 23ec70f6b0
```

Folgendes sollte man über das Cherry-Picking wissen:

- `cherry-pick` arbeitet kontextfrei, ohne die Historie zu berücksichtigen. `merge` und `rebase` können Änderungen oft auch nach Umbenennungen und Verschiebungen noch richtig einordnen; `cherry-pick` kann das nicht.
- Cherry-Picking wird gelegentlich genutzt, um kleine Bugfixes auf verschiedene Releaseversionen zu übertragen.
- Ein anderer Anwendungsfall ist das Übertragen nützlicher Änderungen aus einem Feature-Branch, den man verwerfen möchte.
- **Achtung:** Cherry-Picking kann zu den oben genannten Problemen mit kopierten Commits führen.

9.6 Zusammenfassung

Rebasing: Git kann Commits an andere Stellen im Commit-Graphen kopieren. Dabei bleiben die Änderungen und die Metainformationen (Autor, Zeitpunkt) gleich, aber es gibt einen neuen Commit-Hash. Mit dem `rebase`-Befehl kann man den Commit-Graphen auf vielfältige Weise umbauen.

Nur vor dem Push: Im Normalfall sollte man den `rebase`-Befehl nur auf Commits anwenden, die noch nicht in andere Repositorys übertragen wurden. Es könnte sonst später zu überraschenden Merge-Konflikten kommen.

Historie glätten: Wenn man Konflikte beim parallelen Entwickeln mit dem `merge`-Befehl löst, entsteht eine Historie mit vielen Verzweigungen und Zusammenführungen. Wenn man statt des Merge immer ein Rebasing durchführt, kann man eine lineare Historie erzeugen.

Konflikte beim Rebasing: Git spielt die kopierten Commits Stück für Stück wieder ein. Kommt es zu einem Konflikt, weil die Änderungen nicht zum Workspace passen, wird der Vorgang unterbrochen. Der Entwickler kann, ähnlich wie beim Merge, den Konflikt manuell auflösen und das Rebasing fortsetzen.

`rebase --onto`: Mit dieser Variante ist es möglich, einen Branch an eine völlig andere Stelle im Commit-Graphen zu verschieben.

10 Repositorys erstellen, klonen und verwalten

10.1 Ein Repository erstellen

Mit dem `init`-Befehl erstellt man ein neues Git-Repository. Git legt dazu ein Verzeichnis als *Workspace* an, in dem später die Dateien des Projekts liegen werden (im Beispiel: `myproject`).

```
> git init myproject
```

10.2 Das Repository-Layout

Im *Workspace*-Verzeichnis legt Git dann ein Unterverzeichnis `.git` für das Repository an. Dort werden versionierte Inhalte und die Metadaten dazu abgelegt. Es enthält:

`HEAD` (Datei): Zeigt an, welcher Branch gerade aktiv ist. Im Betrieb kommen meist noch ein paar weitere ähnliche Dateien dazu, z. B. `FETCH_HEAD` oder `ORIG_HEAD`.

`config` (Datei): Enthält die projektspezifische Konfiguration. Diese kann mit `git config local` bearbeitet werden.

`description` (Datei): Kann eine Beschreibung enthalten.

`hooks` (Verzeichnis): Falls man ein wenig Scripting mit Bash beherrscht, kann man die Funktionalität von Git leicht durch sogenannte *Hooks* erweitern. Hooks sind Skripte, die in diesem Verzeichnis abgelegt werden und von Git zu bestimmten Zeitpunkten als Callback aufgerufen werden. Zum Beispiel könnnte man in einem Skript `prepare-commit-msg` programmieren, dass jede Commmit-Meldung automatisch um eine Task-Nummer ergänzt wird.

`objects` (Verzeichnis): Dies ist die *Object Database* (siehe Kapitel 6). Hier speichert Git Commits und Dateiinhalte.

`refs` (Verzeichnis): Alle Branches, Remote-Tracking-Branches und Tags werden hier abgelegt.

`logs` (Verzeichnis): Auch *Reflog* genannt. Sofern `git config core .logAllRefUpdates` eingeschaltet ist, werden hier alle Änderungen an Branches protokolliert. Das sollten Sie sich merken. Es kann sehr hilfreich sein, um Branches wiederherzustellen, wenn man mal etwas kaputt gemacht hat.

Tipp: In `.git/logs` protokolliert Git Änderungen an Branches.

`info` (Verzeichnis): Weitere Informationen über das Repository.

Mehr darüber erfahren Sie mit:

```
> git help gitrepository-layout
```

10.3 Bare-Repositorys

Ein Repository, das nur zum Austausch und nicht zum Entwickeln benutzt wird, benötigt keinen *Workspace*. Mit der Option `--bare` erzeugt man ein Verzeichnis, das nur die oben beschriebene Repository-Struktur enthält, die man sonst im `.git`-Unterverzeichnis vorfindet. Man nennt das dann ein *Bare-Repository*.

```
> git init --bare myserver-repo.git
```

Die Namenskonvention für *Bare-Repository*-Verzeichnisse ist, den Namen auf `.git` enden zu lassen.

10.4 Vorhandene Dateien übernehmen

Ein Projekt aufsetzen → *Seite 135*

Gibt man keinen Namen für das neue Repository an, wird im aktuellen Verzeichnis ein `.git`-Verzeichnis angelegt. Das ist sinnvoll, wenn man ein bereits vorhandenes Projekt unter Git-Versionsverwaltung stellen möchte.

Achtung! Der `init`-Befehl fügt weder Dateien zum Repository hinzu noch erstellt er ein Commit. Vergessen Sie also nicht, die gewünschten Dateien auch zu versionieren.

```
> git init
> git status
> vi .gitignore      # eventuell .gitignore erstellen
> git add --all      # oder nur, was Sie hinzufügen möchten
> git commit -m "initialen projektstand übernehmen"
```

Falls das Projekt bereits eine Historie in einer anderen Versionsverwaltung hat, und Sie es zu Git migrieren möchten, finden Sie weiter hinten den Workflow »Ein Projekt nach Git migrieren« (Seite 269).

10.5 Ein Repository klonen

Das Klonen von Repositorys spielt in Git eine große Rolle. Es gibt viele Gründe dafür, zu klonen:

- Jeder Entwickler benötigt mindestens einen eigenen Klon, um überhaupt mit Git arbeiten zu können.
- Oft wird ein Klon als zentrales Repository genutzt, um den »offiziellen« Stand des Projekts darzustellen.
- Bei einer Multisite-Entwicklung wird jeder Standort seinen Hauptklon haben, der regelmäßig mit den Hauptklonen an anderen Standorten abgeglichen wird.
- Für unabhängige Entwicklungen, die eine andere Richtung nehmen als das Hauptprojekt (z. B. wenn man radikale Umbauten vorhat), verwendet man oft einen eigenen Klon. Einen solchen Klon nennt man auch »Fork«.
- Wenn man knifflige Arbeiten am Repository durchführt, die das Projekt oder das Repository beschädigen könnten, ist es oft sinnvoll, einen separaten Klon dafür zu nehmen.
- Ein Klon kann auch als Backup verwendet werden.

Die Handhabung des `clone`-Befehls ist einfach. Man gibt den Ort des Original-Repository als Parameter an, und Git erstellt ein Unterverzeichnis mit dem geklonten Repository im aktuellen Arbeitsverzeichnis.

Normalerweise führt Git nach dem Klonen sofort einen Checkout in den Workspace durch. Mit der Option `--bare` kann man ein Repository ohne Workspace erzeugen lassen. Dies ist nützlich für Repositorys auf Serverseite, auf denen kein Entwickler direkt arbeitet.

Der Workflow »Ein Projekt aufsetzen« (Seite 135) beschreibt unter anderem, wie man ein zentrales Repository für ein Projekt aufsetzen kann.

10.6 Wie sagt man Git, wo das Remote-Repository liegt?

Wenn das andere Repository lokal vorhanden ist, gibt man einfach den Pfad des Verzeichnisses an, in dem das Repository liegt, z. B. `/Users/stachi/git-buch.git`. Das Klonen eines lokalen Repositorys sieht beispielsweise so aus:

```
> git clone /Users/stachi/git-buch.git
```

Wenn man es mit mehreren Repositorys aus unterschiedlichen Quellen zu tun hat, ist die URL-*Form* jedoch klarer, bei der der Protokolltyp (hier `file`) vorangestellt wird:

```
> git clone file:///Users/stachi/git-buch.git
```

Neben `file` werden weitere Protokolle für den Zugriff auf nicht lokale Repositorys angeboten. Am häufigsten wird das *ssh-Protokoll* verwendet, weil es eine sichere Authentifizierung ermöglicht und die Infrastruktur dafür oft bereits vorhanden ist, wenn man mit Linux- oder Unix-Servern arbeitet.

```
> git clone ssh://stachi@server.de:git-buch.git
```

Darüber hinaus wird der Zugriff auch über die `http`-, `https`-, `ftp`-, `ftps`- und `rsync`-Protokolle oder über ein proprietäres Protokoll namens `git` ermöglicht.

10.7 Kurznamen für Repositorys: Remotes

Wenn man öfter auf einen anderen *Klon* zugreifen möchte, kann man ihn mit dem `remote`-Befehl unter einem Kurznamen (genannt: *Remote*) registrieren lassen.

```
> git remote add klon file:///tmp/git-buch-klon.git
```

Man kann dann bei Git-Befehlen den Kurznamen, im Beispiel `klon`, anstelle der *Repository-URL* verwenden.

Wenn ein Repository geklont wird, trägt Git den Pfad für das *Original-Repository* automatisch als `origin` ein. Ruft man den `remote`-Befehl mit der Option `--verbose` auf, so listet Git die Verknüpfungen auf und zeigt, welche Pfade für das Holen (`fetch`) bzw. das Übertragen (`push`) von Commits verwendet werden:

```
> git remote --verbose
origin ssh://stachi@server.de:git-buch.git (fetch)
origin git@github.com:rpreissel/git-workflows.git (push)
klon file:///tmp/git-buch-klon.git (fetch)
klon file:///tmp/git-buch-klon.git (push)
```

Noch mehr Informationen erhält man mit dem `remote show`-Befehl:

```
> git remote show klon
```

Mit dem `remote-rm`-Befehl kann man die Kurznamen auch wieder löschen:

```
> git remote rm klon
```

10.8 Zusammenfassung

Repository erstellen mit dem `init`-Befehl.

Repository klonen mit dem `clone`-Befehl.

Ein Bare-Repository ist ein Repository ohne Workspace. Es wird mit der Option `--bare` des `init`-Befehls oder des `clone`-Befehls erstellt.

Repository-URLs: Der Ort von anderen Repositorys kann im URL-Format angegeben werden, z. B. `ssh://stachi@server.de:git-buch.git`. Folgende Protokolle werden unterstützt: `file`, `ssh`, `http`, `https`, `ftp`, `ftps`, `rsync` und `git`.

Kurznamen: Über den `remote`-Befehl kann man Kurznamen für Repositorys definieren, damit man nicht immer die langen URLs angeben muss.

11 Austausch zwischen Repositorys

Beim Entwickeln mit Git arbeitet man lokal auf einem eigenen Klon des Projekt-Repository und erstellt dort Branches und Commits. Gelegentlich löscht man auch Branches oder strukturiert Dinge per Rebase um. Irgendwann möchte man aber seine Entwicklungen mit anderen Entwicklern teilen oder Änderungen von anderen Entwicklern übernehmen.

11.1 Fetch, Pull und Push

Mit den Befehlen `fetch`, `pull` und `push` ist ein Austausch zwischen Git-Repositorys möglich. Meist wird dabei ein gemeinsames Projekt-Repository auf einem Server genutzt, der für alle Entwickler erreichbar ist. Grundsätzlich ist aber auch ein dezentraler Austausch zwischen beliebigen Repositorys ohne einen zentralen Server möglich, sofern entsprechende Lese- bzw. Schreibberechtigungen gegeben sind (Abbildung 11-1).

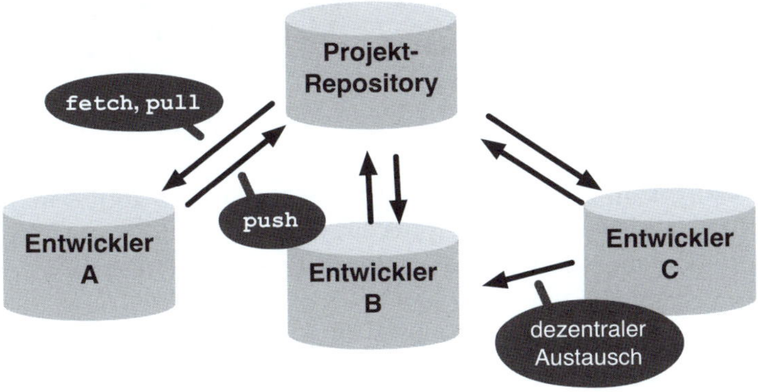

Abb. 11-1
Austausch zwischen Repositorys

11.2 Remote-Tracking-Branches

Wenn man verstehen möchte, wie fetch und pull funktionieren, ist es hilfreich, das Konzept der Remote-Tracking-Branches zu kennen. Branches in Git sind ein lokales Konzept. Jeder Klon hat einen eigenen Satz von Branches, der sich von den Branches in anderen Klonen unterscheidet. Sobald die Entwickler neue Commits erstellen, Branches anlegen oder Branches löschen, entwickeln sich die Klone auseinander.

Oft möchte man seinen lokalen Stand mit dem Stand eines anderen Repositorys vergleichen. Dafür gibt es *Remote-Tracking-Branches*. Diese sind lokale Stellvertreter für Branches aus anderen Repositorys.

Abb. 11-2 *Remote-Tracking-Branches*

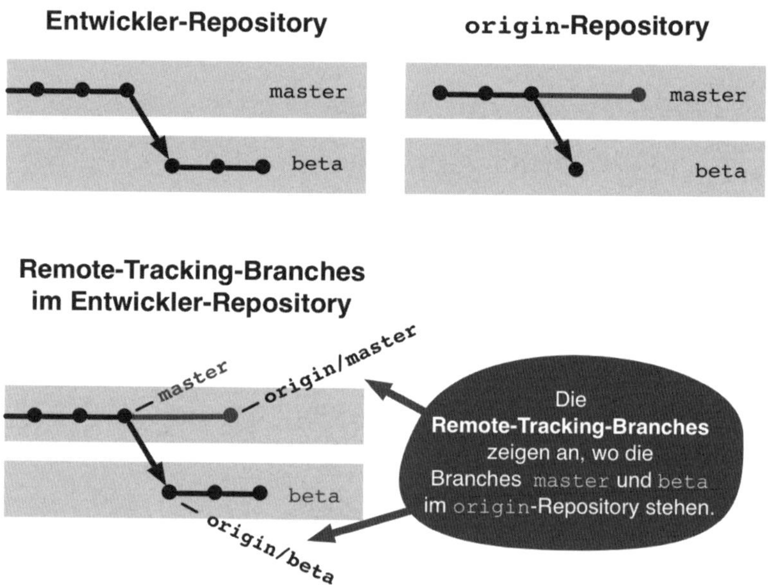

Sie werden beim Aufruf der Befehle fetch und pull aktualisiert. Ein *Remote-Tracking-Branch* zeigt auf das Commit, auf das der Original-Branch im anderen Repository gezeigt hat, als zum letzten Mal aktualisiert wurde (Abbildung 11-2).

Auch *Remote-Tracking-Branches* haben Namen. Diese setzen sich aus dem Namen des Herkunfts-Repository und dem dortigen Branch-Namen zusammen, z. B. origin/beta für den Branch beta aus dem Repository origin. Mit den Optionen --list und --remote zeigt der branch-Befehl sie an:

```
> git branch --list --remote --verbose
  ...
  origin/alpha       7d3e697 Einlesen der Dateien
  origin/beta        d479689 Hilfsklasse eingeführt
  origin/gamma       0559c1b Zeitzonen berücksichtigen
  origin/master      2b547c0 Bugfix #1234
```

Remote-Tracking-Branches dürfen in Befehlen fast überall verwendet werden, wo Commits referenziert werden:

```
> git merge origin/gamma
> git log origin/alpha..experiments
```

Achtung! Man sollte nicht direkt auf *Remote-Tracking-Branches* entwickeln, denn sie sind nur Stellvertreter für *Remote-Branches*. Versucht man trotzdem ein checkout, gerät man in den *Detached Head State*, in dem neue Commits nicht automatisch einem Branch zugeordnet werden. Das kann, gerade für Einsteiger, verwirrend sein.

```
> git checkout origin/gamma  # Meist keine gute Idee!

Note: checking out 'origin/alpha'.

You are in 'detached HEAD' state. You can look around,
make experimental changes and commit them, and you can
discard any commits you make in this state without
impacting any branches by performing another checkout.

  ...
```

11.3 Einen Remote-Branch bearbeiten

In Git arbeitet man grundsätzlich auf lokalen Branches. Wenn man einen *Remote-Branch* weiterentwickeln möchte, erstellt man mit dem branch-Befehl einen lokalen Branch dafür und verknüpft diesen mit dem entsprechenden *Remote-Tracking-Branch*. Man nennt origin/alpha dann den *Upstream-Branch* für alpha.

```
> git branch alpha origin/alpha
> git checkout alpha
```

Es geht noch einfacher. Beim checkout legt Git den lokalen Branch automatisch an, wenn es genau einen *Remote-Tracking-Branch* mit passendem Namen und noch keinen lokalen Branch dieses Namens gibt.

```
> git checkout alpha
```

Die Verknüpfung von lokalen Branches mit ihren *Upstream-Branches* zeigt der `branch`-Befehl mit doppelter `-v` Option:

```
> git branch --list -vv
```

```
* alpha      c5e2c7e [origin/alpha: ahead 1] add comment
  master     18dc60b [origin/master: ahead 1] fix bug
```

Auch der `remote show`-Befehl kann Informationen über *Branches* zeigen:

```
> git remote show origin
```

```
* remote origin
  Fetch URL: git@github.com:projekte/beispielprojekt.git
  Push  URL: git@github.com:projekte/beispielprojekt.git
  HEAD branch: master
  Remote branches:
    alpha                          tracked
    beta                           tracked
    master                         tracked
  Local branches configured for 'git pull':
    alpha                          merges with remote alpha
    beta                           merges with remote beta
    master                         merges with remote master
  Local refs configured for 'git push':
    alpha                          pushes to alpha
    (up to date)
    beta                           pushes to beta
    (local out of date)
    master                         pushes to master
    (fast-forwardable)
```

11.4 Ein paar Begriffe, die man kennen sollte

Es lohnt, sich die folgenden Begriffe zu merken. Wir werden sie im Folgenden häufig verwenden, und auch in der Git-Dokumentation kommen sie oft vor.

Branch: Ein lokaler Branch im eigenen Repository.

Remote-Branch: Ein Branch in einem anderen Repository.

Remote-Tracking-Branch: Ein spezieller lokaler Branch, der anzeigt, wo ein Remote-Branch zum Zeitpunkt des letzten Abgleichs stand, z. B. `origin/alpha`.

Upstream-Branch: Verknüpfung zwischen einem lokalen und einem Remote-Tracking-Branch. Der im Beispiel ist `origin/alpha` Upstream-Branch für `alpha`.

11.5 Fetch: Branches aus einem anderen Repository holen

Der `fetch`-Befehl holt Branches mitsamt benötigten Commits und Tags aus anderen Repositorys ab. Man kann angeben, von welchem Repository man Branches abholen möchte (im Beispiel `origin`) und welche Branches man holen möchte (hier `alpha` und `master`):

```
> git fetch origin alpha master
```

Dabei passiert Folgendes:

Fehlende Commits holen: Oft haben die angeforderten Remote-Branches neue Commits in der Historie, die lokal noch nicht vorhanden sind. Diese werden übertragen.

Remote-Tracking-Branches setzen: Für jeden angeforderten Branch wird ein *Remote-Tracking-Branch* erzeugt oder aktualisiert (im Beispiel: `origin/alpha` und `origin/master`).

Tags holen: Tags werden ebenfalls übertragen, wenn sie in die Geschichte der abgeholten Branches zeigen.

Versionen markieren
→ Seite 103

Lokale Branches und der Workspace werden vom `fetch`-Befehl nicht berührt. Man kann ihn jederzeit »gefahrlos« aufrufen, um zu untersuchen, was sich in anderen Repositorys getan hat. Viele Tools, wie z. B. SourceTree, machen das automatisch.

11.6 Fetch: Aufrufvarianten

Man darf die Branch-Angaben auch weglassen. Git holt dann alle Branches aus dem anderen Repository:

```
> git fetch origin    # alle Branches holen
```

Die Repository-Angabe darf man ebenfalls weglassen. In diesem Fall holt Git alle Branches aus dem Repository `origin` ab:

```
> git fetch    # alle Branches von 'origin' holen
```

Nach dem *Fetch* kann man sich ein Diff oder ein Log zeigen lassen, um zu sehen, was sich im anderen Repository in der Zwischenzeit geändert hat:

```
> git diff alpha...origin/alpha
> git log alpha..origin/alpha
```

Möchte man die Änderungen übernehmen, kann man das mit dem merge-Befehl tun:

```
> git fetch origin alpha
> git merge origin/alpha
```

Pull: Änderungen holen und integrieren

Dass man Änderungen zuerst aus einem anderen Repository abholt und dann lokal integriert, kommt oft vor.

Pull = Fetch + Merge

Deshalb gibt es einen Befehl, der beides macht. Der pull-Befehl führt zunächst ein Fetch aus und integriert für den aktuellen Branch die Änderungen dann gleich per Merge.

```
> git pull origin feature-a
```

Tipp: Commit vor dem Pull

Bearbeitungskonflikte *→ Seite 68*

Beim Pull kann es zu Merge-Konflikten kommen. Deshalb sollte man darauf achten, dass man vor dem Pull einen sauberen Workspace (ohne uncommitted Changes) hat. Falls es dann zu Problemen beim Merge kommt, kann man den Workspace mit git merge -abort zurücksetzen, ohne dass man Änderungen verliert.

Pull: Aufrufvarianten

Meist ruft man den pull-Befehl parameterlos auf. Dann wird einfach der aktuelle Branch mit seinem *Upstream-Branch* zusammengeführt.

```
> git pull   # Integriere den Upstream-Branch
             # für den aktuellen Branch
```

Branches zusammenführen *→ Seite 65*

Als kombinierter Befehl akzeptiert der pull-Befehl sowohl Optionen vom fetch-Befehl als auch vom merge-Befehl. Gibt man beides an, müssen die Fetch-Optionen hinten stehen. Das ist ein wenig überraschend, da das Fetch ja zuerst ausgeführt wird.

```
> git pull --no-ff --all    # Reihenfolge beachten!
                            # --no-ff ist Option von merge
                            # --all ist Option von fetch
```

Push: Änderungen veröffentlichen

Push Der `push`-Befehl überträgt Daten vom lokalen Repository in ein anderes Repository. Der Aufruf sieht ähnlich aus wie beim `fetch`-Befehl. Man gibt das Ziel-Repository und die zu übertragenden Branches[1] an:

```
> git push origin master alpha
```

Dabei passiert Folgendes:

Fehlende Commits übertragen: Commits aus der Historie der angegebenen Branches werden übertragen, soweit sie im Ziel-Repository fehlen.

Remote-Branches setzen: Die ausgewählten Branches werden im *Remote-Repository* auf den Stand gesetzt, den sie im lokalen Repository haben.

Tags übertragen: Wenn Tags direkt angegeben wurden oder eine der Optionen `--tags` oder `--follow-tags` gesetzt wurde.

Achtung! Während der `fetch`-Befehl, nur *Remote-Tracking-Branches* setzt, verändert der `push`-Befehl die »echten« Branches im Ziel-Repository.

Push: Aufrufvarianten

Wenn nur Branches angegeben sind, aber kein Ziel-Repository, werden diese in ihre jeweiligen *Upstream*-Repositorys übertragen. Wenn man gar nichts angibt, wird der aktuelle Branch wird auf seinen *Upstream-Branch* übertragen.

```
> git push alpha
> git push
```

Achtung! Das Verhalten des `push`-Befehls ist konfigurierbar. Die Konfigurationseinstellung dazu ist `push.default`. Das oben beschriebene Verhalten nennt sich `simple` und eignet sich für Workflows, wo man beim *Push* seine Änderungen in dasselbe zentrale Repository hochlädt, aus dem man mit *Pull* Änderungen abholt.

Mit der Option `--all` werden alle Branches übertragen.

```
> git push --all
```

Mit `--set-upstream` wird für alle erfolgreich übertragenen Branches die *Upstream*-Konfiguration eingerichtet. Das ist nützlich, wenn man einen Branch überträgt, den man frisch angelegt hat und den man lokal noch weiter bearbeiten möchte:

[1] Auch Tags sind hier erlaubt.

```
> git push --set-upstream beta
```

Die Option `--delete` löscht Branches in anderen Repositorys:

```
> git push --delete alpha
```

Fast-Forward-Merges
→ *Seite 72*

Die Option `--force` erlaubt es, Branches im anderen Repository auch dann zu überschreiben, wenn dadurch Commits abgeschnitten werden:

```
> git push --force    # Lass das!
```

Push: Konflikte

Achtung! Ein *Push* ist sicher, wenn das neue Commit ein Nachfahre des vorherigen Commits ist. Man nennt das dann *Fast-Forward*, und es geht nichts verloren, denn der alte Stand ist weiterhin in der Historie des Branch enthalten. Ist das Commit hingegen kein Nachfahre des vorigen Standes, dann verweigert Git den Push für diesen Branch, um zu verhindern, dass Commits aus der Historie eines Branch abgeschnitten werden. Man kann den Schutz mit der Option `--force` umgehen. Das ist jedoch selten gut.[2]

Schritt für Schritt

Push verweigert! Was tun?

Ein Push wurde verweigert, weil auf dem gleichen Branch im anderen Repository ebenfalls Änderungen hinzugekommen sind. Der Konflikt muss lokal gelöst werden, bevor der Push durchgelassen wird.

1. Konflikt feststellen

Der `push`-Befehl meldet den Konflikt durch die folgende, etwas umständliche Meldung:

```
> git push

To /tmp/git-buch-klon.git
! [rejected]        alpha -> alpha (fetch first)
error: failed to push some refs to '/Users/stachi/Buch/'
hint: Updates were rejected because the remote contains work that
hint: you do not have locally. This is usually caused by another
hint: repository pushing to the same ref. You may want to first
hint: integrate the remote changes (e.g., 'git pull ...') before
hint: pushing again. See the 'Note about fast-forwards' in
hint: 'git push --help' for details.
```

[2] Mit der Konfiguration `receive.denyNonFastForwards` kann man das Überschreiben im Remote-Repository verbieten.

2. Pull durchführen

```
> git pull
```

3. Gegebenenfalls Merge-Konflikte bereinigen

```
> git mergetool
> git commit --all
```

4. Noch mal: Push

```
> git push
```

11.7 Erweiterte Möglichkeiten

Sie haben bereits gesehen, dass man die Befehle `fetch`, `pull` und `push` mit Branch-Namen als Parameter aufrufen kann. Für die normalen Workflows beim Entwickeln reicht das auch völlig aus. Git erlaubt hier aber noch mehr: Es dürfen auch sogenannte *Refs* und *Refspecs* angegeben werden. Damit bekommt man die volle Kontrolle darüber, was beim Übertragen geholt und gesetzt wird. Das ist hilfreich, wenn man Skripte zur Automatisierung von Git-Workflows programmiert.

Mehr Kontrolle bei Fetch, Push und Pull
→ Seite 127

11.8 Zusammenfassung

Fetch, Pull und Push: Mit diesen Befehlen werden Branches, Tags und Commits zwischen Repositorys übertragen.

Fetch: Aus einem anderen Repository abholen und Remote-Tracking-Branches aktualisieren.

Pull: Wie Fetch, nur mit nachfolgendem Merge auf dem aktuellen Branch.

Push: Commits in ein anderes Repository übertragen.

Remote-Branch: Ein Branch in einem anderen Repository.

Remote-Tracking-Branch: Lokaler Stellvertreter für einen Remote-Branch.

Upstream-Branch: Verküpfung zwischen einem (lokalen) Branch mit einem Remote-Tracking-Branch.

Man arbeitet immer auf lokalen Branches: Um einen Remote-Branch weiterzuentwickeln, erstellt man einen lokalen Branch, der diesen als Upstream-Branch hat.

Schneller Checkout: `checkout <branch>` erstellt automatisch einen solchen Branch mit passender Upstream-Verknüpfung, wenn der Branch noch nicht existiert und der Name eindeutig ist.

Bei Push-Konflikten: Pull ausführen. Konflikte bereinigen. Dann erneut ein Push versuchen.

Refspecs: Genaue Kontrollegi darüber, was übertragen wird, geben sogenannte *Refs* und *Refspecss* (»Mehr Kontrolle bei Fetch, Push und Pull« ab Seite 127).

12 Versionen markieren

Die meisten Projekte vergeben Nummern oder Namen für die ausgelieferten Versionen ihrer Software, z. B. »1.7.3.2« oder »gingerbread«. In Git gibt es hierfür *Tags*.

12.1 Arbeiten mit Tags erstellen

Schritt für Schritt

Ein Commit mit einem Tag markieren

1. Normales Tag erstellen

Im folgenden Beispiel wird für den aktuellen Stand des Branch `master` ein Tag namens `1.2.3.4` mit dem Kommentar »Frisch gebaut.« vergeben:

```
> git tag 1.2.3.4 master -m "Frisch gebaut."
```

2. Push: Einzelnes Tag

Tags werden beim Push nicht automatisch mit übertragen. Gibt man den Tag-Namen jedoch explizit an, wird das Tag übertragen:

```
> git push origin 1.2.3.4
```

Tipp: Push – alle Tags *übertragen*

Wählt man die Option `--tags` beim `push`-Befehl (Seite 99), werden für jeden übertragenen Branch auch die Tags übertragen.

```
> git push --tags
```

Tipp: Signierte Tags

Wenn man das Programm GnuPG (Gnu Privacy Guard) nutzt, kann man Tags auch mit einer digitalen Unterschrift versehen. Hierzu gibt man die Option -s an. Voraussetzung ist, dass man eine Default-E-Mail-Adresse in Git eingetragen hat, die gleichzeitig eine eingetragene User-ID in GnuPG ist.

```
> git tag 1.2.3.4 master -s -m "Unterschrieben."
```

Achtung! Erstellt man ein Tag einfach mit einer der Optionen -m, -a, -s oder -u, erzeugt Git für das *Tag* ein eigenes Objekt im Repository. Es enthält Informationen über den Benutzer und den Zeitpunkt der Erstellung des *Tags*. Ohne diese Optionen erstellt Git nur ein sogenanntes *Lightweight Tag*, das nur den *Commit-Hash* kennt.

12.2 Welche Tags gibt es?

Wenn der tag-Befehl ohne Parameter aufgerufen wird, zeigt er, welche *Tags* es gibt. Das können viele sein. Deshalb kann man der Option -l ein Muster mitgeben, z. B. 1.2.*, um die Ausgabe einzuschränken.

```
> git tag -l 1.2.*
1.2.0.0        Anfang.
  ...
1.2.3.3        Neu gebaut.
1.2.3.4        Frisch gebaut.
```

12.3 Die Hashes zu den Tags ausgeben

Der show-ref-Befehl mit der Option --tags listet *Commit-Hashes* der *Tag-Objekte* auf. Mit der Option --dereference werden auch die *Hashes* der *Commit-Objekte* aufgeführt, markiert durch ^{}:

```
> git show-ref --dereference --tags
...
f63cd7181787c9973788a97648796468cec474aa refs/tags/1.2.3.3
cef89bbd7121aac3cc38fe3a342045c9401bd6b9 refs/tags/1.2.3.3^{}
4a0228bdd0ab5e0180422c82bf706c42671a81af refs/tags/1.2.3.4
cef89bbd7121aac3cc38fe3a342045c9401bd6b9 refs/tags/1.2.3.4^{}
```

12.4 Die Log-Ausgaben um Tags anreichern

Mit der Option `--decorate` des `log`-Befehls werden zu jedem Commit die Tags und Branches ausgegeben:

```
> git log --oneline --decorate

cef89bb (HEAD, tag: 1.2.3.4) Wieder alles umgebaut.
9d4caed Merge branch 'Aenderungen'.
dcd1c6c Noch was geändert.
cce1a68 (tag: 1.2.3.3) Etwas geändert
```

12.5 In welcher Version ist es »drin«?

Oft stellt sich die Frage, ob ein bestimmter Bugfix oder ein bestimmtes Feature in der Version, die ein Kunde installiert hat, bereits enthalten ist. Wenn das Commit bekannt ist, ist die Frage leicht zu beantworten. Die Option `--contains` des `tag`-Befehls listet alle Tags auf, in deren Historie das Commit auftaucht:

```
> git tag --contains f63cd71

1.2.3.3
1.2.3.4
```

Achtung! Das Ergebnis kann irreführend sein, wenn Commits kopiert wurden. Wenn beispielsweise Versionen durch *Cherry-Picking* zusammengestellt werden, ist es kniffliger, herauszufinden, ob die Änderung enthalten ist. Man könnte das Log für ein bestimmtes Tag nach dem Commit-Kommentar durchsuchen:

```
> git log --oneline 1.2.3.3 | grep "Gesuchter Kommentar."
```

Aber auch das funktioniert natürlich nur, wenn Kommentare vergeben wurden, die die Änderungen identifizieren – entweder durch eine aussagekräftige Beschreibung oder eine Ticket-ID aus dem Bugtracking-System. Dies ist ein weiterer guter Grund dafür, das Kopieren von Commits zu vermeiden.

12.6 Wie verschiebt man ein Tag?

Am besten verschiebt man ein Tag gar nicht. In Git sind Tags als feste Markierungen für Versionen vorgesehen. Solange man es noch nicht mit Push in andere Repositorys übertragen hat, kann man ein Tag ändern, indem man es mit der Option `--force` neu erstellt. Wenn das Tag schon verbreitet ist, kann es für große Verwirrung sorgen, wenn eine zweite Variante in Umlauf gebracht wird: Ein Entwickler könnte dann unter demselben Tag-Namen etwas anderes sehen als ein anderer Entwickler.

12.7 Und wenn ich ein »Floating Tag« brauche?

Wenn man eine bewegliche Markierung benötigt, z. B. für den Stand, der aktuell in der Produktion installiert ist, nimmt man in Git einfach einen Branch.

12.8 Zusammenfassung

Tags erstellen: Das geschieht mit dem `tag`-Befehl.

Push: Der `push`-Befehl überträgt nur Tags, deren Namen man explizit angibt, z. B. `git push origin 1.2.3.4`, es sei denn, man gibt `--tags` an.

Pull und Fetch: Die Befehle `pull` und `fetch` holen alle Tags für die betroffenen Branches automatisch mit ab, es sei denn, man gibt `--no-tags` an.

Alle Tags anzeigen: Das kann man mit `git tag -l` erreichen.

Tags im Log anzeigen kann man mit `git log --decorate`.

Gegebenes Commit in Tag: Ob ein Tag ein gegebenes Commit enthält, zeigt der `tag`-Befehl mit der Option `--contains`.

»Floating Tags« gibt es nicht: In Git sind Tags feste Markierungen, die man nicht nachträglich verschieben sollte. Wenn man bewegliche Markierungen benötigt, nimmt man einfach Branches.

13 Abhängigkeiten zwischen Repositorys

Repositorys können nur vollständig verwendet werden → Seite 306

In Git ist das Repository die Release-Einheit, d. h., Versionen, Branches und Tags können nur auf dem gesamten Repository angelegt werden. Besteht ein Projekt aus Subprojekten mit jeweils eigenem Release-Zyklus und somit eigenen Versionen, muss es auch für jedes Subprojekt ein Repository geben.

Die Beziehungen zwischen dem Gesamtprojekt und den Subprojekten können in Git mit dem `submodule`-Befehl oder mit dem `subtree`-Befehl[1] umgesetzt werden.

Der Hauptunterschied zwischen dem Submodule- und dem Subtree-Konzept ist, dass bei Submodulen im Gesamt-Repository nur Verweise auf die Modul-Repositorys eingebunden sind, während beim Subtree die Inhalte der Modul-Repositorys in das Gesamt-Repository importiert werden.

13.1 Abhängigkeiten mit Submodulen

Große Projekte aufteilen → Seite 231

Mit *Submodulen* können in einem Git-Repository (Gesamt-Repository) andere Repositorys (Modul-Repositorys) eingebunden werden. Dazu wird im Gesamt-Repository ein Verzeichnis mit einem Commit eines Modul-Repositorys verknüpft.

In Abbildung 13-1 ist die Grundstruktur dargestellt. Es gibt zwei Repositorys: `main` und `sub`. Im Gesamt-Repository wurde das `sub`-Verzeichnis mit dem Modul-Repository verknüpft. Im Workspace des Gesamt-Repositorys liegt unter dem `sub`-Verzeichnis ein vollständiges Modul-Repository. Im eigentlichen Gesamt-Repository wird jedoch nur auf das Modul-Repository verwiesen. Dazu gibt es die Datei

[1] Der Subtree-Befehl ist erst seit Version 1.7.11 offiziell in der Git-Distribution vorhanden. Allerdings ist er auch nur als optionaler Bestandteil im `contrib`-Verzeichnis zu finden. Einige Installationspakete liefern den Subtree-Befehl bereits automatisch mit, bei anderen ist das manuelle Nachinstallieren notwendig.

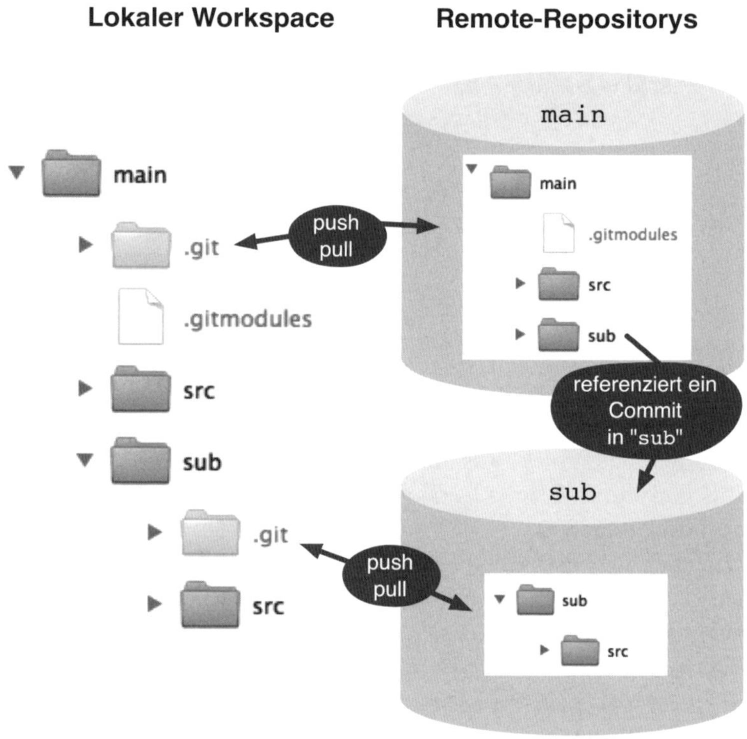

Abb. 13-1 Submodule: Grundlagen

.gitmodules, in der für jedes verknüpfte Verzeichnis der absolute Pfad zu dem Modul-Repository definiert ist.

```
[submodule "sub"]
path = sub
url = /projekte/sub
```

Außer in der .gitmodules-Datei werden die Verweise auf die Submodule noch in der .git/config-Datei abgelegt. Das passiert mit dem submodule init-Befehl, der die .gitmodules-Datei liest und die Informationen in die .git/config-Datei schreibt. Diese indirekte Konfiguration erlaubt es, die Pfade zu den Modul-Repositorys lokal in der .git/config-Datei anzupassen.

```
[core]
repositoryformatversion = 0
filemode = true
bare = false
logallrefupdates = true
ignorecase = true
[submodule "sub"]
url = /projekte/sub
```

Mit den bisherigen Informationen wäre es nicht möglich, für jedes Commit des Gesamt-Repositorys den zugehörigen Zustand des Modul-Repositorys zu reproduzieren. Dazu wird noch das Commit des Modul-Repositorys benötigt. Dieses wird am Verzeichnis-Objekt (Tree) im Gesamt-Repository abgelegt. Nachfolgend ist ein Tree-Objekt dargestellt. Der dritte Eintrag, `sub`, ist ein Submodul, was man am `commit`-Typ erkennt. Der nachfolgende Hashwert referenziert das Commit im Modul-Repository.

```
100644 blob 1e2b1d1d51392717a479eaaaa79c82df1c35d442   .gitmodules
100644 tree 19102815663d23f8b75a47e7a01965dcdc96468c   src
160000 commit 7fa7e1c1bd6c920ba71bd791f35969425d28b91b  sub
```

Schritt für Schritt

Submodule einbinden

Ein bereits vorhandenes Git-Projekt wird als Submodul in ein anderes Projekt eingebunden.

1. Mit Verzeichnis verbinden

Um ein Submodul einzubinden, muss man dieses mit dem `submodule add`-Befehl anlegen und mit einem Verzeichnis verknüpfen. Dabei müssen der absolute Pfad zu dem Modul-Repository und der Verzeichnisname angegeben werden:

```
> git submodule add /global-path-to/sub  sub
```

Als Ergebnis wird das Modul-Repository vollständig in das angegebene Verzeichnis geklont (es entsteht ein eigenes `.git`-Verzeichnis). Zusätzlich wird die `.gitmodules`-Datei im Gesamt-Repository angelegt bzw. erweitert.

2. Submodul-Version auswählen

Der Workspace des Modul-Repositorys zeigt initial auf den HEAD des Standard-Branch. Um ein anderes Commit des Submoduls zu benutzen, verwendet man den `checkout`-Befehl und wählt die gewünschte Version:

```
> cd sub
> git checkout v1.0
```

3. `.gitmodules`-Datei und Subverzeichnis zum Commit hinzufügen

Durch das Hinzufügen eines Submoduls wird die Datei `.gitmodules` angelegt bzw. verändert und muss zum Commit hinzugefügt werden. Auch das neue Verzeichnis des Submoduls muss hinzugefügt werden:

```
> cd ..
> git add .gitmodules
> git add sub
```

4. Commit durchführen

Als Letztes muss man im Gesamt-Repository ein Commit durchführen:

```
> git commit -m "Submodul hinzugefügt"
```

Wird ein Repository geklont, das Submodule enthält, muss der `submodule init`-Befehl ausgeführt werden. Dieser überträgt die URLs der Submodule in die `.git/config`-Datei. Anschließend werden mit dem `submodule update`-Befehl die Verzeichnisse der Modul-Repositorys geklont. Alternativ kann auch der `clone`-Befehl mit der Option `--recurse-submodule` aufgerufen werden, der die einzelnen Schritte zusammenfasst:

```
> git clone --recurse-submodule main.git
```

Fügt man nachträglich ein Submodul zu einem Repository hinzu, müssen alle bisherigen Klone mit dem `submodule update`-Befehl und der Option `--init` aktualisiert werden. Dadurch wird das neue Submodul geklont und auf das richtige Commit initialisiert:

```
> git submodule update --init
```

Mit dem `submodule status`-Befehl kann man sich die referenzierten Commit-Hashwerte der Submodule ansehen. Dabei steht das referenzierte Tag, falls vorhanden, am Ende der Ausgabe in Klammern:

```
> git submodule status
091559ec65c0ded42556714c3e6936c3b1a90422 sub (v1.0)
```

Git referenziert bei Submodulen immer genau ein Commit aus dem Modul-Repository. Dessen Commit-Hashwert ist auch Bestandteil jedes Commits des Gesamt-Repositorys. Daraus ergibt sich, dass neue Commits im Modul-Repository nicht automatisch im Gesamt-Repository eingespielt werden. Dieses Verhalten ist explizit erwünscht, damit beim Wiederherstellen einer Projektversion des

Gesamt-Repositorys auch immer die dazu passende Projektversion des Modul-Repositorys benutzt wird.

Will man im Gesamt-Repository eine neue Version des Modul-Repositorys benutzen, muss man diese explizit ändern.

Schritt für Schritt

Neue Version eines Submoduls verwenden

Es soll eine andere Version eines bereits eingebundenen Submoduls verwendet werden.

1. Submodul aktualisieren

Als Erstes bringt man den lokalen Workspace des Submoduls auf den gewünschten Stand. Typischerweise beginnt man mit einem `fetch`-Befehl, um die neuesten Commits des Modul-Repositorys zu erhalten:

```
> cd sub
> git fetch
```

Als Nächstes legt man mit dem `checkout`-Befehl das gewünschte Commit fest:

```
> git checkout v2.0
```

2. Neue Version verwenden

Als Nächstes bereitet man ein neues Commit mit dem Submodul-Verzeichnis vor und führt das Commit aus:

```
> cd ..
> git add sub
> git commit -m "Neue Version des Submoduls"
```

Wenn man im Workspace gleichzeitig im Gesamt-Repository und im Modul-Repository arbeitet, dann muss man sowohl die Änderungen des Modul-Repositorys als auch die Änderungen des Gesamt-Repositorys durch ein Commit abschließen. Hat man ein zentrales Repository, müssen auch beide Repositorys separat durch den `push`-Befehl übertragen werden.

Schritt für Schritt

Mit Submodulen arbeiten

In einem Workspace werden Änderungen an Dateien des Gesamt-Repositorys und an Dateien des Modul-Repositorys durchgeführt. Das Gesamt-Repository soll anschließend auf das neue Commit des Modul-Repositorys zeigen.

1. Änderungen des Modul-Repositorys abschließen und übertragen

Als Erstes werden die Änderungen des Modul-Repositorys durch einen `commit`-Befehl abgeschlossen und ggf. mit dem `push`-Befehl in das zentrale Repository übertragen:

```
> cd sub
> git add foo.txt
> git commit -m "Submodul-Änderungen"
> git push
```

2. Änderungen des Gesamt-Repositorys abschließen und übertragen

Als Nächstes werden die Änderungen des Gesamt-Repositorys inklusive des Verweises auf das neue Commit des Modul-Repositorys festgeschrieben und ggf. übertragen:

```
> cd ..
> git add bar.txt
> git add sub
> git commit -m "Neue Version des Submoduls"
```

Nach jeder Aktualisierung eines Workspace, der Submodule enthält, sollte der `submodule update`-Befehl benutzt werden, um die richtigen Versionen der Submodule zu holen.

Wenn ein ganz neues Submodul hinzugekommen ist, muss man bei dem `submodule update`-Befehl noch die Option `--init` angeben.

Submodule aktualisieren *→ Seite 113*

Ganz sicher gehen Sie als Entwickler, wenn Sie nach jeder Aktualisierung des Workspace (Checkout, Merge, Rebase, Reset, Pull) den `submodule update`-Befehl mit der Option `init` ausführen.

Schritt für Schritt

Submodule aktualisieren

Wenn eine neue Version eines Submoduls von einem anderen Entwickler eingespielt wurde, dann muss diese explizit im eigenen lokalen Klon und Workspace aktualisiert werden.

Dazu dient der `submodule update`-Befehl:

```
> git submodule update --init

From /projekte/sub
   091559e..4722848  master     -> origin/master
 * [new tag]         v1.0       -> v1.0
 * [new tag]         v2.0       -> v2.0
Submodule path 'sub':
checked out '472284843ce4c0b0bb503bc4921ab7...1e51'
```

Der `submodule init`-Befehl überträgt die Informationen aus der `.gitmodules`-Datei in die `.git/config`-Datei nur, falls es dort noch keine entsprechenden Einträge für das Modul gibt. Dadurch können lokal die Pfade zu den Modul-Repositorys angepasst werden. Falls die offiziellen Pfade der `.gitmodules`-Datei von einem anderen Entwickler angepasst wurden, wird allerdings auch diese Änderung nicht übernommen. Der `submodule sync`-Befehl erledigt genau diese Aufgabe. Er aktualisiert die Pfade in der `.git/config`-Datei und überschreibt jede lokale Änderung.

13.2 Abhängigkeiten mit Subtrees

Mit Subtrees können in einem Git-Repository (Gesamt-Repository) andere Repositorys (Modul-Repositorys) eingebunden werden. Dazu wird im *Gesamt-Repository* ein Verzeichnis mit einem Commit/Tag/Branch eines Modul-Repositorys verknüpft. Anders als bei Submodulen wird jedoch im Gesamt-Repository der gesamte relevante Inhalt des Modul-Repositorys importiert und nicht nur referenziert. Das erlaubt das autarke Arbeiten mit dem Gesamt-Repository.

In Abbildung 13-2 ist die Grundstruktur dargestellt. Es gibt zwei Repositorys: `main` und `sub`. Im Gesamt-Repository wurde das `sub`-Verzeichnis mit dem Modul-Repository verknüpft (`subtree add`-Befehl). Im Gesamt-Repository liegen unter dem `sub`-Verzeichnis die Dateien einer Version des Modul-Repositorys.

Abb. 13-2
Subtree: Grundlagen

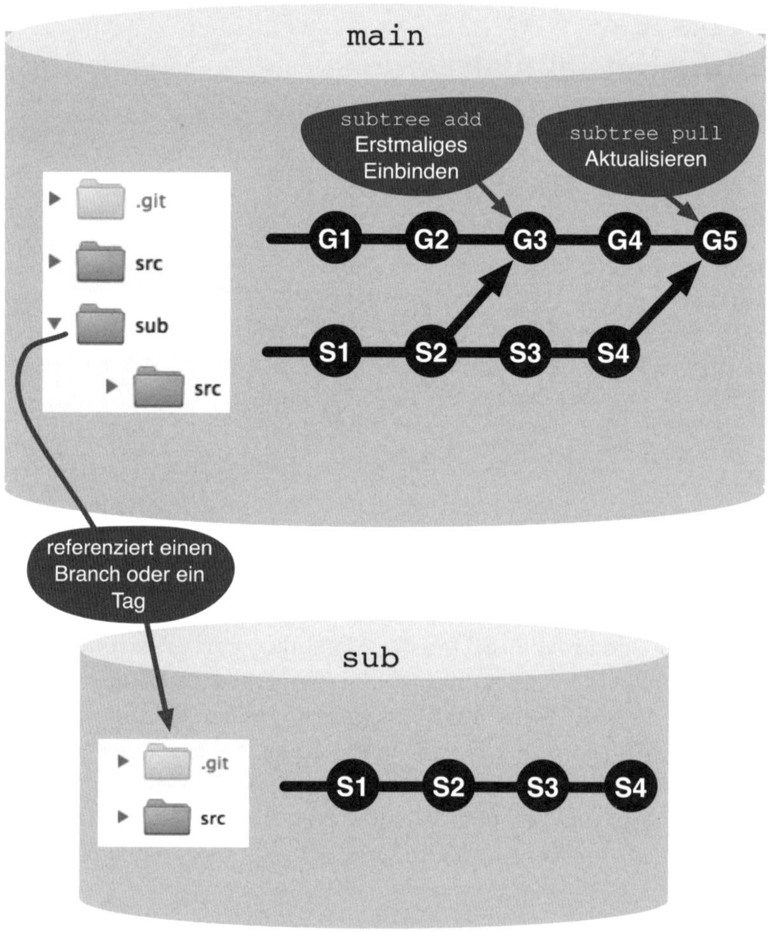

Technisch holt der `subtree add`-Befehl alle Commits des Modul-Repositorys in das Gesamt-Repository (siehe die Commits `S1` und `S2`). Anschließend wird der aktuelle Branch des Gesamt-Repositorys mit dem spezifizierten Commit des Modul-Repositorys vereinigt (siehe Merge-Commit `G3`). Dabei wird intern die Subtree-Merge-Strategie (`--strategy=subtree`) verwendet. Diese führt einen Merge in einem definierten Verzeichnis durch, sodass der Inhalt des Modul-Repositorys unter dem `sub`-Verzeichnis landet.

Schritt für Schritt

Subtree einbinden

Ein bereits vorhandenes Git-Projekt wird als Subtree in ein anderes Projekt eingebunden.

Um ein Modul-Repository einzubinden, muss man dieses im Gesamt-Repository mit dem `subtree add`-Befehl einmalig hinzufügen. Dabei ist das Unterverzeichnis als `--prefix` anzugeben. Zusätzlich müssen die URL[2] des Modul-Repositorys und das gewünschte Tag[3] bzw. der gewünschte Branch angegeben werden:

```
> git subtree add \
      --prefix=sub /global-path-to/sub v2.0
```

Ist die Historie des Modul-Repositorys im Kontext des Gesamt-Repositorys nicht relevant, kann mit der Option `--squash` nur der Inhalt des gewünschten Commits geholt werden:

```
> git subtree add --squash --prefix=sub /global-path-to/sub master
```

Als Ergebnis wird ein neues Merge-Commit angelegt, das im Commit-Kommentar die Hash-ID des geholten Commits vermerkt hat, um beim nächsten Update wieder das richtige Commit im Modul-Repository zu finden.

Anders als bei Submodulen muss beim Klonen eines Gesamt-Repositorys mit Subtrees nichts Spezielles beachtet werden. Der normale `clone`-Befehl holt das Gesamt-Repository und alle enthaltenen Modul-Repositorys:

```
> git clone /path-to/main
```

[2] Natürlich ist es auch möglich, ein Remote zu konfigurieren. Dazu müssen Sie den `remote add`-Befehl und den Remote-Namen verwenden.

[3] Leider gibt es aktuell noch einen Bug mit Subtree, der es nicht erlaubt, Annotated-Tags zu benutzen. Branches und Lightweight Tags funktionieren. Ein Bugfix ist hier zu finden: `https://github.com/amzz/git-subtree`

Schritt für Schritt

Neue Version eines Subtrees verwenden

Es soll eine andere Version eines bereits eingebundenen Subtrees verwendet werden.

Der `subtree pull`-Befehl aktualisiert einen eingebundenen Subtree. Dabei sind die gleichen Parameter wie beim `subtree add`-Befehl zu übergeben. Falls beim Add ein Tag übergeben wurde, muss ein neueres Tag verwendet werden. Falls ein Branch benutzt wurde, kann der gleiche oder ein anderer Branch spezifiziert werden. Falls es keine Änderungen auf dem Branch gab, wird der `subtree pull`-Befehl auch nichts tun.

```
> git subtree pull --prefix=sub /global-path-to/sub v2.1
```

Auch beim Pull kann mit der Option `--squash` auf die Historie des Modul-Repositorys verzichtet werden. Dann werden keine Zwischen-Commits geholt, sondern nur das spezifizierte Commit. Bei der Verwendung von `--squash` kann auch auf ältere Versionen des Modul-Repositorys zurückgegangen werden, z. B. von `v2.0` auf `v1.5`.

```
> git subtree pull --squash
      --prefix=sub /global-path-to/sub master
```

Auch bei Subtrees ist es möglich, Änderungen in den eingebundenen Modulverzeichnissen vorzunehmen. Dabei ist nichts Besonderes zu beachten. Es wird einfach der normale `commit`-Befehl verwendet. Es können in einem Commit gleichzeitig Änderungen des Gesamt-Repositorys und eines oder mehrerer Modulverzeichnisse versioniert werden.

Erst das Zurückübertragen der Moduländerungen in das jeweilige Repository verlangt spezielle Vorkehrungen.

Schritt für Schritt

Änderungen in das Modul-Repository übertragen

Änderungen in Modulverzeichnissen sollen in das Modul-Repository übertragen werden.

1. Änderungen im Modulverzeichnis separieren

Als Erstes werden die Änderungen des Modulverzeichnisses von den anderen Änderungen mit dem `subtree split`-Befehl getrennt. Dabei erzeugt der `subtree split`-Befehl für jedes Commit, in dem eine Moduldatei geändert wurde, ein neues Commit auf Basis des letzten bekannten Modul-Repository-Commits. Das Ergebnis ist ein lokaler Branch, der auf die neuen Commits zeigt (z. B. `sub/master`). Falls Sie ohne Squash beim `subtree add`-Befehl und `subtree pull`-Befehl arbeiten, verwenden Sie den Parameter `--rejoin`. Dieser vereinfacht den wiederholten Aufruf von Split:

```
> git subtree split --rejoin
                    --prefix sub --branch sub/master
```

2. Änderungen mit Modul-Repository vereinigen

Die lokalen Änderungen müssen mit den entfernten Änderungen des Modul-Repositorys zusammengeführt werden. Dazu ist als Erstes der neu angelegte Branch zu aktivieren und dann die aktuellste Version des Ziel-Branch zu holen.[4] Anschließend müssen beide Branches vereinigt werden:

```
> git checkout sub/master
> git fetch /global-path-to/sub master
> git merge FETCH_HEAD
```

[4] Das Fetch mit URL erzeugt eine temporäre Referenz FETCH_HEAD, die auf das aktuellste Commit des geholten Branch zeigt. Wenn man mit Remotes arbeitet, kann natürlich auch der Remote-Name anstelle der URL verwendet werden. Außerdem ist dann der Ziel-Branch direkt vorhanden und nicht nur der FETCH_HEAD.

3. Änderungen an ein Modul-Repository übertragen und den temporären Branch löschen

Die lokalen Änderungen auf dem temporären Branch müssen in das entfernte Modul-Repository übertragen werden (push-Befehl).[5] Anschließend kann wieder auf den Branch des Gesamt-Repositorys gewechselt und der temporäre Branch gelöscht werden:

```
> git push /global-path-to/sub HEAD:master
> git checkout master
> git branch -d sub/master
```

Wie an den obigen Ausführungen gut zu erkennen ist, sind die meisten Operationen mit Subtrees einfacher als mit Submodulen. Nur das Extrahieren der Änderungen ist ähnlich komplex.

In vielen Szenarien wird das Extrahieren aber gar nicht benötigt, da im Gesamt-Repository nicht in den Modulverzeichnissen gearbeitet wird. Diese dienen nur dazu, die aktuellste Version des Modul-Repositorys einzubinden.

13.3 Zusammenfassung

Submodule einbinden: Mit dem `submodule add`-Befehl werden Submodule eingebunden.

Projekt mit Submodulen klonen: Nach dem Klonen den `submodule init`-Befehl und den `submodule update`-Befehl benutzen. Alternativ kann man beim Klonen die `--recurse-submodule` benutzen.

Komplizierter Umgang mit Submodulen → *Seite 305*

Neue Version des Submoduls wählen: Erst im Submodul-Verzeichnis das neue Commit wählen (`checkout`-Befehl) und dann im Gesamt-Repository durch ein Commit festschreiben.

Modul-Repository und Gesamt-Repository gleichzeitig bearbeiten: Es muss erst das Commit im Modul-Repository und dann das Commit im Gesamt-Repository durchgeführt werden. Beide Repositorys müssen separat mit dem `push`-Befehl übertragen werden.

Subtrees einbinden: Mit dem `subtree add`-Befehl werden Subtrees eingebunden.

Neue Version des Subtree wählen: Der `subtree pull`-Befehl aktualisiert das Modulverzeichnis auf den gewünschten Branch oder das gewünschte Tag.

[5] Auch hier kann der Remote-Name verwendet werden. Im Beispiel wird das letzte Commit des aktuellen Branch (HEAD) auf den entfernten `Master`-Branch übertragen.

Änderungen im Modulverzeichnis extrahieren: Der `subtree split`-Befehl erstellt einen separaten Branch mit den Änderungen an dem Modulverzeichnis. Dieser kann anschließend durch den `merge`-Befehl mit den anderen Änderungen zusammengeführt und mit dem `push`-Befehl übertragen werden.

14 Tipps und Tricks

Wir wollten die einführenden Kapitel nicht überfrachten und haben uns auf die wesentlichen Konzepte und auf typische Anwendungsfälle beschränkt. In diesem Kapitel hingegen finden Sie eine Sammlung von Tipps und Tricks, von denen einige in bestimmten Situationen sehr hilfreich sein können, von denen Sie aber andere vielleicht nie benötigen werden, auch wenn Sie lange mit Git arbeiten. Wahrscheinlich genügt es, wenn Sie dieses Kapitel kurz überfliegen, damit Sie wissen, was es hier gibt. Die Details können Sie dann bei Bedarf nachschlagen.

14.1 Keine Panik – Es gibt ein Reflog!

»Git ist like a dog. It can smell your fear.«

Als dieser Spruch in meiner Twitter-Timeline auftauchte, musste ich schmunzeln. Git wirkt auf Einsteiger tatsächlich etwas einschüchternd. Aber falls Git wirklich ein Hund ist, dann wohl doch eher ein Hütehund, der seine (Entwickler-)Herde zu schützen versucht.

Man sollte wissen, dass Git Objekte im Repository nicht sofort löscht. Sobald man etwas verändert, erstellt Git neue Objekte im Repository; die alten werden nicht gelöscht. Selbst eine *Garbage Collection*, z. B. durch den gc-Befehl, löscht nur Objekte, die ein bestimmtes Mindestalter haben. Die Default-Einstellung hierfür liegt bei zwei Wochen (Konfigurationsoption: gc.pruneexpire).

Das Repository
→ Seite 47

Außerdem führt Git Buch über alle Änderungen, die man an Branches durchführt. Dieses sogenannte *Reflog* wird im Verzeichnis .git/logs abgelegt. Mit der Option --walk-reflogs des log-Befehls kann man sich die lokale Historie eines Branch zeigen lassen:

```
> git log --walk-reflogs mybranch
```

Hat man dort das Commit mit den »verlorenen« Änderungen ausfindig gemacht, dann kann man die Änderungen leicht wieder zurückholen, z. B. mit dem cherry-pick-Befehl, dem rebase-Befehl oder mit einem einfachen *Merge*.

Achtung! Für lokale Klone ist das *Reflog* normalerweise aktiv. *Bare-Repositorys*, die man normalerweise auf Servern ablegt, führen per Default kein *Reflog* durch. Man kann dies aber einschalten:

```
> git config core.logAllRefUpdates true
```

Es kann sinnvoll sein, dies zur systemweiten Default-Einstellung zu machen:

```
> git config --system core.logAllRefUpdates true
```

14.2 Lokale Änderungen temporär ignorieren

Manchmal ändert man Dateien, die von Git verwaltet werden, ohne dass man das Ergebnis in die Versionierung übernehmen möchte. Ein Beispiel: Beim Schreiben dieses Buches haben wir während des Arbeitens häufig Kapitel auskommentiert, um das Dokument schneller erzeugen zu können. Diese Änderungen wollten wir natürlich nicht »mitversionieren«. Ein weiteres Beispiel: Um einen Fehler zu finden, baut man zusätzliche Debug-Ausgaben ein, die man aber später nicht mehr benötigt.

Einträge in `.gitignore` helfen hier nicht weiter, denn diese wirken nur auf Dateien, die noch nicht durch Git verwaltet werden (siehe auch »Mit `.gitignore` Dateien unversioniert lassen« ab Seite 43).

Selektives Commit – Änderungen auswählen *→ Seite 39*

Man kann das Problem durch *selektive Commits* umgehen. Das ist aber etwas mühsam, weil man dann bei jedem nachfolgenden Commit erneut wählen muss, welche Änderungen man übernehmen möchte und welche nicht.

Schritt für Schritt

Versionierte Dateien ignorieren

Von Git verwaltete Dateien werden temporär ignoriert, sodass Änderungen an diesen Dateien nicht übernommen werden.

1. Versionierte Dateien ignorieren

Die Option `--assume-unchanged` des `update-index`-Befehls setzt eine Marke im *Stage-Bereich*, die dafür sorgt, dass Git künftig nicht mehr prüft, ob sich die Datei geändert hat, sondern einfach so tut, als ob die Datei unverändert wäre.

```
> git update-index --assume-unchanged foo.txt
```

2. Arbeiten

Jetzt können Sie weiterarbeiten. Git wird Änderungen an der Datei `foo.txt` weder mit dem `status`-Befehl anzeigen noch mit dem `add`-Befehl übernehmen. Änderungen an allen anderen Dateien werden ganz normal verarbeitet.

3. Das Ignorieren wieder aufheben

Mit `--no-assume-unchanged` können Sie die Wirkung von `--assume-unchanged` für einzelne Dateien aufheben. Bei einem `--really-refresh` wird der Status für alle Dateien zurückgesetzt.

```
> git update-index --really-refresh
```

14.3 Änderungen an Textdateien untersuchen

Der normale *Diff-Algorithmus* von Git vergleicht zeilenweise. Dort ändert man oft einzelne Zeilen oder fügt welche hinzu. Die benachbarten Zeilen bleiben unverändert. In Texten ist das anders. Bei Änderungen wird oft umbrochen, d. h., Wörter wandern von einer Zeile in die andere. Bei dem zeilenweisen Diff ist nur schlecht zu erkennen, was genau verändert wurde.

```
> git diff

  ...
-Walter geht jeden
-Tag in die Schile.
+Walter geht in
+die Schule.
  ...
```

Mit der Option `--word-diff` kann Git die Änderungen auch wortweise anzeigen. Für Fließtexte ergibt das oft eine übersichtlichere Darstellung:

```
> git diff --word-diff

  ...
Walter geht[-jeden -]
[-Tag-] in
die [-Schile.-]{+Schule.+}
  ...
```

Mit `--word-diff=color` kann man die Unterschiede farbig hervorheben lassen.

14.4 `alias` – Abkürzungen für Git-Befehle

Wenn man Git viel über die Kommandozeile nutzt, kann es nützlich sein, für häufig verwendete Befehle Kurzformen zu definieren:

```
> git config --global alias.ci commit
> git config --global alias.st status
```

Hier werden die Aliase `ci` und `st` eingerichtet. Sie können sofort verwendet werden. Zum Beispiel:

```
> git st
```

Die *Aliase* werden auch bei der Tab-Completion von Git berücksichtigt (sofern sie installiert ist). Deshalb kann es auch nützlich sein, sprechende Aliase für seltener benutzte Befehle einzurichten. Zum Beispiel:

```
> git config --global alias.ignore-temporarily
      'update-index --assume-unchanged'
```

14.5 Branches als temporäre Zeiger auf Commits nutzen

Wenn man Fehler sucht oder knifflige Merge-Konflikte bereinigt, möchte man sich oft wichtige Commits merken, z. B. den Punkt, an dem noch alles gut war, oder die Merge-Base. Einer der Autoren hat hierzu anfangs immer Commit-Hashes auf einem Blatt karierten Papier notiert. Das muss nicht sein! Man kann einfach einen Branch anlegen, sobald man ein interessantes Commit entdeckt:

```
> git branch tmp/der-dumme-fehler 8b167
```

Ab jetzt kann man das Commit später jederzeit über diesen Namen referenzieren. Auch die Tab-Completion »kennt« jetzt diesen Namen. Man kann sich beispielsweise anzeigen lassen, welche Tags das betreffende Commit enthalten:

```
> git tag --contains tmp/der-dumme-fehler
1.0.2
1.0.3
```

Das folgende Kommando erzeugt einen Branch `tmp/merge-base` als Zeiger auf die *Merge-Base* der Branches `master` und `feature`:

```
> git branch tmp/merge-base
          'git merge-base master feature'
```

Das tmp/-Präfix ist eine Namenskonvention: Es gibt den temporären Branches einen Namespace, damit man sie besser von den »normalen« Branches unterscheiden kann. Eine technische Notwendigkeit ist das nicht. Sie können die temporären Branches nennen, wie Sie wollen.

Später kann man die Branches wie folgt abräumen:

```
> git branch -D
      'git branch --no-color --list tmp/\*
       | grep -v '* '
       | xargs'
```

14.6 Commits auf einen anderen Branch verschieben

Wenn man eine Änderung vornimmt, ist es natürlich am besten, das gleich auf dem richtigen Branch zu tun. Branch-Wechsel sind ja kein großes Ding in Git. Manchmal möchte man sich aber nicht aus dem Flow bringen lassen und führt kleinere Korrekturen auf dem aktuellen Feature-Branch durch. Dadurch vermischen sich Commits, die zum Feature gehören, mit solchen, die nichts damit zu tun haben. Das hat zwei Nachteile: Zum einen erschwert es die Qualitätssicherung durch Reviews, und zum anderen können die Korrekturen nur zusammen mit dem Feature ausgeliefert werden. Das ist besonders dann ungünstig, wenn sich die Fertigstellung des Features verzögert. In solchen Fällen kann es sinnvoll sein, einige Commits auf einen anderen Branch zu verschieben.

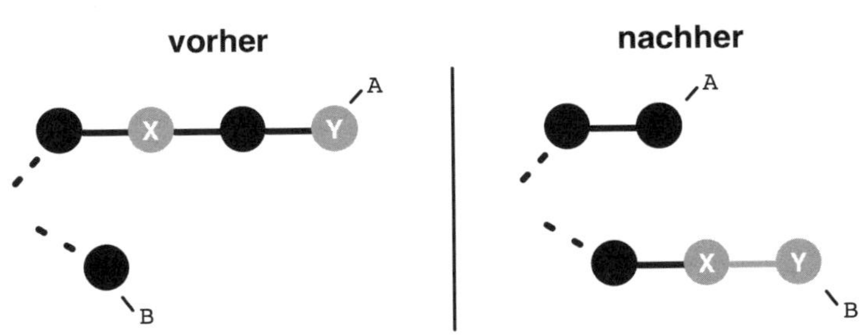

Abb. 14-1
Commits von Branch A *nach* B *verschieben*

Schritt für Schritt

Commits auf einen anderen Branch verschieben

Einige Commits aus einem Branch `A` *sollen auf einen Branch* `B` *verschoben werden.*

1. Commits umsortieren und die Trennstelle mit `tmp/SPLIT` markieren

Commits müssen am Ende des Branch stehen, um sie verschieben zu können.

```
> git rebase --interactive
```

Im Editor sortieren Sie die Zeilen so, dass oben die Zeilen stehen, die auf `A` verbleiben sollen, und unten jene, die nach `B` verschoben werden sollen. Dazwischen erzeugen Sie mit einer `exec`-Zeile einen temporären Branch `tmp/SPLIT`, der die Trennstelle markiert:

```
pick 6a2f459 soll auf A bleiben 1
pick 05c2935 soll auf A bleiben 2
exec git branch -f tmp/SPLIT
pick af22ed6 soll nach B verschoben werden 1
pick 4f30adf soll nach B verschoben werden 2
```

Der Branch `tmp/SPLIT` zeigt jetzt auf das letzte Commit, das auf `A` verbleiben soll.

2. Verschiebung durchführen

Erst wird ein temporärer Branch `tmp/MOVE` erzeugt und dann verschoben. Dann wird `tmp/MOVE` per `merge`-Befehl in `B` übernommen. Schließlich werden die überschüssigen Commits auf `A` abgeschnitten:

```
> git checkout -B tmp/MOVE A
> git rebase tmp/SPLIT --onto B

> git checkout B
> git merge --ff tmp/MOVE

> git branch --force A tmp/SPLIT
```

Achtung! Das Verschieben von Commits kann für andere Entwickler verwirrend sein (siehe »Warum ist es problematisch, Original und Kopie eines Commits im gleichen Repository zu haben?« ab Seite 84). Man sollte entweder nur solche Commits verschieben, die man noch nicht mit anderen Entwicklern geteilt hat, oder man muss die anderen Entwickler darüber informieren und sie bitten, ihrerseits Commits zu verschieben, die auf Basis der verschobenen Commits entwickelt wurden.

14.7 Mehr Kontrolle bei Fetch, Push und Pull

Als Parameter für `fetch`, `pull` und `push` darf man mehr als nur einfache Branch-Namen angegeben.

Refs

In Git gibt es einen Sammelbegriff *Ref* für Dinge, die auf ein Commit verweisen, dazu gehören Branches, Remote-Tracking-Branches und Tags. Bei den Befehlen `fetch`, `pull` und `push` dürfen an Stelle von Branch-Namen auch andere *Refs* angegeben werden, z. B. das Tag `1.0.0`:

```
> git pull origin 1.0.0
```

Refs werden in einer Verzeichnisstruktur unterhalb von `.git/refs` abgelegt. Der `show-ref`-Befehl zeigt Pfade und Commit-Hashes aller *Refs* an:

Das Repository-Layout → *Seite 87*

```
> git show-ref
2218ac5898a66f54aa9d06d7dafa780d50ea1b66 refs/heads/feature-a
  ...
c55f7ffa0750fc79fc0417ce36268eeed89ce18b refs/remotes/origin/master
  ...
848a18578fc56eb033f94f731739e81153b983b4 refs/tags/1.0.0
```

Diese Pfade können als Parameter angegeben werden:

```
> git fetch refs/tags/1.0.0
```

Tipp: Refs *abkürzen*

Die Pfade der *Refs* müssen nicht immer vollständig angegeben werden: Statt `refs/remotes/origin/master` genügt in der Regel auch `remotes/origin/master` oder `origin/master`.

Tipp: Tab-Completion

In der Kommandozeile gibt es eine Tab-Completion für *Refs*. Probieren Sie es aus: Geben Sie `git log refs/` ein und drücken Sie dann die Tab-Taste.

Refspecs

Die Befehle `fetch`, `pull` und `push` übertragen *Refs* von einem Repository zum anderen.

```
> git fetch origin master
```

Hier etwa holt der `fetch`-Befehl die *Ref* `refs/heads/master` aus dem Repository `origin` und setzt die lokale *Ref* `refs/remotes/origin/master`. Git hat anhand einiger Konventionen und Konfigurationen ermittelt, welche beiden *Refs* hier gemeint sein müssen. Man kann, falls nötig, aber auch beide *Refs* explizit angeben. Eine sogenannte *Refspec* gibt in der Form `quelle:ziel` an, welche *Ref* geholt (`quelle`) und welche *Ref* gesetzt (`ziel`) werden soll.

Fast-Forward-Merges
→ *Seite 72*

Normalerweise wird die Ziel-*Ref* nur überschrieben, wenn das neue Commit Nachfahre des vorherigen Standes ist (Fast-Forward). Diesen Schutz kann man durch ein vorangestelltes + ausschalten. Dann wird die Ziel-*Ref* ohne Prüfung überschrieben. Der vorige Befehl könnte auch wie folgt geschrieben werden:

```
> git fetch \
     origin +refs/heads/master:refs/remotes/origin/master
```

15 Workflow-Einführung

15.1 Warum Workflows?

In den letzten Kapiteln haben Sie die Grundkonzepte von Git kennengelernt. Es wurden nur die wichtigsten Befehle mit den wichtigsten Parametern benutzt.

Selbst bei dieser Auswahl haben Sie sich vielleicht die Frage gestellt: Wann wird jetzt noch mal Merge oder Rebase eingesetzt?

Versucht man sich dann im Internet schlau zu machen, stößt man auf verschiedenste Anwendungen und auf noch mehr Befehle und Parameter. Diese Flexibilität ist einerseits eine Stärke von Git, andererseits erschwert sie den Einstieg und lässt Git komplex erscheinen.

Die Grenzen von Git
→ Seite 303

Die folgenden *Workflows* beschreiben deswegen die typische Benutzung von Git in Entwicklungsprojekten. Dabei wird der Fokus auf die Erledigung von Aufgaben gelegt und nicht auf noch mehr Parameter. Es wird bewusst immer nur eine Lösung beschrieben. Diese wird aber so detailliert erläutert, dass dieser Workflow ausreichend für Ihre Arbeit ist und Sie nicht erst wieder in Hilfedateien nachschauen müssen.

Selbst nach langjähriger Nutzung von Git gibt es Aufgaben, die man seltener erledigen muss, z. B. ein Repository aufteilen. Dann dienen die Workflows als kompakte Ablaufbeschreibung der Befehle.

In den Workflows werden auch unbekanntere Befehle und Parameter verwendet, wenn die Aufgabe es erfordert. Dadurch lernen Sie im »Vorbeilesen« weitere Möglichkeiten von Git kennen.

Besonders bei der Einführung von Git helfen die konkreten Ablaufbeschreibungen dabei, die typischen Anfangsprobleme zu umgehen bzw. zu mildern.

15.2 Welche Workflows sind wann sinnvoll?

Bei der Auswahl der Workflows haben wir uns an einem typischen Projektablauf orientiert.

Der Projektstart

Wenn Sie frisch mit einem Projekt beginnen und sich für Git als Versionsverwaltung entschieden haben, dann besteht die erste Aufgabe darin, eine Infrastruktur für die Versionierung auszuwählen und aufzusetzen. Der Workflow »**Ein Projekt aufsetzen**« (Seite 135) beschreibt die Möglichkeiten.

Wird ein Projekt nicht neu gestartet, sondern soll ein bestehendes Projekt nach Git migriert werden, dann beschreibt der Workflow »**Ein Projekt nach Git migrieren**« (Seite 269), wie der Umstieg erfolgen kann.

Die Entwicklung

Nachdem die Infrastruktur definiert ist, muss im Team der Umgang mit Branches geklärt werden. Entweder arbeiten alle auf einem gemeinsamen Branch, wie im Workflow »**Gemeinsam auf einem Branch entwickeln**« (Seite 153) beschrieben, oder es wird für jede Aufgabe ein separater Feature-Branch angelegt, wie es der Workflow »**Mit Feature-Branches entwickeln**« (Seite 161) zeigt.

Wenn bei der Entwicklung plötzlich Fehler auftauchen, die in früheren Versionen nicht vorhanden waren, dann hilft der Workflow »**Mit Bisection Fehler suchen**« (Seite 181), die Fehlerursache zu finden.

Falls in Ihrem Projekt Git noch nicht als Versionsverwaltung genutzt wird, Sie aber trotzdem mit Git arbeiten wollen, dann hilft Ihnen der Workflow »**Andere Versionsverwaltungen parallel nutzen**« (Seite 257) weiter.

Ein Projekt ausliefern

Versionen markieren → *Seite 103*
Branches verzweigen → *Seite 57*

Git macht keine Vorgaben, wenn es um den Releaseprozess geht. Mit Tags und Branches stellt Git jedoch mächtige Werkzeuge bereit, um ein sehr breites Spektrum von Releaseprozessen zu unterstützen.

Der Workflow »**Periodisch Releases durchführen**« (Seite 203) beschreibt einen Releaseprozess für ein typisches (Web-)Projekt mit regelmäßigen Releases, wobei es nur ein produktives Release gibt. Der Workflow zeigt, wie nach Abschluss der Entwicklung die Tests des neuen Release und die Entwicklung für das nächste Release parallel passieren können und wie schwerwiegende Fehler am letzten Release behoben werden können.

Wenn es gleichzeitig mehrere aktive Releases für ein Softwareprodukt gibt, dann müssen Hotfixes geordnet auf die Releases verteilt werden. Unter Umständen ist auch ein Übertragen von Änderungen von aktuelleren Releases auf ältere Releases (Backport) notwendig. Der Workflow »**Mit mehreren aktiven Releases arbeiten**« (Seite 217) beschreibt die notwendigen Schritte.

Betreiben Sie eine Deployment-Pipeline, um Ihr Produkt regelmäßig und weitestgehend automatisch auszuliefern, dann beschreibt der Workflow »**Kontinuierlich Releases durchführen**« (Seite 193), wie jedes Commit zu einem potenziellen Release-Kandidaten wird.

Refaktorierungen

Anforderungen an Projekte verändern sich mit der Zeit und mit neuen Erkenntnissen. Genauso kann es passieren, dass einmal getroffene Entscheidungen, wie Projekte auf Git-Repositorys aufgeteilt werden sollen, neu überdacht werden müssen.

Ein anfangs kleines monolithisches Projekt ist gewachsen und muss modularisiert werden. Der Workflow »**Große Projekte aufteilen**« (Seite 231) beschreibt, wie das zugehörige große Repository in kleinere aufgeteilt werden kann.

Auch das Gegenteil kann passieren: Der Umgang mit einem initial auf viele Repositorys aufgeteilten Projekt kann sich als zu komplex herausstellen. Das Zusammenbringen von Repositorys wird im Workflow »**Kleine Projekte zusammenführen**« (Seite 239) beschrieben.

Ressourcenverbrauch bei großen binären Dateien → Seite 306

Wenn Projekte schon lange existieren und viele Veränderungen durchlaufen haben, dann kann das zugehörige Repository groß werden. Die Historien aller Dateien liegen bei jedem Entwickler lokal vor. Insbesondere wenn in früheren Versionen große binäre Dateien versioniert wurden, kann das zu unnötigem Ressourcenverbrauch führen. Der Workflow »**Lange Historien auslagern**« (Seite 245) beschreibt, wie eine Projekthistorie geteilt werden kann und nur noch die jüngeren Versionen bei jedem Entwickler lokal gespeichert werden.

15.3 Aufbau der Workflows

Die Beschreibung der Workflows in den folgenden Kapiteln ist immer gleich aufgebaut. Im Folgenden wird der Inhalt jedes Abschnitts kurz beschrieben.

Der Einstieg

Die Workflows beginnen mit einer kurzen Motivation: Hier erklären wir, warum und in welchem Kontext ein Workflow angewendet werden sollte. Die zentralen Aufgaben, die möglichen Entscheidungen und die Besonderheiten werden beschrieben. Am Ende gibt es eine kurze Zusammenfassung der Punkte, die in diesem Workflow behandelt werden.

Nach diesem Abschnitt werden Sie wissen, ob der Workflow für Ihr Projekt relevant ist.

Der Überblick

Der Überblick-Abschnitt beschreibt die grundlegenden Abläufe anhand eines Beispiels. Es werden die wichtigsten Begriffe, Konzepte und Git-Befehle beschrieben, die in diesem Workflow benötigt werden.

Nach diesem Abschnitt werden Sie verstehen, wie der Workflow prinzipiell funktioniert und welche Git-Mittel eingesetzt werden.

Die Voraussetzungen

Jeder Workflow funktioniert nur unter bestimmten Voraussetzungen.

Nach dem Abschnitt »Vorraussetzungen« werden Sie wissen, ob Ihr Projekt schon für den Einsatz des Workflows bereit ist. Sie werden erkennen, welche Voraussetzungen noch erbracht werden müssen oder warum dieser Workflow bei Ihnen nicht angewendet werden kann.

Der kompakte Workflow

Diese kompakte Übersicht auf einer Seite beschreibt den Workflow in wenigen Sätzen und stellt in einer Abbildung die wichtigsten Konzepte und Ideen dar.

Wenn Sie dieses Buch als Nachschlagewerk nutzen, soll diese Seite Ihnen als Erinnerungshilfe dienen.

Die Abläufe und ihre Umsetzung

Ein Workflow kann aus einem oder mehreren Abläufen bestehen. Abläufe beschreiben einzelne Teilaufgaben, die Sie für die Erledigung Ihrer Aufgabe benötigen. In diesem Abschnitt wird detailliert für jeden Ablauf beschrieben, welche Git-Befehle mit welchen Parametern und in welcher Reihenfolge ausgeführt werden müssen. Es wird bewusst nur eine von uns vorgeschlagene Umsetzung beschrieben.

Nach diesem Abschnitt werden Sie wissen, wie Sie mit Git den jeweiligen Ablauf umsetzen können.

Warum nicht anders?

Git ist ein großer Werkzeugkasten, und viele Aufgaben kann man mit verschiedenen Werkzeugen lösen. In diesem Abschnitt werden alternative Lösungen diskutiert, und wir argumentieren, warum in der beschriebenen Umsetzung genau das eine Werkzeug eingesetzt wird.

Dabei gibt es sowohl alternative Strategien, die aus unserer Sicht nicht sinnvoll sind oder nicht funktionieren, als auch Lösungen, die ebenso funktionieren würden, aber nur mit einem anderen Kontext. Es werden auch Lösungen diskutiert, die dann sinnvoll sind, wenn es um Spezialfälle der Aufgabe geht.

Dieser Abschnitt bringt Ihnen unsere Gründe für die Auswahl der Git-Mittel näher. Außerdem zeigt er Ihnen alternative Lösungsideen auf.

16 Ein Projekt aufsetzen

Nachdem man sich für den Einsatz von Git entschieden hat, besteht der erste Schritt darin, die Dateien und Verzeichnisse als Git-Repository zur Verfügung zu stellen. Dabei ist zu entscheiden, ob das Projekt in einem oder mehreren Repositorys bereitgestellt werden soll. Da Git nur für das gesamte Repository einen Branch oder ein Tag anlegen kann, hängt die Entscheidung sehr stark von den Release-Einheiten Ihres Projekts ab.

Repositorys können nur vollständig verwendet werden
→ *Seite 306*
Das Repository
→ *Seite 47*

Nachdem die Aufteilung des Projekts erfolgt ist, muss ein Repository für jedes Modul angelegt und gefüllt werden. Dabei sind leere Verzeichnisse und nicht zu versionierende Dateien besonders zu behandeln.

Für die Arbeit im Team muss ein Repository pro Modul als das zentrale Repository definiert werden. Alle Entwickler werden dieses zentrale Repository nutzen, um den aktuellen Stand zu holen und ihre Änderungen einzuspielen.

Es muss entschieden werden, wie alle im Team auf das zentrale Repository zugreifen sollen. Git unterstützt den Zugriff über ein gemeinsames Netzlaufwerk, über einen Webserver, ein proprietäres Netzwerkprotokoll und eine Secure-Shell-Infrastruktur (SSH).

Welches Protokoll man wählt, hängt von der vorhandenen Infrastruktur, der örtlichen Verteilung und den Anforderungen bezüglich der Rechteverwaltung ab.

Autorisierung nur auf dem ganzen Repository
→ *Seite 307*

Dieser Workflow beschreibt:

- wie ein Projektverzeichnis in ein Repository überführt wird,
- wie leere Verzeichnisse versioniert werden,
- wie mit der Zeilenendenproblematik umgegangen wird,
- welche Zugriffsmöglichkeiten es für ein zentrales Repository gibt und wie dieses eingerichtet wird und
- wie Teammitglieder auf das zentrale Repository zugreifen.

Überblick

Dieser Workflow besteht aus zwei Teilen. Im ersten Schritt wird ein Repository für ein Projektverzeichnis angelegt. Im zweiten Schritt wird ein zentrales Repository allen Entwicklern zur Verfügung gestellt.

Was sind Commits? → *Seite 29*

In Abbildung 16-1 wird gezeigt, wie das Projekt `projecta` in ein Repository überführt wird. Dabei ist besonders auf das leere Verzeichnis `EmptyDir` zu achten. Denn leere Verzeichnisse werden von Git normalerweise nicht versioniert. Indem man eine beliebige Datei, z. B. `.gitignore`, in dem Verzeichnis anlegt, kann man die Versionierung erzwingen.

Ebenso muss man beim initialen Commit darauf achten, keine unnötigen Dateien zu versionieren, z. B. Build-Ergebnisse oder temporäre Dateien. Im Beispiel kann man das an dem Verzeichnis `TempDir` sehen. In ihm werden Backup-Dateien gespeichert, und es soll nicht versioniert werden. Um dieses Verzeichnis auch bei zukünftigen Commits auszuschließen, wird die Datei `.gitignore` im Wurzelverzeichnis des Projekts angelegt und das zu ignorierende Verzeichnis dort spezifiziert.

Mit `.gitignore` ***Dateien unversioniert lassen*** → *Seite 43*

Im zweiten Schritt wird das neue Repository anderen Entwicklern zugänglich gemacht. Dabei unterstützt Git verschiedene Protokollvarianten:

file: Zugriff über geteiltes Netzlaufwerk
git: Proprietärer Serverdienst mit Netzwerkkommunikation
http: Zugriff über einen Webserver
ssh: Zugriff über eine Secure-Shell-Infrastruktur

Mit Git können mehrere Zugriffsmöglichkeiten für dasselbe Repository parallel bereitgestellt werden. So wird häufig ein HTTP-Zugang für anonyme lesende Zugriffe und ein SSH-Zugang für schreibende Zugriffe benutzt.

Voraussetzungen

Gemeinsamer Server: Für die Zusammenarbeit mit Git ist entweder ein gemeinsames Netzlaufwerk, ein Serverrechner mit der Möglichkeit, einen Dienst zu starten, ein Webserver mit CGI-Support oder eine SSH-Infrastruktur vorhanden.

Autorisierung nur auf dem ganzen Repository → *Seite 307*

Rechtevergabe auf Projektebene: Git kennt nur Rechte für das Lesen und Schreiben des gesamten Repositorys, d. h., es können keine feingranularen Rechte auf einzelnen Verzeichnissen vergeben werden.

Workflow kompakt

Ein Projekt aufsetzen

Ein Projektverzeichnis wird in ein neues Repository importiert. Dieses Repository wird als zentrales Repository für die Entwicklung im Team zur Verfügung gestellt.

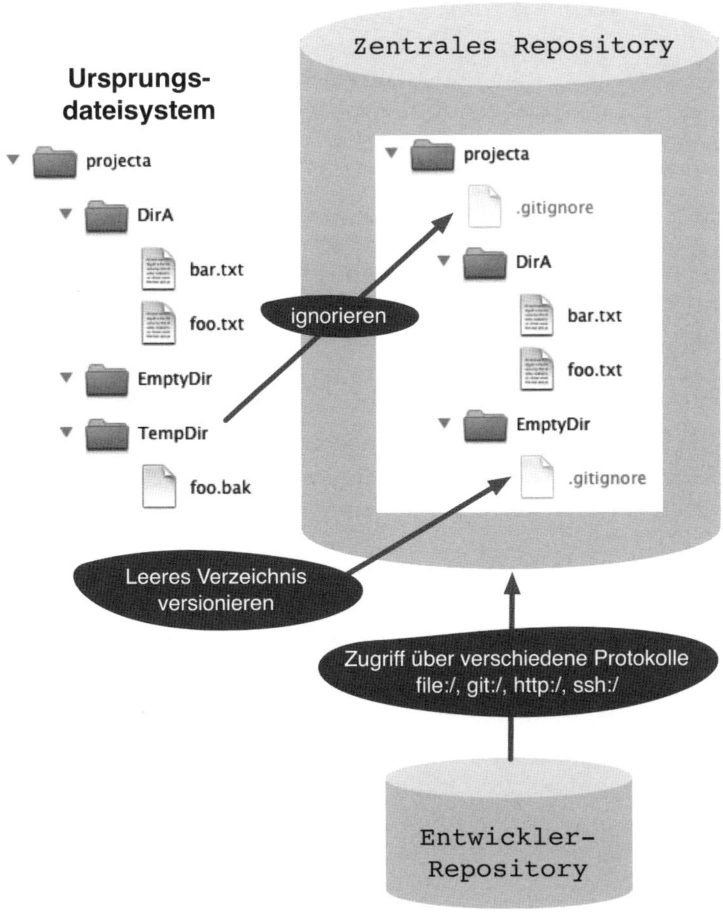

Abb. 16-1
Workflow im Überblick

Ablauf und Umsetzung

Die nachfolgenden Abläufe gehen von dem einfachen Beispielprojekt `projecta` in Abbildung 16-1 aus.

Neues Repository vom Projektverzeichnis anlegen

Dieser Abschnitt zeigt, wie für ein vorhandenes Projekt ein Bare-Repository erzeugt wird. Ein Bare-Repository ist die Voraussetzung, um das Repository später im Team zu teilen.

Der Ausgangspunkt ist ein Verzeichnis im Dateisystem, das schrittweise in das fertige Bare-Repository umgewandelt wird.

Schritt 1: Leere Verzeichnisse vorbereiten

Verzeichnisse speichern: Blob und Tree → Seite 48

Git ist im Kern ein Content-Tracker, d. h., Git kann sehr effizient Versionen von Dateien verschiedenen Typs verwalten. Dagegen werden Verzeichnisse nur als Strukturierungseinheiten betrachtet und nur im Zusammenhang mit Dateien versioniert.

Leere Verzeichnisse sind für Git also nicht relevant und können auch nicht mit dem `add`-Befehl zu einem Commit hinzugefügt werden.

Solange die Entwicklungsumgebung auch auf die leeren Verzeichnisse nicht angewiesen ist, kann man diesen Umstand einfach ignorieren. Einige Entwicklungsumgebungen bzw. -werkzeuge gehen jedoch von der Existenz dieser Verzeichnisse aus, und es kommt zu Problemen, wenn sie fehlen.

Durch Anlegen einer beliebigen Datei kann man jedoch Git dazu bringen, auch ein leeres Verzeichnis zu beachten. Theoretisch kann man jeden beliebigen Dateinamen wählen, solange die Entwicklungsumgebung die Datei nicht beachtet.

Mit `.gitignore` Dateien unversioniert lassen → Seite 43

Es hat sich durchgesetzt, diese Datei `.gitignore` oder `.gitkeep` zu nennen.[1] Die `.gitignore`-Datei wird normalerweise von Git benutzt, um bestimmte Dateien von der Versionierung auszuschließen. Das erweist sich gleich auch noch als nützlich.

Als Beispiel soll das Verzeichnis `EmptyDir` aus Abbildung 16-1 dienen. Mit dem Unix-Kommando `touch` legt man eine leere Datei an.

```
> cd projecta/EmptyDir
> touch .gitignore
```

[1] Dateien, die mit einen Punkt beginnen, werden von Unix-Systemen als versteckte Dateien betrachtet und von vielen Entwicklungsumgebungen ebenso ignoriert.

Häufig werden in solchen leeren Verzeichnissen temporäre Dateien angelegt, z. B. Build-Ergebnisse. Um zu verhindern, dass diese zukünftig aus Versehen in ein Commit einfließen, kann man in der Datei `.gitignore` eine Zeile mit einem »*« einfügen. Dadurch werden alle Dateien in diesem Verzeichnis ignoriert und tauchen nicht beim `status`-Befehl als »untracked« auf. Die Zeile mit dem »*« würde aber auch verhindern, dass die Datei `.gitignore` initial versioniert wird. Deswegen muss man sie wieder explizit vom Ignorieren ausnehmen.

Hier sehen Sie den Inhalt einer typischen `.gitignore`-Datei für leere Verzeichnisse:

```
# Alle Dateien bis auf .gitignore ignorieren
*
!.gitignore
```

Schritt 2: Unnötige Dateien und Verzeichnisse ignorieren

Entwicklungs- und Build-Werkzeuge erzeugen häufig temporäre Dateien, z. B. `class`-Dateien in Java. Diese Dateien sollen nicht mitversioniert werden. Um das zu verhindern, legt man eine Datei `.gitignore` an und schließt alle nicht erwünschten Dateien und Verzeichnisse aus. Die `.gitignore`-Datei kann in jedem Verzeichnis angelegt werden. Die Einträge wirken immer ab dieser Ebene und in allen Unterverzeichnissen.

Mit `.gitignore` ***Dateien unversioniert lassen*** *→ Seite 43*

Dabei wird in jeder Zeile der Datei `.gitignore` ein Muster für einen Dateinamen angegeben. Im Beispiel aus Abbildung 16-1 sollen das Verzeichnis `TempDir` und alle Dateien mit der Endung `.bak` ausgeschlossen werden.

```
#Inhalt von .gitignore
/TempDir
*.bak
```

Tipp: Legen Sie nur eine `.gitignore`*-Datei im Wurzelverzeichnis an.*

Um einfach nachvollziehen zu können, welche Dateien ignoriert werden, hat es sich bewährt, nur in der Wurzel des Projekts die `.gitignore`-Datei anzulegen. Auch tiefere Unterverzeichnisse können dort ausgeschlossen werden. Eine Ausnahme bilden nur die `.gitignore`-Dateien in leeren Verzeichnissen, wo die Datei für die Versionierung sorgt.

Schritt 3: Behandlung der Zeilenenden definieren

Vor dem eigentlichen Import der Dateien muss noch entschieden werden, wie mit den Zeilenenden von Textdateien umgegangen werden soll.

Probleme mit Zeilenenden treten immer auf, wenn man gleichzeitig auf verschiedenen Betriebssystemen entwickelt bzw. Textdateien von verschiedenen Betriebssystemen benutzt.

Windows nutzt CRLF (Carriage Return and Line Feed), um Zeilenumbrüche zu codieren. Unix-Systeme und Mac-Rechner nutzen LF (Line Feed) für Zeilenumbrüche. In der Vergangenheit hatten Texteditoren auf den verschiedenen Plattformen Probleme, mit den Zeilenumbrüchen der anderen Plattformen umzugehen. Mittlerweile ist dieses Problem größtenteils gelöst.

Doch noch immer passiert es, dass ein Texteditor ohne oder mit Wissen des Benutzers die Zeilenumbrüche an die jeweilige Plattform anpasst. Das wiederum führt dazu, dass Git eine Zeile als geändert erkennt, obwohl inhaltlich nichts passiert ist. Man kann sich gut vorstellen, wie viele Merge-Konflikte daraus entstehen.

Git bietet als Lösung des Problems an, die Zeilenumbrüche im Repository auf LF zu standardisieren, d. h., wenn die Standardisierung aktiviert ist, wandelt Git bei jedem `commit`-Befehl alle Zeilenenden in LF um und beim Herausholen, wenn gewünscht, in den jeweils plattformabhängigen Standard.

Es gibt insgesamt drei verschiedene Möglichkeiten, mit Zeilenenden umzugehen:

core.autocrlf false: Die Zeilenenden werden nicht beachtet. Git speichert die Zeilenenden im Repository, so wie sie in der Datei vorliegen. Auch beim Herausholen bleiben die Zeilenenden unverändert.

core.autocrlf true: Die Zeilenenden werden beim Hinzufügen standardisiert (LF) und beim Herausholen an die jeweilige Plattform angepasst.

core.autocrlf input: Die Zeilenenden werden beim Hinzufügen standardisiert (LF), aber beim Herausholen nicht angepasst.

Da man meistens nicht ausschließen kann, dass ein Repository in Zukunft auch auf anderen Plattformen benutzt wird, ist es sinnvoll, von Anfang an mit standardisierten Zeilenumbrüchen zu arbeiten.

Auf Windows-Systemen ist deswegen die Einstellung `true` und auf Unix-Systemen die Einstellung `input` vor dem ersten Import zu setzen:

```
> git config --global core.autocrlf input
```

Sowohl bei `true` als auch bei `input` kann es zu Problemen kommen, wenn Git eine Datei als Textdatei erkennt und diese anpasst, die Datei aber eigentlich binär ist. Mithilfe der Datei `.gitattributes` kann man die automatische Erkennung überschreiben und für jede einzelne Datei bzw. für jede Dateiendung das Format separat definieren.[2] Nachfolgend sehen Sie exemplarisch eine `.gitattributes`-Datei:

[2] Mit der `.gitattributes`-Datei kann man auch das Merge-Verhalten ändern. Für Einzelheiten schauen Sie in der Hilfe nach.

```
# Zeilenendenbehandlung für alle Textdateien aktivieren
* text=auto
# SVGs als Textdateien und PDFs als Binärdateien behandeln
*.svg text
*.pdf binary
```

Schritt 4: Repository anlegen und Dateien importieren

Nachdem in den vorigen Schritten der Import der Projektdateien vorbereitet wurde, soll in diesem Schritt das Repository angelegt werden:

```
> cd projecta
> git init
```

Anschließend werden alle Dateien für das erste Commit mit dem `add`-Befehl hinzugefügt. Dabei werden alle vorhandenen Dateien, inklusive der `.gitignore`-Dateien, ins Commit aufgenommen und die ignorierten Dateien weggelassen.

Commits zusammenstellen *→ Seite 37*

Vor dem `add`-Befehl ist es sinnvoll, noch einmal mit dem `status`-Befehl zu überprüfen, welche Dateien als »untracked« erkannt werden. Manchmal vergisst man eine temporäre Datei oder ein Verzeichnis beim Ignorieren und fügt es so ungewollt zum Repository hinzu.

Tipp: Überprüfen Sie vor dem `add`-Befehl mit dem `status`-Befehl die Dateien.

```
> git status
> git add .
```

Zum Abschluss wird das Commit mit dem `commit`-Befehl abgeschlossen:

```
> git commit -m "init"
```

Schritt 5: Bare-Repository erzeugen

Bisher existiert ein normales Repository mit Workspace für das neue Projekt. Um im Team auf einem zentralen Repository mit `pull`-Befehlen und `push`-Befehlen zu arbeiten, muss das Repository noch in ein Bare-Repository ohne Workspace umgewandelt werden. Ein Bare-Repository besteht nur aus dem Inhalt des `.git`-Verzeichnisses.

Die Umwandlung erfolgt mithilfe des `clone`-Befehls und dem Parameter `--bare`. Bare-Repositorys bekommen typischerweise die Endung `.git`, um sie von normalen Repositorys zu unterscheiden:

```
> git clone --bare projecta projecta.git
```

`--bare`: Der Klon soll keinen Workspace bekommen, sondern nur die Repository-Objekte beinhalten.

projecta: Dieser Parameter ist der Name des vorbereiteten Repositorys.

projecta.git: Dieser Parameter ist der Name des neu zu erzeugenden Bare-Repositorys.

Github – Hosting von Repositorys → Seite 301

Wenn Sie mit einer zentralen Repository-Verwaltung arbeiten, z. B. Atlassian Stash[3], GitHub[4] oder GitLab[5], können Sie auf ein eigenes Bare-Repository verzichten.

Man legt dann in der Repository-Verwaltung ein neues leeres Bare-Repository über einen Dialog an und nutzt den `push`-Befehl, um das lokale Repository zu kopieren:

```
> cd projecta
> git push --mirror http://repos-server/projecta.git
```

`--mirror`: Überträgt alle Branches und Tags in ein Remote-Repository.

Repository über Dateizugriffe teilen

Dieser Abschnitt beschreibt, wie ein Bare-Repository mithilfe eines gemeinsamen Netzlaufwerks geteilt werden kann.

Schritt 1: Bare-Repository kopieren

Nachdem ein Bare-Repository mit den Projektdateien angelegt wurde, kann es einfach auf einem für alle zugreifbaren Netzlaufwerk abgelegt werden:

```
> cp -R projecta.git /shared/gitrepos/.
```

In diesem Beispiel gehen wir davon aus, dass das Verzeichnis `/shared/gitrepos` ein Netzlaufwerk ist.

Schritt 2: Das zentrale Repository klonen

Beim Klonen eines Repositorys, das über ein Netzlaufwerk freigegeben wurde, wird einfach der Pfad zu dem zentralen Bare-Repository angegeben:

```
> git clone /shared/gitrepos/projecta.git
```

Der Pfad kann auch mit dem `file://`-Präfix angegeben werden:

```
> git clone file:///shared/gitrepos/projecta.git
```

---

[3] https://www.atlassian.com/software/stash

[4] https://github.com

[5] https://gitlab.com

Schritt 3: Lese- und Schreibrechte verwalten

Die Lese- und Schreibrechte auf das Repository werden bei dieser Variante über die Dateisystemrechte verwaltet. Das heißt, jedes Teammitglied, das auf das Repository lesend zugreifen will, braucht Leserechte auf dem Bare-Repository-Verzeichnis. Das Gleiche gilt für die Schreibrechte.

Vorteile und Nachteile

In vielen Unternehmensumgebungen existieren gemeinsame Netzwerklaufwerke.[6] Dann ist das Teilen über ein gemeinsames Dateisystem die einfachste Variante für ein zentrales Repository.

Dafür ist es schwieriger, diese Variante aufzusetzen, wenn man an unterschiedlichen Standorten arbeitet. Auch der Datenzugriff durch Git ist nicht der effizienteste, da die Remote-Git-Befehle (`push`, `fetch` und `pull`) immer mit entfernten Daten arbeiten müssen. Bei den drei folgenden Servervarianten dagegen kann Git die Remote-Befehle jeweils auf dem Server ausführen und muss nur das Ergebnis zum lokalen Rechner übertragen.

Repository mit dem Git-Daemon teilen

Die Standard-Git-Installation beinhaltet einen eingebauten Serverdienst, der über ein einfaches Netzwerkprotokoll den Zugriff auf Repositorys ermöglicht.

Schritt 1: Bare-Repository für den Git-Daemon freigeben

Damit der Git-Daemon ein Repository exportiert, muss eine Datei `git-daemon-export-ok` im Wurzelverzeichnis des Bare-Repositorys angelegt werden. Die Datei benötigt keinen Inhalt und dient nur dazu, dass nicht ungewollt Repositorys im Netzwerk sichtbar sind.

```
> cd projecta.git
> touch git-daemon-export-ok
```

Schritt 2: Git-Daemon starten

Der Git-Daemon wird mit dem `daemon`-Befehl gestartet:

```
> git daemon
```

[6] insbesondere beim Einsatz von Windows-Systemen.

Anschließend kann man auf alle Repositorys des aktuellen Rechners zugreifen, die für den Export freigegeben sind. Dazu wird der vollständige Pfad zu dem Repository in der Git-URL angegeben.

Als Beispiel soll die folgende URL dienen:

```
git://server-42/shared/gitrepos/projecta.git
```

Das Präfix `git:` bestimmt, dass der Git-Daemon als Protokoll verwendet werden soll. Danach folgen der Rechnername `server-42` und der Pfad zu dem Verzeichnis `/shared/gitrepos/projecta.git`, in dem das Repository liegt.

Um die URL nicht so abhängig vom konkreten Verzeichnis zu machen, ist es häufig sinnvoll, einen Basispfad anzugeben. Das kann man über den Parameter `--base-path` tun:

```
> git daemon --base-path=/shared/gitrepos
```

Nun kann man auf das Repository über `git://server-42/projecta.git` zugreifen.

Der Standardaufruf des Git-Daemons exportiert alle Repositorys nur zum Lesen. Möchte man auch schreibend auf die Repositorys zugreifen, muss zusätzlich der Parameter `--enable=receive-pack` angegeben werden.

```
> git daemon --base-path=/shared/gitrepos \
             --enable=receive-pack
```

Der Git-Daemon kann auch als Dienst beim jeweiligen Betriebssystem konfiguriert werden. Nähere Details finden Sie in der Dokumentation des `daemon`-Befehls.

Schritt 3: Das zentrale Repository klonen

Beim Klonen eines Repositorys, das über den Daemon freigegeben ist, wird einfach die URL zu dem zentralen Bare-Repository angegeben:

```
> git clone git://server-42/projecta.git
```

Schritt 4: Lese- und Schreibrechte verwalten

Die Lese- und Schreibrechte können bei dieser Variante nicht für einzelne Entwickler separat definiert werden. Das heißt, jedes Repository, das zum Exportieren freigegeben wurde, kann von jedem gelesen werden, der Zugriff auf den Rechner hat.

Wurde der Git-Daemon mit der Möglichkeit des Schreibens gestartet, dann können alle exportierten Repositorys auch von jedem verändert werden.

Vorteile und Nachteile

Der Git-Daemon bietet die effizienteste und schnellste Übertragung von Daten vom und zum zentralen Repository.

Allerdings fehlt jegliche Möglichkeit zur Authentifizierung von Nutzern, d. h., in Umgebungen, wo das Lese- und Schreibrecht auf Repositorys eingeschränkt werden muss, ist der Git-Daemon nicht einsetzbar.

Bei verteilten Teams kann auch die Firewall noch ein Problem darstellen, da der Git-Daemon einen freigegebenen Port benötigt.

Repository über HTTP teilen

Die Standard-Git-Installation stellt ein CGI-Skript bereit, das es erlaubt, Repositorys über einen Webserver anzusprechen.

Als Beispiel für den folgenden Ablauf wird die Integration des CGI-Skripts in eine Apache2-Infrastruktur beschrieben.

Die Konfiguration des Apache2 erfolgt typischerweise in einer Datei namens `httpd.conf`.

Im Folgenden ist beschrieben, welche Änderungen an der Apache2-Konfigurationsdatei vorgenommen werden müssen. Für die genauen Details und Hintergründe lesen Sie bitte die Apache2-Dokumentation.

Schritt 1: Apache2-Module aktivieren

Die Einbindung von CGI-Skripten ist mit Apache2 nur möglich, wenn das `mod_cgi`-Modul aktiviert ist. Zusätzlich werden noch das `mod_alias`- und das `mod_env`-Modul für die Git-Integration benötigt.

Sofern es nicht bereits geschehen ist, müssen Sie die Module aktivieren.

Achtung! Die genauen Pfade hängen von der jeweiligen Apache2-Installation und vom Betriebssystem ab.

```
LoadModule cgi_module libexec/apache2/mod_cgi.so
LoadModule alias_module libexec/apache2/mod_alias.so
LoadModule env_module libexec/apache2/mod_env.so
```

Schritt 2: Zugriff auf das CGI-Skript erlauben

Typische Apache2-Installationen schränken den Zugriff des Webservers auf bestimmte Verzeichnisse im Dateisystem ein. Möchte man das CGI-Skript direkt aus dem Installationsverzeichnis von Git benutzen, muss dieses Verzeichnis noch für den Zugriff freigegeben werden.

In diesem Beispiel liegt das CGI-Skript im Verzeichnis /usr/local/git/libexec/git-core. Das folgende Fragment erlaubt Apache2, das CGI-Skript von dort aufzurufen:

```
<Directory "/usr/local/git/libexec/git-core">
    AllowOverride None
    Options None
    Order allow,deny
    Allow from all
</Directory>
```

Achtung! Es ist wichtig, dafür zu sorgen, dass der Benutzer, unter dem der Apache2-Server läuft, Leserechte und Execute-Rechte für das CGI-Skript besitzt.

Schritt 3: Repository per HTTP freigeben

Damit das CGI-Skript ein Repository exportieren kann, muss eine Datei git-daemon-export-ok im Wurzelverzeichnis des Bare-Repositorys angelegt werden. Die Datei benötigt keinen Inhalt und dient nur dazu, dass nicht ungewollt Repositorys per HTTP sichtbar sind.[7]

```
> cd /shared/gitrepos/projecta.git

> touch git-daemon-export-ok
```

Achtung! Es ist wichtig, dafür zu sorgen, dass der Apache2-Server Lese- und Schreibrechte für das Repository-Verzeichnis und für alle enthaltenen Dateien und Unterverzeichnisse besitzt.

Nun muss in der httpd.conf-Datei das Wurzelverzeichnis spezifiziert werden, in dem sich die zu exportierenden Repositorys befinden. In diesem Beispiel ist es das Verzeichnis /shared/gitrepos/.

```
SetEnv GIT_PROJECT_ROOT /shared/gitrepos
```

Als Letztes muss noch für das CGI-Skript ein Alias eingerichtet werden. In diesem Fall soll es /git sein.

```
ScriptAlias /git/ /usr/local/git/libexec/git-core/git-http-backend/
```

Nachdem der Apache2 neu gestartet wurde, ist es möglich, auf alle Repositorys unter /shared/gitrepos/ zuzugreifen.

---

[7] Es ist auch möglich, per SetEnv GITHTTPEXPORTALL die Überprüfung auszuschalten, ob die Datei git-daemon-export-ok vorhanden ist.

Schritt 4: Das zentrale Repository klonen

Beim Klonen eines Repositorys wird einfach die URL zu dem zentralen Repository angegeben. Dabei folgt nach dem Rechnernamen der Skriptalias für das CGI-Skript und anschließend der Verzeichnisname des Repositorys.

```
> git clone http://server-42/git/projecta.git
```

In diesem Beispiel befindet sich auf dem Rechner `server-42` unter dem Skriptalias `git` das Repository `projecta.git`.

Schritt 5: Lese- und Schreibrechte verwalten

Die Lese- und Schreibrechte können bei dieser Variante mit den normalen Webserver-Zugriffsrechten definiert werden.

Um zum Beispiel das Schreiben (`push`-Befehl) auf alle Repositorys nur mit Passwort zu ermöglichen, ist in der Apache2-Konfigurationsdatei folgender Eintrag notwendig:

```
<LocationMatch "^/git/.*/git-receive-pack$">
   AuthType Basic
   AuthName "Git Access"
   AuthUserFile /shared/gitrepos/git-auth-file
   Require valid-user
</LocationMatch>
```

Dabei werden alle Zugriffe auf `git-receive-pack` abgefangen und nur zugelassen, wenn der Nutzer authentifiziert ist. Der Zugriff auf `git-receive-pack` ist bei jedem `push`-Befehl notwendig. Lesende Zugriffe sind dagegen immer noch ohne Passwort möglich.

Um sowohl den lesenden wie auch den schreibenden Zugriff auf ein Repository abzusichern, muss der gesamte Zugriff auf die Repository-URL mit einem Passwort gesichert werden:

```
<Location /git/projekta.git>
   AuthType Basic
   AuthName "Git Access"
   AuthUserFile /shared/gitrepos/git-auth-file
   Require valid-user
</Location>
```

Weitere Beispiele für die Konfiguration des Webservers sind in der Dokumentation des `http-backend`-Befehls zu finden.

Vorteile und Nachteile

Die HTTP-Variante ermöglicht den einfachen Zugriff auf Repositorys im Webumfeld. Typische Probleme mit Firewalls sind durch die Nutzung des HTTP-Protokolls nicht zu erwarten. Die Authentifizierung kann über den Webserver erledigt werden.

Wenn es auf mehr Vertraulichkeit ankommt, kann auch das HTTPS-Protokoll verwendet werden.

Als Nachteil ist nur die Notwendigkeit eines Webservers zu nennen. Dieser muss betrieben und administriert werden.

Repository über SSH teilen

Um ein Repository per Secure-Shell (SSH) zu teilen, muss die notwendige SSH-Infrastruktur vorhanden sein. Das heißt, es muss mindestens einen Rechner mit SSH-Daemon geben und alle Beteiligten müssen einen SSH-Zugang auf diesem Rechner haben. Natürlich muss auch Git auf dem SSH-Server installiert sein.

Schritt 1: Bare-Repository erstellen und Daten kopieren

Im Gegensatz zu den anderen Lösungen ist es beim SSH-Ansatz besser, das Bare-Repository direkt auf dem Zielrechner anzulegen und dabei gleich für die richtigen Berechtigungen zu sorgen.

Wenn mehrere Benutzer mit Push arbeiten, dann werden auch interne Git-Dateien mit den jeweiligen Rechten des Benutzers angelegt. Mindestens der lesende Zugriff muss dann für alle anderen Benutzer möglich sein. Besser ist, wenn alle Benutzer zu einer gemeinsamen Gruppe gehören und die Gruppe Schreibrechte besitzt.

Der `init`-Befehl erlaubt mit dem Parameter `--shared` das Anlegen eines leeren Repository mit entsprechenden Gruppenrechten. In diesem Beispiel gehen wir davon aus, dass der Rechner (server-42) einen SSH-Zugriff erlaubt und dass das Verzeichnis `/shared/gitrepos` auf diesem Rechner für die Ablage der Repositorys vorgesehen ist:

```
> ssh server-42
> cd /shared/gitrepos
> git init --bare --shared=group projecta.git
> exit
```

Gegebenenfalls muss noch die Unix-Gruppe für das Repository-Verzeichnis mit dem Unix-Befehl CHGRP angepasst werden.

Anschließend wird das lokale Repository mit dem `push`-Befehl in das neue Bare-Repository übertragen:

```
> cd projecta
> git push --mirror server-42:/shared/gitrepos/projecta.git
```

`--mirror`: Überträgt alle Branches und Tags in ein Remote-Repository.

Schritt 2: Das zentrale Repository klonen

Beim Klonen eines Repositorys, das über SSH freigegeben wurde, wird einfach der normale SSH-Pfad zu dem zentralen Repository angegeben:

```
> git clone ssh://server-42:/shared/gitrepos/projecta.git
```

Das Präfix `ssh://` kann auch weggelassen werden:

```
> git clone server-42:/shared/gitrepos/projecta.git
```

Schritt 3: Lese- und Schreibrechte verwalten

Die Lese- und Schreibrechte auf das Repository werden bei dieser Variante über die SSH- und die Dateisystemrechte verwaltet. Das heißt, jedes Teammitglied, das auf das Repository lesend zugreifen will, braucht den SSH-Zugang und Leserechte auf dem Repository-Verzeichnis. Das Gleiche gilt für die Schreibrechte.

Vorteile und Nachteile

Das Teilen eines Repositorys über SSH ist bei vorhandener SSH-Infrastruktur sehr einfach aufzusetzen. Dabei ist der Zugriff sehr effizient, da die meisten Git-Befehle auf dem SSH-Server stattfinden und nur die Ergebnisse per Netzwerk übertragen werden. Weiterhin erfolgt der Zugriff verschlüsselt, und es ist die abgesichertste Variante für den Zugriff auf ein Repository.

Wenn jedoch noch keine SSH-Infrastruktur besteht, kann das Aufsetzen dieser Infrastruktur aufwendig sein. Selbst bei vorhandener Infrastruktur kann die Verwaltung der Nutzerkonten aufwendig werden, da jeder Benutzer – selbst für den lesenden Zugriff – ein eigenes Konto benötigt.[8]

---

[8] Es gibt mit Gitlab (*https://gitlab.com*) ein freies Softwarepaket, das die Administration der SSH-Infrastruktur für Git vereinfacht. Daneben gibt es auch noch Gerrit (*http://code.google.com/p/gerrit*), das neben der Review-Funktionalität auch als SSH-Server fungieren kann.

Warum nicht anders?

Warum nicht auf Push verzichten?

***Austausch zwischen Repositorys** → Seite 93*

Der beschriebene Workflow geht davon aus, dass jeder Entwickler Schreibrechte auf das zentrale Repository hat und somit mit dem push-Befehl seine Commits veröffentlichen kann.

In Open-Source-Projekten wird typischerweise ein reiner Pull-Ablauf benutzt. Dabei arbeiten alle Entwickler nur in ihren lokalen Repositorys und nur dedizierte Integrationsverantwortliche (Integratoren) haben das Recht, den zentralen Softwarestand zu ändern.

In Abbildung 16-2 ist dieser reine Pull-Workflow dargestellt.

***Abb. 16-2** Nur mit Pull-Befehlen arbeiten*

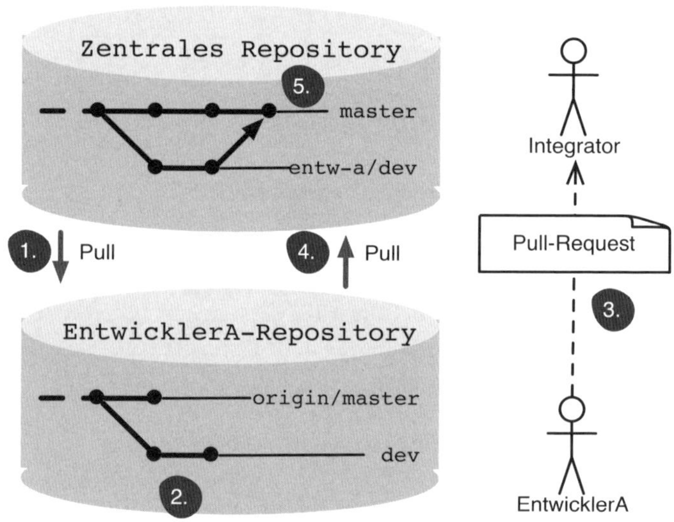

Die Entwickler klonen das zentrale Repository und erzeugen neue lokale Commits. Anschließend schicken sie den Integratoren einen sogenannten *Pull-Request*. Ein Pull-Request ist die Aufforderung, von einem Entwickler-Repository einen Branch bzw. ein Commit zu importieren und mit dem Integrations-Branch im zentralen Repository zu vereinigen.

***Network of Trust** → Seite 307*

Der Integrator ist jetzt dafür verantwortlich, mit dem pull-Befehl alle Änderungen der verschiedenen Entwickler in das zentrale Repository zusammenzuführen. Dabei übernimmt er auch die Rolle des Qualitätssicherers. Nachdem der Integrator die Änderungen in das zentrale Repository eingepflegt hat, kann der Entwickler den offiziellen Stand aus dem zentralen Repository wieder mit dem pull-Befehl importieren.

Bei der normalen Projektarbeit oder Produktentwicklung kann dieser Ablauf schnell zu einer unnötigen Bremse werden. Dort wird hochfrequenter im Team gearbeitet, und Entwickler müssen schnell die Änderungen der anderen Beteiligten sehen, z. B. wenn durch Refaktorierungen viele Dateien geändert werden. Auch die Releasezyklen sind bei agilen Projekten kürzer. In einem solchen Szenario kann der Integrator zu einem Nadelöhr werden, und die Änderungen werden nicht schnell genug in das zentrale Repository eingebaut.

Der Vorteil, mehr Kontrolle bei Änderungen des offiziellen Standes zu haben, wiegt in den meisten Projekten den höheren Aufwand nicht auf.

Ein weiteres Problem ist das Backup der Änderungen. Erst nachdem der Pull-Request abgearbeitet wurde, liegen die Daten im zentralen Repository. Meistens wird in Unternehmen nur dieses zentrale Repository durch ein Backup-System gesichert. Wenn die Daten auf dem Rechner des Entwicklers vorher zerstört werden, ist die Arbeitsleistung verloren.[9]

Github – Hosting von Repositorys
→ *Seite 301*

[9] Natürlich ist es auch möglich, die Entwickler-Repositorys zu sichern. Im Open-Source-Umfeld wird dafür häufig GitHub (*https://github.com/*) verwendet. Damit wird auch sichergestellt, dass der Integrator auf die Repositorys der Entwickler zugreifen kann.

17 Gemeinsam auf einem Branch entwickeln

Bei einer zentralen Versionsverwaltung, wie z. B. Subversion[1], arbeiten die Teams häufig auf einem gemeinsamen Branch. Dieser Branch wird von jedem Entwickler in seinen lokalen Workspace kopiert. Dort finden dann Änderungen statt, die anschließend in die Versionsverwaltung zurückgeschrieben werden.

Einen ganz ähnlichen Workflow kann man auch mit Git umsetzen. Diese Ähnlichkeit erleichtert den Umstieg und macht die Benutzung unkompliziert und schnell.

Jeder Entwickler legt einen Klon des zentralen Repositorys an und arbeitet auf seiner Kopie des `master`-Branch.

Sobald die Entwicklungsergebnisse anderen zur Verfügung gestellt werden sollen, wird der lokale `master`-Branch mit dem zentralen `master`-Branch vereinigt. Dabei entstehen Merge-Commits, wenn es in der Zwischenzeit Änderungen anderer Entwickler gab. Der Merge erfolgt im lokalen Repository, und der vereinigte Stand wird anschließend in das zentrale Repository übertragen.

Der Vorteil dieses Workflows ist das schnelle Erkennen von Konflikten, da regelmäßig und zeitnah die eigenen Änderungen mit den Änderungen anderer Entwickler vereinigt werden.

Branches zusammenführen → *Seite 65*

Andererseits entstehen bei diesem Workflow viele Merge-Commits, und damit wird die Commit-Historie unübersichtlich. Es ist auch nicht mehr möglich, die First-Parent-History sinnvoll einzusetzen, die im Workflow »Mit Feature-Branches entwickeln« (Seite 161) gezeigt wird.

Der Workflow in diesem Kapitel beschreibt,

- wie die lokale Entwicklung auf dem `master`-Branch funktioniert,
- wie die eigenen Ergebnisse im zentralen Repository veröffentlicht werden und
- wie die Ergebnisse anderer Entwickler benutzt werden können.

[1] http://subversion.apache.org/

Überblick

Abbildung 17-1 zeigt ein typisches Szenario für diesen Workflow. Oben ist das zentrale Repository zu sehen, links unten und rechts unten jeweils ein Entwickler-Repository (Entwickler A und Entwickler B).

Commits zusammenstellen → Seite 37

Jeder Entwickler beginnt auf seinem lokalen `master`-Branch mit der Arbeit. Er erzeugt kleinschrittige Commits, um notfalls zu einem alten Stand zurückkehren zu können und um seine Arbeitsschritte zu dokumentieren.

Austausch zwischen Repositorys → Seite 93

Nachdem eine Aufgabe abgeschlossen ist oder wenn ein anderer Entwickler den Zwischenstand benötigt, werden mit dem `push`-Befehl die Commits in das zentrale Repository übertragen. Solange sich der zentrale `master`-Branch in der Zwischenzeit nicht verändert hat, wird der `push`-Befehl erfolgreich sein.

Branches zusammenführen → Seite 65

Typischerweise wird es aber Commits anderer Entwickler auf dem zentralen `master`-Branch geben. Deswegen muss der `pull`-Befehl benutzt werden, um die Änderungen des zentralen Repositorys mit dem lokalen Repository zu vereinigen. Dabei entsteht ein Merge-Commit im lokalen Repository, das dann mit dem `push`-Befehl in das zentrale Repository übertragen wird. Das ist in Abbildung 17-1 gut an dem letzten Merge-Commit zu sehen. Der Entwickler A hatte bereits sein Commit übertragen, und der Entwickler B musste sein Commit mit dem vorhandenen Commit vereinigen.

Der `pull`-Befehl kann auch jederzeit benutzt werden, um die Änderungen der anderen Entwickler in das eigene Repository zu holen.

Voraussetzungen

»Schöne« Historie nicht notwendig: Die Commit-Historie wird nur als Sicherheitsnetz gegen Datenverlust und für Vergleiche mit alten Versionsständen benötigt. Im Workflow »Mit Feature-Branches entwickeln« (Seite 161) sind andere Einsatzmöglichkeiten der Commit-Historie beschrieben.

Integration mit Jenkins → Seite 285

Continuous Integration für den zentralen `master`-Branch: Bei diesem Workflow entstehen viele Merge-Commits, und damit besteht immer auch die Gefahr, dass es zu Problemen mit den zusammengeführten Versionsständen kommt. Deswegen ist es wichtig, den `master`-Branch des zentralen Repositorys kontinuierlich zu bauen und zu testen, um die Entwickler schnell bei Problemen zu informieren.

Workflow kompakt

Gemeinsam auf einem Branch entwickeln

Alle Entwickler arbeiten auf dem gleichen Branch in ihren lokalen Repositorys und integrieren die Ergebnisse in den Haupt-Branch des zentralen Repositorys.

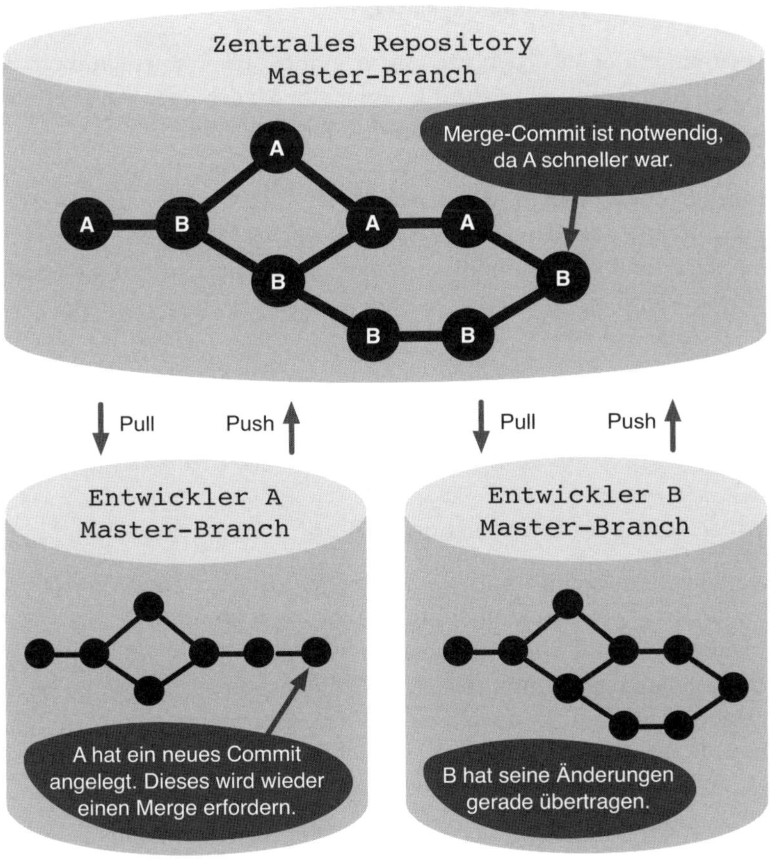

Abb. 17-1
Workflow im Überblick

Ablauf und Umsetzung

Für die folgenden Abläufe gehen wir von einem zentralen Repository und einem lokalen Klon für die Entwicklung aus.

Auf dem `master`-Branch arbeiten

Schritt 1: `master`-Branch aktualisieren

Bevor man mit einer neuen Aufgabe beginnt, ist es immer sinnvoll, den neuesten Stand aus dem zentralen Repository zu holen. Dadurch werden mögliche Konfliktszenarien an Dateien minimiert.

Austausch zwischen Repositorys → Seite 93

Wenn man sicher sein will, dass es keine lokalen Commits gibt, die bisher noch nicht in das zentrale Repository übertragen wurden, dann sollte man den Parameter `--ff-only` verwenden. Dieser Parameter verhindert, dass Git automatisch einen Merge mit den zentralen Änderungen durchführt.

```
> git pull --ff-only
```

Fast-Forward-Merges → Seite 72

`--ff-only`: Dieser Parameter verhindert Merge-Commits, indem nur Fast-Forward-Merges beim `pull`-Befehl erlaubt werden.

Schritt 2: Lokale Änderungen durchführen

Commits zusammenstellen → Seite 37

Nachdem der aktuelle Stand des Master-Repositorys geholt worden ist, kann die lokale Entwicklung durchgeführt werden.

Dabei werden in Git typischerweise kleinschrittige Commits angelegt, die genau eine Teilaufgabe, eine Refaktorisierung oder eine Fehlerbehebung umfassen. Dadurch wird es dem Entwickler einfach möglich sein, auf einen alten Stand zurückzugehen oder Dateien mit aktuellen Versionen zu vergleichen. Vor dem nächsten Schritt sollten immer die lokalen Änderungen durch ein Commit abgeschlossen werden:

```
> git commit -m "Methode X überarbeitet"
```

Schritt 3: Lokale Änderungen mit den zentralen Änderungen zusammenführen

Wenn die Entwicklungsaufgaben abgeschlossen sind oder wenn ein anderer Entwickler einen Zwischenstand einfordert, müssen die lokalen Änderungen in das zentrale Repository übertragen werden.

Da dies nur funktionieren wird, wenn es in der Zwischenzeit keine Änderungen im zentralen Repository gab, ist es immer sinnvoll, vorab mit dem `pull`-Befehl alle zentralen Änderungen zu holen:

```
> git pull
Already up-to-date.
```

Falls es keine Änderungen im zentralen Repository gab, wird das durch `up-to-date` mitgeteilt.

Wenn es Änderungen gibt, aber der Merge automatisch durchgeführt werden kann, wird Git keinen Konflikt (`CONFLICT`) melden und am Ende eine Statistik mit den geänderten Dateien ausgeben:

```
remote: Counting objects: 5, done.
remote: Compressing objects: 100% (2/2), done.
remote: Total 3 (delta 0), reused 0 (delta 0)
Unpacking objects: 100% (3/3), done.
From projektX
   2cd173f..e10bb4d  master     -> origin/master
Merge made by recursive.
 foo |    1 +
 1 files changed, 1 insertions(+), 0 deletions(-)
```

Bearbeitungskonflikte → Seite 68
Commits zusammenstellen → Seite 37

Wenn es Konflikte zwischen den zentralen und den lokalen Änderungen gibt, wird das in der Ausgabe mit einem `CONFLICT` gekennzeichnet:

```
remote: Counting objects: 8, done.
remote: Compressing objects: 100% (3/3), done.
remote: Total 5 (delta 0), reused 0 (delta 0)
Unpacking objects: 100% (5/5), done.
From projektX
   9139636..fa60160  master     -> origin/master
Auto-merging foo
CONFLICT (content): Merge conflict in foo
```

Die Konfliktlösung kann mit den normalen Mitteln erfolgen. Die bereinigten Dateien werden durch den `add`-Befehl dem bisher unvollständigen Merge-Commit hinzugefügt. Anschließend muss der konfliktbehaftete Merge-Versuch noch mit dem `commit`-Befehl abgeschlossen werden:

```
> git add foo
> git commit
```

Wenn man bei diesem `commit`-Befehl keine Beschreibung übergibt, wird Git automatisch eine Merge-Beschreibung inklusive der aufgetretenen Konflikte generieren:

```
Merge branch 'master' of projektX

Conflicts:
foo
```

Schritt 4: Lokale Änderungen in das zentrale Repository übertragen

Wenn der vorige Schritt erfolgreich abgeschlossen wurde, gibt es einen konsolidierten Projektstand im lokalen Repository.

Tipp: Führen Sie lokale Tests durch.

Bevor dieser Stand nun in das zentrale Repository übertragen wird, sollten unbedingt lokale Tests stattfinden, um Probleme aufzudecken.

Wenn man mit der Qualität der Version zufrieden ist, können mit dem push-Befehl die lokalen Änderungen in die Zentrale übertragen werden:

```
> git push
```

Wenn der push-Befehl ohne Fehlermeldung beendet wird, sind die Commits erfolgreich im zentralen Repository angekommen.

Konflikte beim Push *→ Seite 99*

Hat in der Zwischenzeit jedoch ein anderer Entwickler Commits übertragen, wird der push-Befehl eine Fehlermeldung liefern:

```
To projektX.git
 ! [rejected]        master -> master (non-fast-forward)
error: failed to push some refs to '/Users/rene/temp/projekt.git/'
To prevent you from losing history, non-fast-forward updates were
rejected. Merge the remote changes (e.g. 'git pull') before pushing
again. See the 'Note about fast-forwards' section of
'git push --help' for details.
```

Branch-Zeiger umsetzen *→ Seite 62*

Um die neuen Änderungen zu holen, ist wieder der pull-Befehl notwendig. Dabei würde ein weiterer Merge-Commit angelegt werden. Um die Historie nicht unnötig durch zwei Merge-Commits komplizierter zu machen, sollte man das erste Merge-Commit mit dem reset-Befehl löschen:

```
> git reset --hard ORIG_HEAD
```

--hard: Dieser Parameter rekonstruiert sowohl den Workspace als auch den Stage-Bereich auf das angegebene Commit.

ORIG_HEAD: Das ist ein symbolischer Name für das Commit vor dem letzten pull- bzw. merge-Befehl.

Anschließend geht man wieder zu Schritt 3 und holt die Änderungen des zentralen Repositorys mit dem pull-Befehl.

Warum nicht anders?

Warum kein Rebase anstelle von Merge?

Mit Rebasing die Historie glätten *→ Seite 79*

Der beschriebene Workflow erzeugt viele Merge-Commits, und damit wird die Commit-Historie schwer lesbar.

Eine Alternative wäre es, die lokalen Änderungen durch ein Rebase mit den zentralen Änderungen zu vereinigen (Parameter `--rebase` beim `pull`-Befehl):

```
> git pull --rebase
```

Bei einem Rebase werden die lokalen Änderungen Commit für Commit noch mal auf dem zentralen `master`-Branch ausgeführt. Das heißt, es entstehen neue Commits, die jedoch die gleichen Änderungen beinhalten.

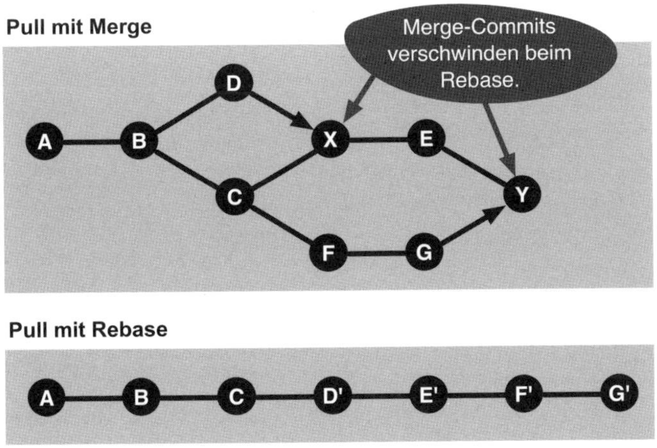

Abb. 17-2
Rebase anstelle von Merge

In Abbildung 17-2 sind die unterschiedlichen Commit-Historien dargestellt, die bei Merge und Rebase entstehen würden.

Auf den ersten Blick fällt auf, dass es beim Rebasing keine Verzweigung mehr gibt und somit die Historie linear ist. Diesem Vorteil steht entgegen, dass es jetzt Commits in der Historie gibt, die so niemals ein Entwickler in seiner lokalen Umgebung erarbeitet hat. Das passiert immer dann, wenn durch ein Rebase mehrere Commits kopiert werden. Dann wird der Entwickler nur das letzte Commit überprüfen, und die mitkopierten Vorgänger werden nicht getestet.

Als Beispiel soll das `F'`-Commit dienen (Abbildung 17-2 unten). Es ist durch ein Rebase des `G`-Commits entstanden. Solange es keine Konflikte beim Kopieren der Änderungen des `F`-Commits gibt, wird dieses nicht beachtet werden. Es ist jedoch denkbar, dass es inhaltliche Fehler gibt, die dazu führen, dass dieser Versionsstand nicht funktioniert.

Inhaltliche Konflikte *→ Seite 67*
Mit Bisection Fehler suchen *→ Seite 181*

Solange man nur wissen will, wer welche Änderungen wann eingebaut hat, sind diese »unbekannten« Commits irrelevant. Doch sobald man auf Fehlersuche in der Commit-Historie geht, stören diese Commits.

Tipp: So definieren Sie Rebase als Standard.

Falls man mit Rebase arbeiten möchte, dann kann man durch die folgende Konfigurationseinstellung Rebase als Standardverhalten des `pull`-Befehls definieren:

```
> git config branch.master.rebase true
```

`branch.master.rebase`: Dieser Parameter bestimmt, für welchen Branch Rebase als Standard aktiviert werden soll. Der mittlere Teil `master` kann durch andere Branch-Namen ersetzt werden.

18 Mit Feature-Branches entwickeln

Wenn alle im Team auf einem gemeinsamen Branch entwickeln, entsteht eine sehr unübersichtliche First-Parent-History mit vielen Merge-Commits. Dadurch wird es schwierig, Änderungen für ein bestimmtes Feature oder einen Bugfix[1] nachzuvollziehen. Insbesondere bei Code-Reviews und bei der Fehlersuche ist es hilfreich, genau zu wissen, welche Codezeilen für ein Feature geändert wurden. Durch den Einsatz von Feature-Branches kann man diese Informationen durch Git verwalten lassen. Während der Entwicklung von Features sind kleinschrittige Commits hilfreich, um jederzeit auf einen alten funktionierenden Stand zurückzufallen. Doch wenn man sich einen Überblick über die im Release enthaltenen neuen Features verschaffen will, sind grobgranulare Commits sinnvoller. Bei diesem Workflow werden die kleinschrittigen Commits auf dem *Feature-Branch* und die Release-Commits auf dem `master`-Branch angelegt. Die grobgranulare Historie des `master`-Branch kann gut als Grundlage für die Release-Dokumentation dienen. Auch die Tester werden die grobgranularen Commits mit klarem Feature-Bezug begrüßen. Dieser Workflow zeigt, wie Feature-Branches so eingesetzt werden, dass

Gemeinsam auf einem Branch entwickeln
→ Seite 153

Commits zusammenstellen
→ Seite 37

- die Commits, die ein Feature implementieren, einfach aufzufinden sind,
- die First-Parent-History des `master`-Branch nur grobgranulare Feature-Commits beinhaltet, die als Release-Dokumentation dienen können,
- Teillieferungen von Features möglich sind und
- wichtige Änderungen des `master`-Branch während der Feature-Entwicklung benutzt werden können.

[1] In Git werden Features und Bugs unter dem Begriff *Topic* zusammengefasst. Entsprechend wird häufig auch von *Topic-Branches* gesprochen.

Überblick

Abbildung 18-1 zeigt die Grundstruktur, die beim Arbeiten mit Feature-Branches entsteht. Ausgehend vom `master`-Branch wird für jedes Feature oder jeden Bugfix (nachfolgend werden Bugs nicht mehr explizit aufgeführt) ein neuer Branch angelegt. Dieser Branch wird benutzt, um alle Änderungen und Erweiterungen durchzuführen. Sobald das Feature in den `master`-Branch integriert werden soll, muss ein Merge durchgeführt werden. Dabei muss darauf geachtet werden, dass der Merge immer ausgehend vom `master`-Branch angestoßen wird und dass Fast-Forward-Merges verhindert werden. Dadurch entsteht eine klare First-Parent-History auf dem `master`-Branch, die nur Merge-Commits von Features beinhaltet.

Branches zusammenführen → *Seite 65*

Fast-Forward-Merges → *Seite 72*

Gibt es Abhängigkeiten zwischen Features oder wird ein Feature inkrementell entwickelt, dann werden Teillieferungen in den `master`-Branch integriert, und danach wird auf dem Feature-Branch weiterentwickelt.

Der Entwickler des Feature-Branch kann sich notwendige Neuerungen des `master`-Branch jederzeit durch einen Merge in den Feature-Branch holen.

Voraussetzungen

Feature-basiertes Vorgehen: Die Planung des Projekts bzw. Produkts muss auf Features basieren, d. h., fachliche Anforderungen werden in Feature-Aufgabenpakete überführt. Features haben untereinander eine sehr geringe Überschneidung.

Kleine Features: Die Entwicklung eines Features muss in Stunden oder Tagen abgeschlossen werden können. Je länger die Feature-Entwicklung parallel zu der restlichen Entwicklung läuft, umso größer ist das Risiko, dass bei der Integration des Features große Aufwände entstehen.

Lokale Regressionstests: Bevor das neue Feature in den `master`-Branch integriert wird, müssen lokale Regressionstests auf dem Rechner des Entwicklers ausgeführt werden können. Dabei wird überprüft, ob die Änderungen des Features mit den Änderungen anderer Features zusammenarbeiten und ob es keine unerwünschten Seiteneffekte gibt. Falls es keine solchen lokalen Regressionstests gibt, werden Fehler häufig erst im integrierten `master`-Branch entdeckt. Die Behebung dieser Fehler führt zu einer nicht Feature-bezogenen Verzweigung der Historie, und damit ist der Hauptvorteil von Feature-Branches dahin.

Workflow kompakt

Mit Feature-Branches entwickeln

Jedes Feature oder jeder Bugfix wird in einem separaten Branch entwickelt. Nach der Fertigstellung wird das Feature oder der Bugfix in den master-Branch integriert.

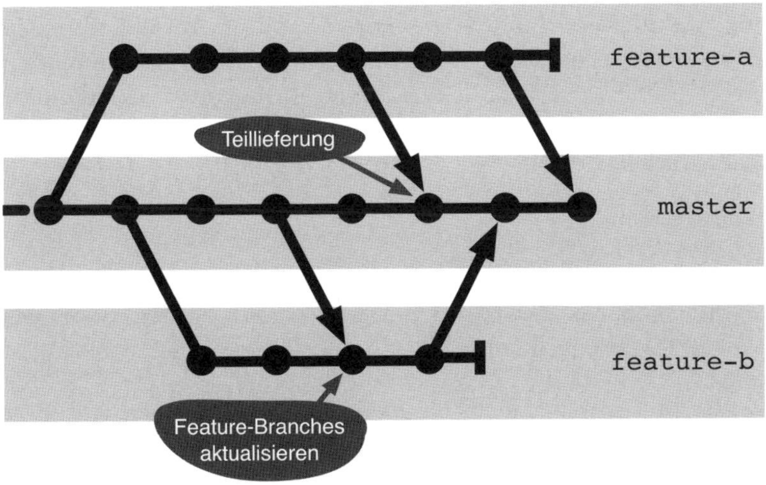

Abb. 18-1
Workflow im Überblick

Ablauf und Umsetzung

Ein Projekt aufsetzen
→ *Seite 135*

Für die folgenden Abläufe wird von einem zentralen Repository ausgegangen. Die Entwicklung findet wie immer in einem lokalen Klon statt. Das zentrale Repository wird im Klon über das Remote `origin` angesprochen.

Im nachfolgenden Ablauf wird der `push`-Befehl benutzt, um lokale Änderungen in das zentrale Repository zu übertragen.

Bei der Arbeit mit Feature-Branches hat man häufig mehrere Branches im lokalen Repository. Damit der `push`-Befehl ohne Branch-Parameter nur den gerade aktiven Branch zum Remote überträgt, kann man die `push.default`-Option setzen:

```
> git config push.default upstream
```

Der Standardwert `matching` würde alle lokalen Branches übertragen, für die es einen gleichnamigen Remote-Branch gibt. Man müsste also bei jedem `push`-Befehl den Branch explizit angeben, um nur diesen zu übertragen.

Feature-Branch anlegen

Sobald ein neues Feature bearbeitet werden soll, wird ein neuer Branch erzeugt. Dabei ist darauf zu achten, dass der Branch immer ausgehend vom `master`-Branch angelegt wird.

Schritt 1: `master`-Branch aktualisieren

Fetch: Branches aus einem anderen Repository holen → Seite 97

Wenn gerade Zugriff auf das zentrale Repository besteht, ist es sinnvoll, als Erstes den lokalen `master`-Branch auf den neuesten Stand zu bringen. Dabei kann es zu keinen Merge-Konflikten kommen, da bei Feature-basierten Arbeiten im lokalen Repository nicht auf dem `master`-Branch gearbeitet wird.

```
> git checkout master
> git pull --ff-only
```

`--ff-only`: Nur ein Fast-Forward-Merge ist erlaubt. Das heißt, wenn lokale Änderungen vorliegen, wird der Merge abgebrochen.

Branches umpflanzen → Seite 82

Falls der Merge mit einer Fehlermeldung abbricht, dann wurde vorab aus Versehen direkt auf dem `master`-Branch gearbeitet. Diese Änderungen müssen als Erstes in einen Feature-Branch verschoben werden (»Commits auf einen anderen Branch verschieben« ab Seite 125).

Schritt 2: Feature-Branch anlegen

Anschließend kann der neue Branch angelegt werden, und die Arbeit kann beginnen:

Branches verzweigen → Seite 57

```
> git checkout -b feature-a
```

Tipp: Verwenden Sie einheitliche Namen für Branches.

Es ist sinnvoll, sich im Team auf eine einheitliche Namensgebung von Feature- und Bugfix-Branches festzulegen. Git unterstützt auch hierarchische Namen für Branches, z. B. `feature/a`.

Häufig werden Features und Bugfixes mit einem Tracking-Werkzeug verwaltet (z. B. Bugzilla[2], Mantis[3]). Diese Werkzeuge vergeben eindeutige Nummern oder Tokens für Features und Bugs. Diese Nummern können im Branch-Namen verwendet werden.

Schritt 3: Optional: Feature-Branch zentral sichern

Häufig werden Feature-Branches nur lokal angelegt, insbesondere wenn sie nur eine kurze Lebenszeit haben.

---

[2] http://www.bugzilla.org

[3] http://www.mantisbt.org

Wenn die Implementierung eines Features jedoch länger dauert, die Sicherung der Zwischenergebnisse besonders wichtig ist oder mehrere Entwickler an einem Feature arbeiten sollen, dann kann der Branch auch im zentralen Repository gesichert werden.

Dazu wird der Branch im zentralen Repository mit dem `push`-Befehl angelegt:

Austausch zwischen Repositorys → Seite 93

```
> git push --set-upstream origin feature-a
```

`--set-upstream`: Dieser Parameter verknüpft den lokalen Feature-Branch mit dem neuen Remote-Branch. Das heißt, zukünftig kann bei allen `push`- und `pull`-Befehlen auf ein explizites Remote verzichtet werden.

`origin`: Das ist der Name des Remote (der Alias für das zentrale Repository), auf dem der Feature-Branch gesichert werden soll.

Änderungen an dem lokalen Feature-Branch können zukünftig durch einen einfachen `push`-Befehl zentral gesichert werden:

```
> git push
```

Feature in den `master`-Branch integrieren

Wie wir bereits in den Voraussetzungen definiert haben, ist es wichtig, dass Features nicht zu lange parallel existieren. Ansonsten nimmt die Gefahr von Merge-Konflikten und inhaltlichen Inkompatibilitäten stark zu. Selbst wenn das Feature noch nicht in das nächste Release einfließen soll, ist es sinnvoll, die Integration zeitnah durchzuführen und besser mit einem Feature-Toogle die Funktionalität zu deaktivieren.

In diesem Abschnitt wird beschrieben, wie das Feature mit dem `master`-Branch integriert wird. Dabei ist es wichtig, dass das notwendige Merge immer im `master`-Branch ausgeführt wird. Ansonsten erhält man keine sinnvolle First-Parent-History im `master`-Branch.

Schritt 1: `master`-Branch aktualisieren

Vor dem eigentlichen `merge`-Befehl muss der lokale `master`-Branch auf den aktuellsten Stand gebracht werden. Hierbei kann es zu keinen Konflikten kommen, da auf dem lokalen `master`-Branch nicht gearbeitet wird.

Fetch: Branches aus einem anderen Repository holen → Seite 97

```
> git checkout master
> git pull --ff-only
```

Schritt 2: Merge des Feature-Branch durchführen

Branches zusammenführen
→ *Seite 65*

Die Änderungen des Feature-Branch werden mit einem merge-Befehl in den master-Branch übernommen. Damit die First-Parent-History des master-Branch als Feature-Historie dienen kann, muss ein Fast-Forward-Merge verhindert werden.

Abb. 18-2
Probleme mit Fast-Forward und der First-Parent-History

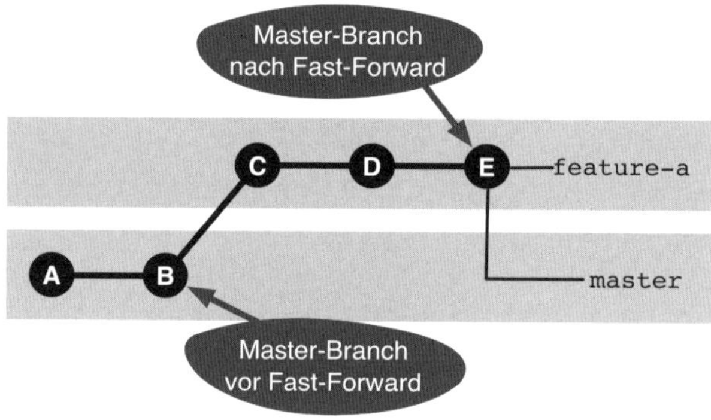

Fast-Forward-Merges
→ *Seite 72*

Abbildung 18-2 veranschaulicht die Probleme, die bei einem Fast-Forward-Merge auftreten können. Vor dem Merge zeigt der master-Branch auf das B-Commit und der Feature-Branch auf das E-Commit. Nach einem Fast-Forward-Merge zeigt der master-Branch nun auch auf das E-Commit. Die First-Parent-History des master-Branch würde jetzt die Zwischen-Commits D und C beinhalten.

Der folgende Befehl führt einen Merge durch und verhindert einen Fast-Forward-Merge:

```
> git merge feature-a --no-ff  -m "Lieferung feature-a"
```

--no-ff: Dieser Parameter verhindert einen Fast-Forward-Merge.

Abb. 18-3
Merge ohne Fast-Forward

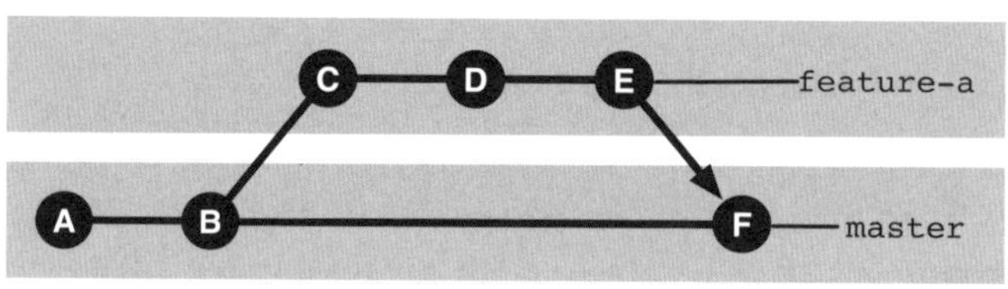

Abbildung 18-3 zeigt die Commit-Historie des Beispiels, wenn Fast-Forwards unterdrückt werden. Das neue Merge-Commit `F` ist zu sehen.[4] Die First-Parent-History des `master`-Branch beinhaltet nun nicht die Commits `C` bis `E`.

Bearbeitungskonflikte → Seite 68

Während dieses Merge kann es zu Konflikten kommen, wenn andere Features die gleichen Dateien wie das lokale Feature geändert haben. Diese Konflikte müssen mit den normalen Mitteln behoben werden.

Tipp: Legen Sie den Merge-Kommentar einheitlich fest.

Um die Historie des `master`-Branch als Dokumentation zu benutzen, sollte der Kommentar des Merge-Commits einheitlich festgelegt werden. Insbesondere ist es sinnvoll, die eindeutige Identifikation des Features, z. B. die Nummer, mit unterzubringen. Dadurch wird es später einfach möglich sein, mit dem `log`-Befehl und dem Parameter `--grep` nach den Features auf dem `master`-Branch zu suchen.

Schritt 3: Regressionstests durchführen und Commit anlegen

Nachdem der Merge durchgeführt wurde, müssen die Regressionstests durchgeführt werden. Dabei wird überprüft, ob das neue Feature Fehler in anderen Features hervorruft.

Branch-Zeiger umsetzen → Seite 62

Wenn die Tests zu Fehlern führen, müssen diese analysiert werden. Für die Fehlerbehebung wird der gerade durchgeführte Merge mit dem `reset`-Befehl wieder verworfen:[5]

```
> git reset --hard HEAD^
```

`--hard`: Alle Änderungen werden im Stage-Bereich und im Workspace verworfen.

`HEAD^`: Der aktuelle Branch wird auf das vorherige Commit zurückgesetzt.

Anschließend wird der Feature-Branch wieder aktiviert. Die Fehler werden dort behoben, und dann wird wieder bei Schritt 1 dieses Ablaufs begonnen.

---

[4] Dieses Commit ist durch die Option `-no-commit` noch nicht endgültig festgeschrieben, sondern nur vorbereitet.

[5] Git besitzt die Möglichkeit, einmal durchgeführte Konfliktauflösungen zu speichern und diese automatisch anzuwenden, wenn derselbe Konflikt noch einmal auftritt. Dazu gibt es den `rerere`-Befehl. Der Abschnitt »ReReRe – Konfliktauflösungen automatisieren« (Seite 176) beschreibt, wie ReReRe angewendet wird.

Schritt 4: `master`-Branch in das zentrale Repository übertragen

Nach den letzten Schritten liegt im lokalen Repository die Zusammenführung des Features mit dem `master`-Branch vor. Im nächsten Schritt muss der `master`-Branch mit dem `push`-Befehl in das zentrale Repository übertragen werden:

```
> git push
```

Falls es bei diesem Befehl zu Fehlern kommt, dann wurde in der Zwischenzeit bereits ein anderes Feature in den `master`-Branch integriert und ein Fast-Forward-Merge ist nicht mehr möglich. Normalerweise würde man jetzt einen `pull`-Befehl absetzen und die Änderungen lokal zusammenführen. Dabei würde aber die *First-Parent-History* nicht mehr nutzbar sein.

Abb. 18-4 Keine verwendbare First-Parent-History nach dem Pull-Befehl

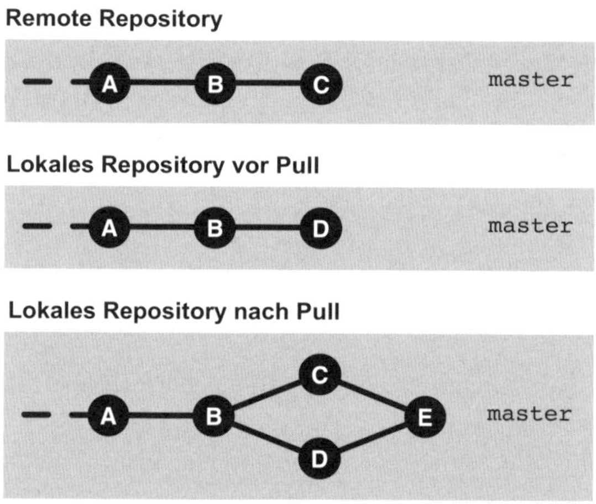

In Abbildung 18-4 – oben und in der Mitte – ist die beschriebene Situation skizziert: Remote wurde das `C`-Commit und lokal das `D`-Commit angelegt. Würde man jetzt einen `pull`-Befehl absetzen, dann entstünde ein neues Merge-Commit `E` (Abbildung 18-4 – unten). Damit würde in der First-Parent-History des `master`-Branch das `C`-Commit nicht mehr enthalten sein.

Branch-Zeiger umsetzen → Seite 62

In der First-Parent-History sollen aber alle Features enthalten sein, deswegen muss bei einem fehlgeschlagenen `push`-Befehl das lokale Feature-Merge-Commit mit dem `reset`-Befehl entfernt werden:[6]

[6] Auch hier bietet es sich wieder an, mit dem `rerere`-Befehl zu arbeiten, um bei einem erneuten Merge die Konflikte nicht noch mal lösen zu müssen – siehe »ReReRe – Konfliktauflösungen automatisieren« (Seite 176).

```
> git reset --hard HEAD^
```

`HEAD^`: Referenziert das Commit, das vor dem Merge im aktuellen Branch aktiv war.

Anschließend muss wieder mit Schritt 1 dieses Ablaufes begonnen werden, d. h., das neue Commit wird mit dem `pull`-Befehl aus dem `master`-Branch geholt.

Falls der `push`-Befehl erfolgreich war, ist das neue Feature jetzt im zentralen Repository enthalten.

Schritt 5: Feature-Branch löschen oder weiterbenutzen

Variante 1: Feature-Branch löschen

Branch löschen → *Seite 62*

Wenn die Entwicklung des Features nach dem Zusammenführen mit dem `master`-Branch abgeschlossen ist, kann der Feature-Branch gelöscht werden:

```
> git branch -d feature-a
```

`-d`: Löscht den übergebenen Branch.

Falls das Löschen zu einer Fehlermeldung führt, dann wurde typischerweise vergessen, den Feature-Branch mit dem `master`-Branch zusammenzuführen. Die Option `-d` löscht einen Branch nur dann, wenn alle Commits eines Branch durch einen anderen Branch referenziert werden. Möchte man einen Feature-Branch löschen, ohne alle Commits in den `master`-Branch zu übernehmen, kann man die Option `-D` benutzen.

Falls der Feature-Branch im zentralen Repository gesichert wurde, muss der Branch dort ebenso gelöscht werden:

```
> git push origin :feature-a
```

Achtung! Der Doppelpunkt vor dem Namen des Branch ist wichtig. Der Befehl bedeutet: Kopiere nichts in den Feature-Branch.

Variante 2: Feature weiterentwickeln

Falls die Entwicklung des Features noch nicht abgeschlossen ist (d. h., die erste Integration mit dem `master`-Branch war nur eine Teillieferung), kann der Feature-Branch weiterbenutzt werden.

Abb. 18-5
Weiterarbeiten mit Feature-Branch

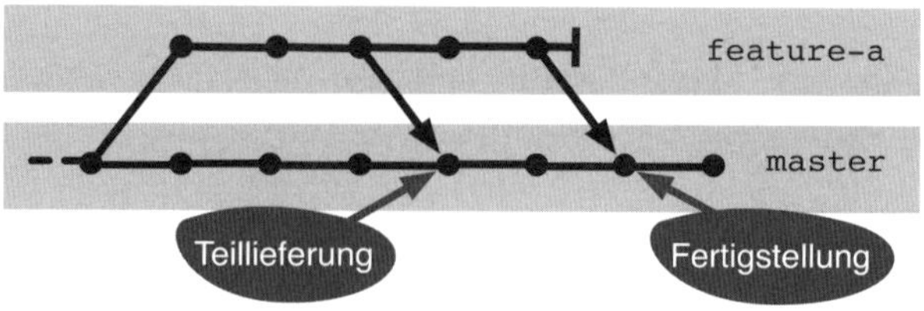

Aktiver Branch → Seite 59

In Abbildung 18-5 ist die Weiterarbeit nach einer Teillieferung skizziert. Es wird einfach der Feature-Branch weiterbenutzt.

```
> git checkout feature-a
```

Sobald die nächste Lieferung fertig ist, wird die normale Integration mit dem `master`-Branch erneut durchgeführt. Dabei ist Git so schlau, nur die Änderungen der neuen Commits in den `master`-Branch zu übernehmen.

Alternative: Feature mit Pull-Request in den `master`-Branch integrieren

Warum nicht auf Push verzichten? → Seite 150

Network of Trust → Seite 307

Im vorherigen Abschnitt wurde der manuelle Merge des Feature-Branch in den `master`-Branch beschrieben. Im Zusammenspiel mit einer geeigneten zentralen Repository-Verwaltung, z. B. Atlassian Stash[7], GitHub[8] oder GitLab[9], kann man die Integration mit einem Pull-Request durchführen.

Pull-Requests kommen ursprünglich aus der Open-Source-Entwicklung, um kontrolliert Änderungen zu integrieren.

Im Kontext von Feature-Branches können Pull-Requests die Integration des Features in den `master`-Branch vereinfachen und gleichzeitig die Qualität des Features vorab durch automatische Builds oder Reviews erhöhen.

Voraussetzung ist eine zentrale Repository-Verwaltung, die Pull-Requests direkt unterstützt. Zusätzlich ist es zwingend erforderlich, die Feature-Branches in das zentrale Repository zu übertragen (siehe »Schritt 3: Optional: Feature-Branch zentral sichern«).

Nachfolgend werden die Schritte exemplarisch mit Atlassian Stash vorgestellt.

[7] https://www.atlassian.com/software/stash
[8] https://github.com
[9] https://gitlab.com/

Schritt 1: Pull-Request anlegen

Nachdem das Feature entwickelt wurde, wird der entsprechende Branch in die zentrale Repository-Verwaltung übertragen. Dann kann man über eine Weboberfläche den Pull-Request anlegen. Dabei gibt man den Quell- und den Ziel-Branch an (Abbildung 18-6).

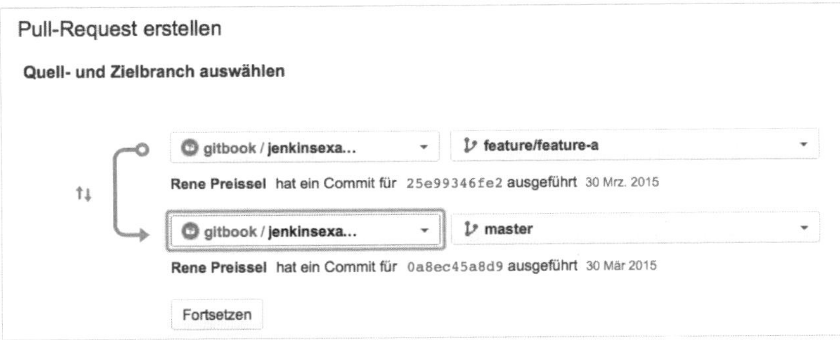

Abb. 18-6
Pull-Request anlegen

Schritt 2: Pull-Request bearbeiten und abschließen

Pull-Requests bauen
→ Seite 291

Als Ergebnis entsteht ein neuer Pull-Request, der wiederum über die Weboberfläche bearbeitet werden kann. Es ist möglich, den gesamten Pull-Request oder einzelne Zeilen der Änderungen zu kommentieren. Wenn ein entsprechendes Build-System angebunden ist, kann der Pull-Request gebaut werden, und das Ergebnis wird wiederum am Pull-Request festgehalten (Abbildung 18-7).

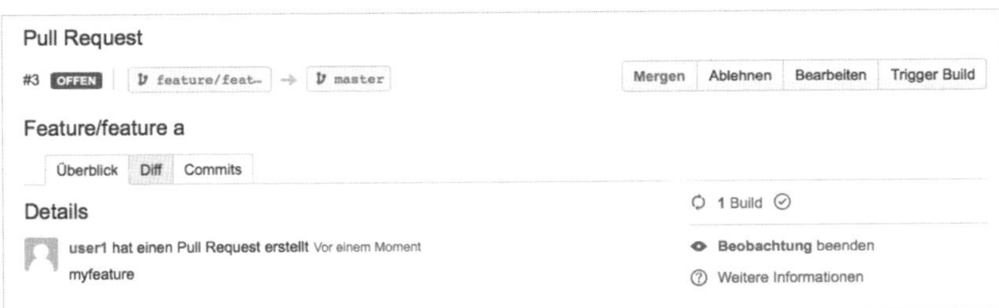

Abb. 18-7
Pull-Request bearbeiten

Wenn Nacharbeiten am Feature notwendig sind, so können diese durch neue Commits auf dem Feature-Branch erledigt werden. Sobald die neuen Commits durch Push in das zentrale Repository übertragen wurden, wird der Pull-Request aktualisiert und es ist für jeden ersichtlich, dass Änderungen erfolgt sind.

Wenn der Merge des Feature-Branch mit dem `master`-Branch wegen Konflikten in Dateien nicht möglich ist, wird das am Pull-Request angezeigt. Dann mus der Feature-Branch lokal mit dem `master`-Branch vereinigt werden und das entstandene Merge-Commit wiederum durch

Push in das zentrale Repository übertragen werden (siehe den folgenden Abschnitt).

Sind alle Voraussetzungen erfüllt, kann der Pull-Request abgeschlossen werden, d. h., ein Merge wird durchgeführt. Dazu wird der entsprechende Webdialog gestartet (Abbildung 18-8).

Abb. 18-8
Pull-Request mergen

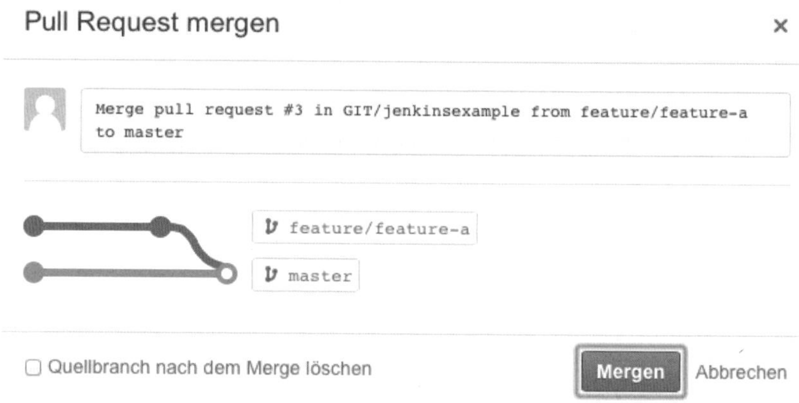

Dabei ist es auch möglich, den zentralen Feature-Branch (Quell-Branch) zu löschen. Das Löschen des lokalen Feature-Branch muss weiterhin manuell passieren.

Änderungen des `master`-Branch in den Feature-Branch übernehmen

Im besten Fall findet die Entwicklung eines Features unabhängig von anderen Features statt.

Manchmal gibt es jedoch auf dem `master`-Branch wichtige Änderungen, die für die Entwicklung des Features notwendig sind, z. B. große Refaktorierungen oder Neuerungen an grundlegenden Services. Dann müssen diese Änderungen des `master`-Branch in den Feature-Branch übernommen werden.

Abb. 18-9
Änderungen aus dem Master- in den Feature-Branch übernehmen

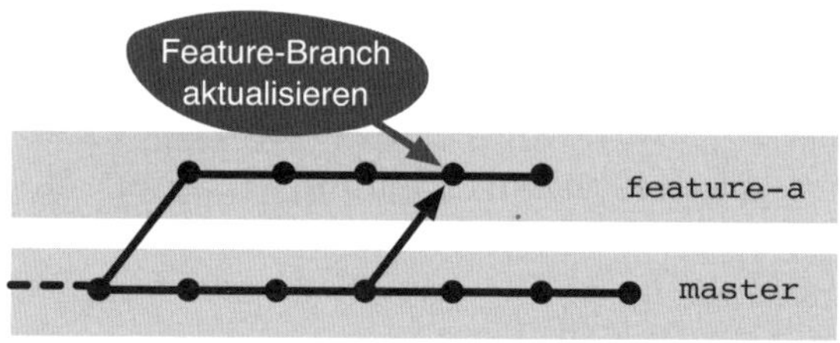

Abbildung 18-9 veranschaulicht die Situation. Es soll ein Merge vom `master`-Branch in den Feature-Branch durchgeführt werden:

Schritt 1: `master`-Branch aktualisieren

Als Erstes müssen die Änderungen des `master`-Branch in das lokale Repository importiert werden:

```
> git checkout master
> git pull --ff-only
```

`--ff-only`: Es wird nur Fast-Forward-Merge zugelassen. Damit wird verhindert, dass aus Versehen ein Merge auf dem `master`-Branch durchgeführt wird.

Schritt 2: Änderungen in den Feature-Branch übernehmen

Branches zusammenführen
→ *Seite 65*

Im zweiten Schritt müssen die Änderungen durch einen Merge in den Feature-Branch übernommen werden:

```
> git checkout feature-a
> git merge --no-ff master
```

`--no-ff`: Fast-Forward-Merge verbieten. Ein Fast-Forward-Merge kann an dieser Stelle nur erfolgen, wenn direkt vor diesem Merge der Feature-Branch mit dem `master`-Branch zusammengeführt wurde. Ein Fast-Forward-Merge würde dann die First-Parent-History des Feature-Branch zerstören.

Falls es zu Konflikten kommt, müssen diese mit den normalen Mitteln gelöst werden.

Der Zwischenstand kann beliebig oft vom Master in den Feature-Branch übernommen werden. Git kann sehr gut mit mehrfachen Merges umgehen. Allerdings wird dadurch die Commit-Historie komplexer und schwerer lesbar.

Git-Erweiterungen

Git-Flow: High-Level-Operationen

Git-Flow[10] ist eine Sammlung von Skripten, um den Umgang mit Branches, insbesondere Feature-Branches, zu vereinfachen.
So kann ein neuer Feature-Branch folgendermaßen erzeugt und gleichzeitig aktiviert werden:

```
> git flow feature start feature-a
```

Am Ende kann der Feature-Branch in den `master`-Branch übernommen und gleichzeitig gelöscht werden.

```
> git flow feature finish feature-a
```

Warum nicht anders?

Warum nicht nach Teillieferungen auf dem zusammengeführten Stand weiterarbeiten?

Wenn eine Teillieferung eines Features in den `master`-Branch erfolgt, ergibt sich im `master`-Branch ein Merge-Commit mit den Änderungen des eigenen Features und den Neuerungen anderer Features. Auf dem Feature-Branch dagegen existieren die Neuerungen anderer Features bisher nicht (siehe das Teillieferungs-Commit in Abbildung 18-10).

Abb. 18-10
Weiterer Merge nach Teillieferung

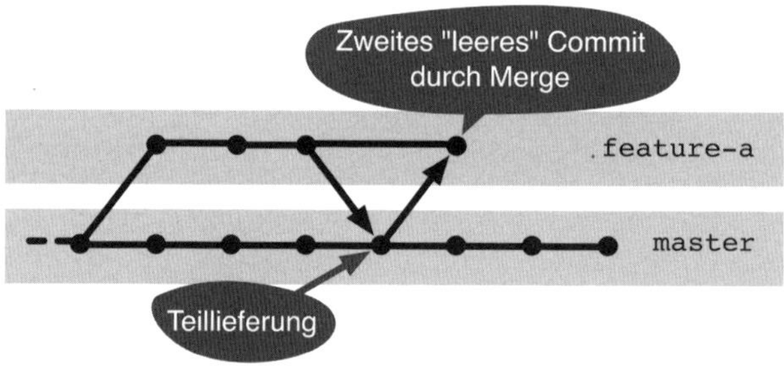

Wäre es nicht sinnvoll, einen Merge vom `master`-Branch in den Feature-Branch durchzuführen und somit auf den zusammengeführten Branches zu arbeiten?

[10] https://github.com/nvie/gitflow

Die kurze Antwort lautet: Die Historie wird nur unnötig komplex, und in den meisten Fällen bringt diese Vorgehensweise keinen Nutzen für die Weiterentwicklung des Features.

Ein Merge des `master`-Branch in den Feature-Branch direkt nach der Teillieferung führt normalerweise immer zu einem Fast-Forward-Merge, d. h., beide Branches würden auf dasselbe Commit zeigen. Damit würde aber die First-Parent-History des Feature-Branch zerstört werden – es wäre nicht mehr nachvollziehbar, welche Änderungen im Zuge der Feature-Entwicklung durchgeführt wurden. Deswegen muss man den Fast-Forward-Merge unterdrücken, was wiederum zu einem neuen »leeren« Merge-Commit führt. Das heißt, es würde für jede Teillieferung eines Features immer zwei Merge-Commits geben (Abbildung 18-10).

Fast-Forward-Merges
→ Seite 72

In den meisten Fällen ist es für die Weiterentwicklung eines Features auch nicht wichtig, auf dem aktuellsten Stand des `master`-Branch zu arbeiten.

Wenn es notwendig ist, die Neuerungen zu übernehmen, dann kann man das tun, doch es sollte kein Automatismus nach jeder Teillieferung sein.

Warum Feature-Branches nicht erst kurz vor dem Release integrieren?

Bei der Arbeit mit Feature-Branches kommt das Release-Management häufig auf die Idee, die Entscheidung, welche Features in das neue Release kommen sollen, erst kurz vor dem Liefertermin zu treffen.

Konzeptionell scheint das mit dem Feature-Branch-Ansatz auch sehr einfach zu gehen. Jedes Feature wird in einem Branch vollständig entwickelt, jedoch noch nicht in den `master`-Branch integriert. Kurz vor dem entscheidenden Tag wird erst beschlossen, welche Features in den `master`-Branch integriert werden sollen.

In einer idealen Welt – mit völlig unabhängigen Features und ohne Programmierfehler – wäre dieses Vorgehen auch anwendbar. In der Realität führt dieses Vorgehen jedoch meistens zu größeren Merge-Konflikten bei der Integration und zu langen Stabilisierungsphasen.

Außerdem wird es komplizierter, abhängige Features zu entwickeln. Normalerweise würde man bei Abhängigkeiten zwischen Features eine Teillieferung eines Features in den `master`-Branch stellen, und das andere Feature könnte sich diese holen. Bei der Lösung mit der späten Integration müssen die Feature-Branches direkt die Änderungen austauschen (siehe den folgenden Abschnitt). Damit wäre die unabhängige Integration dieser Features kurz vor dem Release unmöglich.

Integration mit Jenkins → Seite 285

Auch bewährte Prozesse für qualitative Software, wie Continuous Integration und Refaktorierungen, sind bei der späten Integration kaum umzusetzen.

Warum nicht direkt Commits zwischen Feature-Branches austauschen?

Der beschriebene Workflow sieht keinen direkten Austausch von Commits zwischen Feature-Branches vor. Die Integration findet immer über Teillieferungen im `master`-Branch statt.

Wäre es nicht einfacher, direkt zwischen Feature-Branches Merges durchzuführen?

Der entscheidende Vorteil von Feature-Branches ist die einfache und nachvollziehbare Historie. Finden Merges direkt zwischen Feature-Branches statt, wird dieser Vorteil verspielt.

Schritt für Schritt

ReReRe – Konfliktauflösungen automatisieren

Manuelle Konfliktauflösungen in Dateien werden gespeichert. Tritt derselbe Konflikt wiederholt auf, wird die Lösung automatisch angewendet. Dies nennt man »Reuse recorded resolution«, kurz: ReReRe.

1. ReReRe aktivieren

Die Möglichkeit, Konfliktauflösungen zu speichern, muss für ein Repository einmalig aktiviert werden.

```
> git config rerere.enabled 1
```

ReReRe speichert Konfliktauflösungen nur lokal, d. h., in jedem Klon muss ReReRe aktiviert werden.

2. Konfliktauflösung speichern

Sobald ReReRe aktiviert ist, werden bei jedem `commit`-Befehl automatisch die durchgeführten Konfliktauflösungen in Dateien gespeichert. Wird jedoch kein Commit durchgeführt (z. B. wenn der Versuch mit einem reset-Befehl verworfen wird), dann muss der rerere-Befehl explizit aufgerufen werden:

```
> git rerere
Recorded resolution for 'foo.txt'.
```

3. Konfliktauflösungen anwenden

Sobald ReReRe aktiviert ist, wird bei jedem Merge versucht, die Konflikte automatisch aufzulösen. Dabei werden zwar bei bereits gelösten Konflikten die Dateien geändert, jedoch wird noch kein add-Befehl aufgerufen, um die Konfliktauflösung zu bestätigen.

```
> git merge featureE
```

```
Auto-merging foo.txt
CONFLICT (content): Merge conflict in foo.txt
Resolved 'foo.txt' using previous resolution.
Automatic merge failed; fix conflicts and then commit the result.
```

Nach der Kontrolle der Konfliktlösung muss mit dem add-Befehl die betroffene Datei zum nächsten Commit hinzugefügt werden.

```
> git add foo.txt
```

Schritt für Schritt

Offene Feature-Branches anzeigen

Es werden alle noch nicht mit dem master*-Branch zusammengeführten Feature-Branches angezeigt.*

1. Offene Feature-Branches anzeigen

Arbeitet man konsequent mit Feature-Branches, hat man häufig mehr als einen aktiven Feature-Branch in seinem Repository. Mit dem branch-Befehl können alle noch nicht integrierten Branches angezeigt werden:

```
> git branch --no-merged master
```

`--no-merged master`: Zeigt alle Branches mit Commits an, die nicht im master-Branch enthalten sind, d. h. alle Feature-Branches, die noch nicht mit dem master-Branch zusammengeführt wurden.

Schritt für Schritt

Alle Änderungen eines integrierten Features anzeigen

Alle Änderungen des Features werden als Diff angezeigt.

Insbesondere bei Code-Reviews ist es wichtig, herauszufinden, welche Änderungen vorgenommen wurden.

In Abbildung 18-11 ist ein Beispiel eines Feature-Branch mit einer Teillieferung und einer Endlieferung zu sehen. Nachfolgend werden die Commits entsprechend dieser Abbildung referenziert.

1. Commits des Features finden

Für einen Diff benötigt man alle Commits im `master`-Branch, die zu dem Feature gehören. Normalerweise wird dies nur ein Merge-Commit sein, außer wenn Teillieferungen stattgefunden haben: Dann sind es mehrere Commits. Im Beispiel werden die Commits `H` und `G` gefunden.

```
> git checkout master
> git log --first-parent --oneline --grep="featureC"
```

```
c52ce0a Lieferung featureC
c3a00bc Teillieferung featureC
```

`--grep`: Sucht in der Log-Meldung nach einem bestimmten Text.

2. Diff durchführen

Die Änderungen können angezeigt werden, indem ein Diff der gefundenen Commits mit dem jeweiligen First Parent des Commits durchgeführt wird. Damit werden genau die Änderungen sichtbar, die dieses Feature in Bezug auf den `master`-Branch eingebracht hat. Im Beispiel werden die Änderungen zwischen Commit `B` und `G` und zwischen Commit `G` und `H` angezeigt.

```
> git diff c3a00bc^1 c3a00bc
> git diff c52ce0a^1 c52ce0a
```

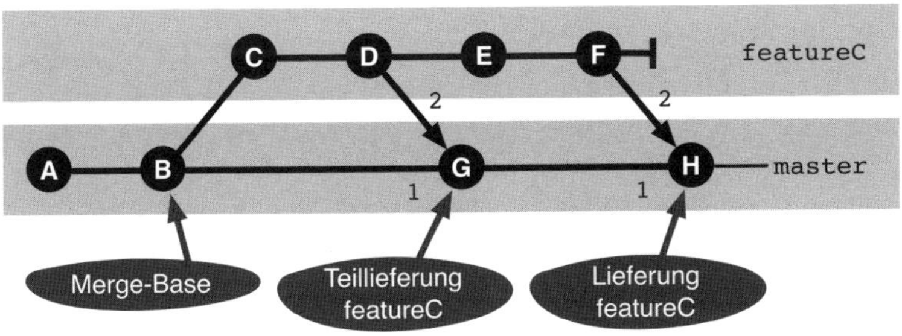

Abb. 18-11
Beispiel eines Feature-Branch

Schritt für Schritt

Alle Commits eines Feature-Branch finden

Alle Commits, die während der Feature-Entwicklung angelegt wurden, werden angezeigt.

Während eines Code-Reviews will man genauer nachvollziehen, wie Änderungen eines Feature-Branch eingebaut wurden. Dazu kann es sinnvoll sein, alle Commits des Feature-Branch einzeln anzuschauen. In Abbildung 18-11 ist ein Beispiel für ein Feature-Branch mit einer Teillieferung und einer Endlieferung zu sehen. Im Folgenden werden die Commits entsprechend dieser Abbildung referenziert.

1. Merge-Commits des Features finden

Als Erstes benötigt man alle Commits auf dem `master`-Branch, die etwas mit dem Feature zu tun haben. Normalerweise wird dies nur ein Merge-Commit sein, außer wenn Teillieferungen stattgefunden haben: Dann sind es mehrere Commits. Im Beispiel werden die Commits `H` und `G` gefunden.

```
> git checkout master
```

```
> git log --first-parent --oneline --grep="featureC"
c52ce0a Lieferung featureC
c3a00bc Teillieferung featureC
```

`--grep`: Sucht in der Log-Meldung nach einem bestimmten Text.

2. Feature-Branch-Start finden

Um alle Commits anzuzeigen, wird das Commit des `master`-Branch gesucht, von dem der Feature-Branch abgezweigt ist. Ausgangspunkt ist das unterste Commit, das im vorherigen Schritt gefunden wurde (Commit `G`). Dieses muss ein Merge-Commit sein und hat zwei Parents. Mit dem `merge-base`-Befehl wird das Commit gesucht, das der gemeinsame Ausgangspunkt des ersten (Commit `B`) und des zweiten Parent (Commit `D`) ist – die Merge-Base (Commit `B`).

```
> git merge-base c3a00bc^2 c3a00bc^1
ca52c7f9bfd010abd739ca99e4201f56be1cfb42
```

3. Feature-Commits anzeigen

Nachdem der Ausgangspunkt gefunden wurde, können jetzt mit dem `log`-Befehl alle Commits des Feature-Branch angezeigt werden. Dazu wird gefragt, welche Commits notwendig sind, um von der Merge-Base (Commit `B`) auf das letzte Commit des Feature-Branch zu kommen. Das letzte Commit des Feature-Branch ist der zweite Parent (Commit `F`) der letzten Lieferung (Commit `H`).

```
> git log --oneline ca52c7f..c52ce0a^2
```

19 Mit Bisection Fehler suchen

Während der Entwicklung passiert es häufig, dass plötzlich ein Fehler in bereits erfolgreich getesteten Funktionalitäten auftaucht, der in früheren Versionen nicht vorhanden war. Eine Erfolg versprechende Strategie bei der Fehlersuche besteht darin, das Commit zu suchen, in dem der Fehler zum ersten Mal beobachtet werden kann. Da beim Arbeiten mit Git typischerweise kleine Commits entstehen, sind deren Änderungen rasch analysiert und somit wird die Fehlerursache schnell gefunden.

Commits zusammenstellen
→ *Seite 37*

Git unterstützt einen solchen Suchprozess nach fehlerhaften Commits mittels *Bisection*.

Bisection beruht auf einer binären Suche. Ausgehend von einem bekannten fehlerfreien Commit und einem bekannten fehlerbehafteten Commit wird die Historie »halbiert« und der »mittlere« Commit im Workspace aktiviert. Das nun aktuelle Commit kann auf das Vorhandensein des Fehlers untersucht werden. Je nachdem, ob der Fehler darin vorhanden ist oder nicht, wird der verbliebene Bereich der Historie, in dem sich der Fehler verstecken muss, wieder »halbiert« und das neue »mittlere« Commit ausgewählt. Am Ende wird es normalerweise ein Commit geben, in dem der Fehler zum ersten Mal beobachtet werden kann.

Dieser Workflow zeigt,

- wie man Bisection nutzt, um effizient fehlerhafte Commits zu finden, und
- wie man die Fehlersuche mit Bisection automatisieren kann.

Überblick

In Abbildung 19-1 ist eine Historie dargestellt, in der ein Commit als fehlerfrei – in Bezug auf einen bestimmten Fehler – erkannt wurde und ein anderes Commit als fehlerhaft. Die Historie muss nicht linear sein. Es muss jedoch ein Weg über die Parent-Beziehungen vom fehlerhaften zum fehlerfreien Commit vorliegen.

Wenn der Bisection-Prozess gestartet wird, ermittelt Git ein geeignetes Commit in der Mitte der Historie. Dieses Commit kann manuell oder per Skript auf das Vorhandensein des Fehlers getestet werden und als »gut« oder »schlecht« markiert werden. Danach ermittelt der Bisection-Prozess ein weiteres mögliches Commit, und zwar so lange, bis ein Commit übrig bleibt, das den Fehler aufweist und dessen Vorgänger fehlerfrei ist.

Voraussetzungen

Reproduzierbare Fehlererkennung: Der Fehler muss reproduzierbar nachgewiesen werden können, d. h., es ist möglich, einen Versionsstand ganz klar als fehlerfrei oder fehlerhaft zu erkennen. Um eine Automatisierung durchzuführen, muss der Fehler durch einen Testcase bzw. ein Skript erkannt werden können.

Die Fehlererkennung darf nicht teuer sein: Die Fehlererkennung muss schnell gehen und darf keine großen Kosten verursachen. Mit Bisection sind je nach Anzahl der zu untersuchenden Commits mehrere Fehlererkennungen notwendig. Wenn die benötigte Zeit zu lang ist oder die Kosten zu groß sind, ist eine analytische Suche der Fehlerursache effizienter.

Workflow kompakt

Mit Bisection Fehler suchen

Während der Entwicklung tritt ein Fehler auf, der in vergangenen Versionen nicht vorhanden war. Bisection sucht in der Commit-Historie das Commit, das den Fehler eingeschleppt hat.

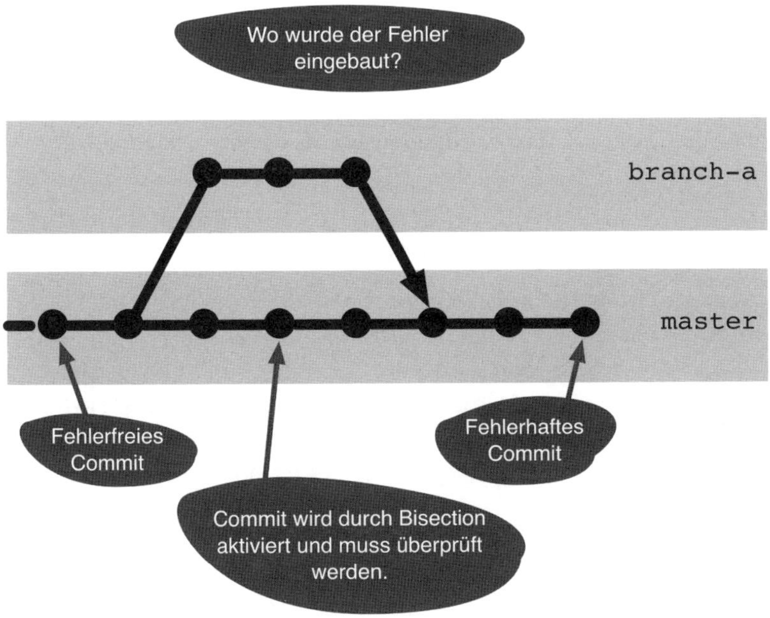

Abb. 19-1
Workflow im Überblick

Ablauf und Umsetzung

Für die folgenden Abläufe gehen wir von einem kleinen Beispielprojekt aus, das verschiedene mathematische Funktionen implementiert. Unter anderem berechnet es auch die Fakultät einer Zahl und gibt eine Liste aller Fakultäten bis 5 aus.

```
> java FakultaetMain

Fakultät von 1 = 1
Fakultät von 2 = 2
Fakultät von 3 = 6
Fakultät von 4 = 24
Fakultät von 5 = 120
```

In einer späteren Version hat sich ein Fehler eingeschlichen, und die Ausgabe sieht nun folgendermaßen aus:

```
Fakultät von 1 = 1
Fakultät von 2 = 1
Fakultät von 3 = 2
Fakultät von 4 = 6
Fakultät von 5 = 24
```

Manuelle Fehlersuche mit Bisection

Der erste Ablauf beschreibt das prinzipielle Vorgehen mit Bisection, wobei der Test auf das Vorhandensein des Fehlers manuell durchgeführt wird.

Schritt 1: Fehlerindikator definieren

Typischerweise wird ein Fehler von Entwicklern, Testern oder Anwendern durch ein Fehlverhalten der Anwendung erkannt.

Im ersten Schritt geht es darum, analytisch die Fehlersituation zu verstehen und einen Indikator zu finden, an dem man das Vorhandensein des Fehlers erkennt.

Folgende Punkte sind Beispiele für Fehlerindikatoren:

- Eine Aktion bzw. ein Funktionsaufruf führt zu einer Exception, einem Programmabbruch bzw. einer Fehlermeldung.
- Eine Funktion liefert bei bestimmten Eingaben ein fehlerhaftes Ergebnis.
- Ein Testcase schlägt fehl.

In unserem Beispiel ist an der falschen Ausgabe der Fakultät von 3 zu erkennen, dass ein Fehler vorhanden ist.

In vielen Fällen führt allein diese Analyse schon zum Finden der Fehlerursache und es ist gar kein Bisection mehr notwendig.

Schritt 2: Fehlerfreies und fehlerbehaftetes Commit finden

Der Bisection-Prozess benötigt ein fehlerfreies und ein fehlerbehaftetes Commit. Gute Kandidaten für ein fehlerfreies Commit sind das letzte Release oder der letzte Meilenstein.

Stellt man auf der Suche nach einem fehlerfreien Commit fest, dass der mögliche Kandidat den Fehler auch noch beinhaltet, geht man weiter in der Historie zurück.

Ein fehlerbehaftetes Commit zu finden ist nicht schwer, da der Fehler ja bereits gemeldet wurde. Wenn jedoch auf der Suche nach fehlerfreien Commits weitere fehlerbehaftete Commits gefunden werden, ist es sinnvoll, das älteste bekannte fehlerbehaftete Commit auszuwählen. Nachfolgend ist für unser Beispiel eine Log-Ausgabe der Historie zu sehen:

Commit-Historie zeigen → Seite 34

```
> git log --oneline
202d25d modulo fertig
e36fead multiply fertig
918ed2f sub fertig
ebe741d add fertig
87ac59e Fakultätsrechner fertig
39cbdc0 init
```

Eine Analyse zeigt, dass das Commit `87ac59e Fakultätsrechner fertig` fehlerfrei und das Commit `202d25d modulo fertig` fehlerhaft ist.

Schritt 3: Fehlersuche mit Bisection

Nachdem nun der Bereich der Historie mit der Fehlerursache eingegrenzt ist, kann das eigentliche Suchen des Fehlers mit Bisection beginnen.

Bisection wird mit dem `bisect start`-Befehl gestartet. Dabei ist als erster Parameter das fehlerhafte Commit und als zweiter Parameter das fehlerfreie Commit anzugeben:

```
> git bisect start 202d25d 87ac59e
Bisecting: 1 revision left to test after this (roughly 1 step)
[918ed2f29a44e468d690fb770aab1ad2dbae1a5a] sub fertig
```

Der `bisect start`-Befehl markiert das erste übergebene Commit als »bad« und das zweite als »good«. Anschließend wird das Commit aktiviert, das sich in der Mitte zwischen den beiden Commits befindet – in diesem Fall das Commit `918ed2f sub fertig`.

Im Workspace befinden sich jetzt die Dateien eines Commits, bei dem noch nicht klar ist, ob es fehlerhaft oder fehlerfrei ist. Durch den gefundenen Fehlerindikator kann der Versionsstand nun getestet werden.

```
> java FakultaetMain
Fakultät von 1 = 1
Fakultät von 2 = 1
Fakultät von 3 = 2
Fakultät von 4 = 6
Fakultät von 5 = 24
```

In unserem Beispiel ist der Fehler immer noch zu beobachten, d. h., dieses Commit ist fehlerhaft.

Je nach Ergebnis muss das aktuelle Commit jetzt mit dem `bisect`-Befehl als gut oder als schlecht markiert werden.

bisect good: Der Fehler war nicht zu beobachten; das Commit ist fehlerfrei.

bisect bad: Der Fehler war zu beobachten; das Commit ist fehlerhaft.

bisect skip: Das aktuelle Commit kann nicht getestet werden. Typischerweise ist es nicht kompilierbar oder es fehlen Dateien. Bisection aktiviert ein anderes Commit für den Test.

In unserem Beispiel ist der Fehler noch vorhanden und das Commit wird als »bad« markiert:

```
> git bisect bad

Bisecting: 0 revisions left to test after this (roughly 0 steps)
[ebe741de3366a3fc08fbedfdfa408517dd172ca3] add fertig
```

Als Antwort teilt Git mit, dass jetzt das Commit `ebe741d add fertig` aktiviert wurde. Git teilt weiterhin mit, das dieses Commit das letzte ist, das getestet werden muss.

Der erneute Test unseres Fakultätsrechners zeigt, dass dieses Commit fehlerfrei ist, und das Commit wird als »good« markiert:

```
> git bisect good

commit 918ed2f29a44e468d690fb770aab1ad2dbae1a5a
Author: Rene Preissel <rp@eToSquare.de>
Date:   Fri Jun 24 08:04:43 2011 +0200

    sub fertig

:040000 040000 0e5bfb07e859072a564eaca073461e4a12a0ed61 \
 329e7f864bac874c69be4531452c753cf56be794 M      src
```

Git informiert jetzt, dass das Commit `918ed2f sub fertig` das erste Commit ist, in dem der Fehler auftritt. Jetzt können mit den bekannten Git-Befehlen (z. B. `git show 918ed2f`) die Änderungen des fehlerbehafteten Commits analysiert werden.

In unserem Beispiel zeigte sich, dass durch eine Refaktorisierung die Fakultät nur bis zu `n-1` berechnet wurde.

Achtung! Vor der Fehlerbehebung muss der Workspace wieder auf den HEAD des aktuellen Branch gesetzt werden. Dies wird im nächsten Schritt beschrieben.

Schritt 4: Bisection beenden bzw. abbrechen

Nach erfolgreicher Ursachenforschung mit Bisection oder wenn der Bisection-Vorgang abgebrochen werden soll, muss der Workspace mit dem `bisect reset`-Befehl wieder in den normalen Entwicklungszustand zurückgesetzt werden:

```
> git bisect reset
```

```
Previous HEAD position was ebe741d... add fertig
Switched to branch 'master'
```

Automatisierte Fehlersuche mit Bisection

Im vorigen Ablauf wurde der Test, ob ein Commit einen Fehler beinhaltet, manuell durchgeführt. Wenn der zu überprüfende Bereich der Historie sehr lang ist oder der Test manuell sehr aufwendig ist, dann kann man den Test auch automatisieren und Bisection per Skript arbeiten lassen.

Schritt 1: Fehlerindikator definieren

Der Fehlerindikator wird genauso wie bei der manuellen Fehlersuche mit Bisection definiert. Es ist nur darauf zu achten, dass der gefundene Indikator per Skript automatisiert überprüft werden kann.

Schritt 2: Testskript bereitstellen

Will man die Fehlersuche mit Bisection automatisieren, muss man ein Shell-Skript bereitstellen, das den Fehlerindikator automatisch erkennt. Das Shell-Skript muss je nach Vorhandensein des Fehlers einen anderen Exitcode liefern.

Exitcode 0: Der Fehler wurde nicht gefunden. Bisection soll das Commit als »good« markieren.

Exitcode 1–124, 126, 127: Der Fehler wurde gefunden. Bisection soll das Commit als »bad« markieren.

Exitcode 125: Der Test konnte nicht durchgeführt werden, weil die Anwendung nicht funktioniert. Typischerweise ist diese Version nicht kompilierbar. Bisection soll das Commit überspringen.

Unsere Rechneranwendung ist in Java implementiert. Als Beispiel zeigen wir, wie in diesem Umfeld die Fehlersuche mit Bisection automatisiert werden kann. Bei anderen Entwicklungsumgebungen müssen die einzelnen Skripte entsprechend angepasst werden.

Die eigentliche automatische Überprüfung des Fehlers wird durch einen JUnit[1]-Test durchgeführt. Dabei wird einfach geprüft, ob die Fakultät von 3 auch wirklich 6 ergibt. Wenn das Ergebnis falsch ist, dann wird der Test fehlschlagen.

[1] http://www.junit.org/

```
public class FakultaetsBisectTest {
    @Test
    public void testFakultaet3() {
        long result = Rechner.fakultaet(3);
        Assert.assertEquals(6, result);
    }
}
```

Achtung! Dabei ist es wichtig, diesen Test in einer neuen Datei zu implementieren. Diese Datei darf nicht in Git versioniert werden. Beim Bisection-Prozess werden im Workspace nacheinander verschiedene Commits aktiviert. Wenn die Testdatei unter Git-Kontrolle steht, würde beim Aktivieren eines alten Commits diese Datei nicht mehr vorhanden sein. Nicht versionierte Dateien werden dagegen beim Wechsel des Commits einfach im Workspace belassen.

Der automatisierte Bisection-Prozess benötigt ein Shell-Skript. Dieses Shell-Skript muss für unser Java-Beispiel als Erstes die Quelldateien kompilieren und anschließend den Test starten.

Als Build-System wird in unserem Beispiel Ant[2] benutzt. Im Rechnerprojekt gibt es eine Build-Datei `build.xml`, die bereits in der Lage ist, einen sauberen Build durchzuführen (`ant clean compile`). Für die Ausführung des Bisection-Tests wird eine neue Build-Datei `bisect-build.xml` angelegt, die nur ein Target zum Starten des Tests beinhaltet. Auch diese Datei darf nicht mit Git versioniert werden.

```
<target name="test">
    <junit>
        <classpath refid="build.classpath" />
        <test name="FakultaetsBisectTest"
                  haltonerror="true"
                  haltonfailure="true"/>
    </junit>
</target>
```

Um die verschiedenen Ant-Targets aufzurufen, wird noch das Shell-Skript `bisect-test.sh` angelegt. Auch dieses wird wieder nicht mit Git versioniert.

```
#!/bin/bash

ant clean compile
if [ $? -ne 0 ];then
   exit 125;
fi
```

[2] http://ant.apache.org/

```
ant -f bisect-build.xml
if [ $? -ne 0 ];then
    exit 1;
else
    exit 0;
fi
```

Dieses Skript ruft die einzelnen Build-Targets auf und überprüft den Exitcode von Ant. Ant gibt bei einem Fehler einen Exitcode ungleich 0 zurück. Dieser muss noch in die von dem Bisection-Prozess gewünschten Codes umgewandelt werden:

- Falls der Build fehlschlägt, wird der Exitcode 125 zurückgeliefert.
- Falls der Test erfolgreich ist, wird der Exitcode 0 zurückgeliefert.
- Falls der Test fehlschlägt, wird der Exitcode 1 geliefert.

Schritt 3: Fehlerfreies und fehlerbehaftetes Commit finden

Die Suche nach fehlerfreien und fehlerbehafteten Commits unterscheidet sich nicht vom manuellen Ablauf. Man kann jedoch auch dabei bereits den JUnit-Test nutzen, um auf den Fehler zu prüfen. Als Beispiel aktivieren wir das Commit `87ac59e Fakultätsrechner fertig` und prüfen, ob es fehlerfrei ist:

```
> git checkout 87ac59e

>  ant -f bisect-build.xml
Buildfile: bisect-build.xml

test:

BUILD SUCCESSFUL
Total time: 0 seconds
```

Achtung! Vergessen Sie am Ende nicht, den `master`-Branch wieder zu aktivieren:

Aktiver Branch → Seite 59

```
> git checkout master
```

Schritt 4: Automatisierte Fehlersuche mit Bisection

Auch bei der automatisierten Fehlersuche mit Bisection wird als Erstes der Bisection-Prozess mit dem `bisect start`-Befehl gestartet. Auch hier wird als erster Parameter das fehlerhafte Commit und als zweiter Parameter das fehlerfreie Commit übergeben:

```
> git bisect start 202d25d 87ac59e
```

```
Bisecting: 1 revision left to test after this (roughly 1 step)
[918ed2f29a44e468d690fb770aab1ad2dbae1a5a] sub fertig
```

Anschließend wird der `bisect run`-Befehl benutzt, um das erzeugte Shell-Skript `bisect-test.sh` auszuführen:

```
> git bisect run ./bisect-test.sh
```

Die folgende Ausgabe wurde gekürzt und zeigt nur die letzten Zeilen des `bisect run`-Befehls. Es ist gut zu erkennen, dass das Commit `918ed2f sub fertig` als das erste fehlerhafte Commit gefunden wurde.

```
 ..
Buildfile: bisect-build.xml

test:

BUILD SUCCESSFUL
Total time: 0 seconds
918ed2f29a44e468d690fb770aab1ad2dbae1a5a is the first bad commit
commit 918ed2f29a44e468d690fb770aab1ad2dbae1a5a
Author: Rene Preissel <rp@eToSquare.de>
Date:   Fri Jun 24 08:04:43 2011 +0200

    sub fertig

:040000 040000 0e5bfb07e859072a564eaca073461e4a12a0ed61 \
 329e7f864bac874c69be4531452c753cf56be794 M      src
bisect run success
```

Schritt 5: Bisection beenden

Nach erfolgreicher Fehlersuche muss der Bisection-Prozess mit dem `bisect reset`-Befehl beendet werden:

```
> git bisect reset
```

```
Previous HEAD position was ebe741d... add fertig
Switched to branch 'master'
```

Warum nicht anders?

Warum nicht mit Merge die Testskripte in alte Commits einfügen?

Der beschriebene Ablauf nutzt die Fähigkeit von Git aus, dass nicht versionierte Dateien beim Wechseln der Commits im Workspace verbleiben. Dadurch ist es möglich, die »neuen« Testskripte auch in alten Commits auszuführen.

Eine alternative Lösung besteht darin, die Testskripte in einen neuen Branch einzubauen (siehe den `bisect-test`-Branch in Abbildung 19-2).

Branches zusammenführen
→ Seite 65

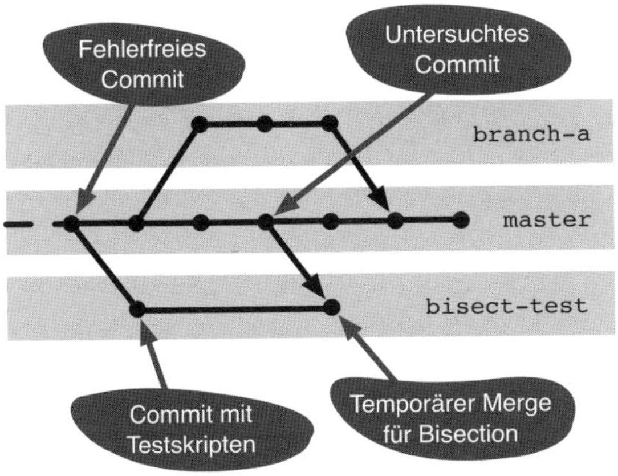

Abb. 19-2
`bisect-test`-*Branch benutzen*

Im Bisection-Shell-Skript wird nun vor jedem Testlauf ein Merge des `bisect-test`-Branch in das aktuell von Bisection ausgewählte Commit durchgeführt. Dabei wird die Option `--no-commit` benutzt, um ein dauerhaftes Commit zu verhindern.

Nachdem der Test durchgeführt wurde, werden die Änderungen des Merge mit dem `reset`-Befehl wieder zurückgenommen.

Dieser Ablauf und ein Beispielskript ist in der Onlinedokumentation des `bisect`-Befehls im Example-Abschnitt zu finden.

Die Lösung mit dem `bisect-test`-Branch kann dann sinnvoll sein, wenn nicht nur ein Testcase und Testskripte neu hinzukommen, sondern wenn auch vorhandener Code für den Test angepasst werden muss, zum Beispiel weil die Überprüfung auf Daten zugreifen muss, die in alten Commits nicht sichtbar sind.

Der von uns beschriebene Ablauf mit unversionierten Dateien ist jedoch in den meisten Fällen ausreichend und einfacher umzusetzen.

20 Kontinuierlich Releases durchführen

Bei Projekten die einen Continuous-Delivery-Prozess[1] umsetzen, ist jedes Commit auf dem `master`-Branch ein potenzieller Release-Kandidat und wird durch eine Deployment-Pipeline verarbeitet.

Eine Deployment-Pipeline besteht aus mehreren Schritten. Typischerweise wird zuerst ein Build durchgeführt, und dann werden (binäre) Deployment-Artefakte erzeugt. In weiteren Schritten werden mit diesen Artefakten verschiedene Tests (Quality Gates) durchlaufen. Überstehen die Deployment-Artefakte alle Tests, werden sie als Release-Kandidaten markiert und im letzten Schritt in Produktion gebracht.

Bei diesem Workflow wird bewusst nur einmal gebaut. Die gleichen Artefakte werden für alle Tests und den produktiven Betrieb benutzt.

Periodisch Releases durchführen → Seite 203
Mit Feature-Branches entwickeln → Seite 161

Bei einem Continuous-Delivery-Prozess werden keine speziellen Branches für Übergänge zwischen Stabilisierungsphasen benötigt. Lediglich die Entwicklung neuer Features und Bugfixes findet auf separaten Feature-Branches statt. Vor der Integration der Feature-Branches in den `master`-Branch finden bereits viele Tests statt, sodass die Wahrscheinlichkeit von Problemen in der Deployment-Pipeline gering ist. Sobald ein Feature-Branch in den `master`-Branch integriert wird, läuft die Pipeline los.

Versionen markieren → Seite 103

Wird ein Release-Kandidat in Produktion gebracht, wird der zugehörige Commit mit einem Release-Tag markiert.

Dieser Workflow zeigt,

- welche Branches in einem Continuous-Delivery-Prozess notwendig sind,
- wie die Bugfix- und die Feature-Entwicklung durchgeführt werden und
- wie mit Fehlern in der Deployment-Pipeline umgegangen wird.

[1] Jez Humble, David Farley: »Continuous Delivery. Reliable Software Releases Through Build, Test, and Deployment Automation“ – (Addison-Wesley, 2010)

Überblick

In Abbildung 20-1 sind die wichtigsten Bestandteile dieses Workflows zu sehen.

Mit Feature-Branches entwickeln → *Seite 161*

Der `master`-Branch dient als Grundlage, um Release-Kandidaten zu bauen. Die Entwicklung und das Bugfixing finden auf separaten Feature-Branches statt.

Integration mit Jenkins → *Seite 285*

Das Build-System erkennt, wenn es ein neues Commit auf dem `master`-Branch gibt, und startet den ersten Schritt der Deployment-Pipeline. Typischerweise wird in diesem Schritt das Commit gebaut und das Ergebnis in geeigneter Form paketiert. Die entstehenden (binären) Artefakte werden in einem Artefakt-Repository abgelegt. Das kann einfach nur ein Dateisystem oder ein eigenes System sein, z. B. Artefactory[2] oder Nexus[3].

Dabei ist es wichtig, die Zuordnung der Artefakte zur Commit-ID dauerhaft festzuhalten. Das kann über Meta-Informationen direkt im Artefakt, über zusätzliche Dateien oder über Meta-Daten im Artefakt-Repository geschehen. Die nächsten Schritte der Deployment-Pipeline holen sich immer nur über das Artefakt-Repository die benötigten Artefakte.

Der letzte Schritt der Deployment-Pipeline ist das tatsächliche Deployment des Artefakts auf dem Zielsystem. Zusätzlich zur Aktualisierung des produktiven Systems wird im Git-Repository noch ein Release-Tag angelegt. Dazu wird die zugeordnete Commit-ID benötigt.

Falls die Pipeline einen Fehler meldet, ist es möglich, den Merge des Feature-Branch rückgängig zu machen.

Voraussetzungen

Nur ein produktives Release: Es gibt nur ein produktives Release, d. h., es werden nicht mehrere Versionen des Produkts oder Projekts parallel gepflegt.

Artefakt-Repository vorhanden: Es existiert ein Artefakt-Repository, in dem die Build-Ergebnisse abgelegt werden können, und zu jedem Artefakt kann eine Commit-ID zugeordnet werden.

Deployment-Pipeline existiert: Es existiert eine Deployment-Pipeline mit umfassenden Tests, die die Stabilität und Release-Reife eines Versionsstandes überprüft.

---

[2] http://www.jfrog.com/open-source/

[3] http://www.sonatype.org/nexus/

Workflow kompakt

Kontinuierlich Releases durchführen

Für ein Projekt, das Continuous Delivery umsetzt, wird ein Release erstellt. Jedes Commit auf dem `master`*-Branch ist ein potenzieller Release-Kandidat. Erfolgreiche Releases werden durch ein Tag markiert.*

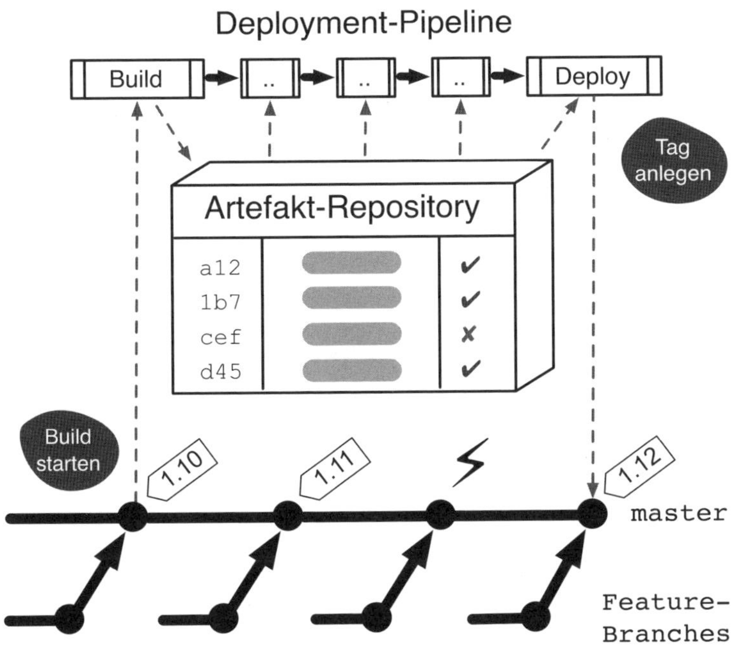

Abb. 20-1
Workflow im Überblick

Ablauf und Umsetzung

Dieser Workflow basiert auf der Anbindung eines Build-Systems für das Betreiben der Deployment-Pipeline und auf der Zusammenarbeit mit einem Artefakt-Repository. Beide Werkzeuge werden nicht Bestandteil der folgenden Beschreibung sein. Es gibt in dem Bereich zu viele Varianten, um diese abschließend und aktuell in einem Buch über Git darzustellen. Um sich über die Anbindung von Jenkins als Build-System zu informieren, lesen Sie das Kapitel »Integration mit Jenkins« ab Seite 285.

Nachfolgend wird davon ausgegangen, dass ein Build-System und ein Artefakt-Repository existiert. Das Build-System ist so konfiguriert, dass es bei Änderungen des `master`-Branch die Deployment-Pipeline startet.

Release-Kandidat erzeugen

Mit Feature-Branches entwickeln → *Seite 161*

Wie bereits in der Übersicht beschrieben, ist der `master`-Branch die Grundlage, um die Release-Kandidaten zu bauen. Neue Features und Bugfixes werden deshalb auf separaten Feature-Branches entwickelt.

Schritt 1: Arbeiten mit Feature-Branches

Pull-Requests bauen → *Seite 291*
Feature-Branches mit Pull-Requests integrieren → *Seite 170*

Normalerweise werden Feature-Branches nach Fertigstellung durch einen manuellen Merge mit dem `master`-Branch zusammengeführt. Möchte man die Qualität vor der Übernahme in den `master`-Branch überprüfen, ist es sinnvoll, vor dem Merge schon Qualitätssicherungsmaßnahmen durchzuführen, z. B. durch einen automatisches Build oder durch ein verpflichtendes Code-Review. Für diese Art der Qualitätssicherung eignen sich Pull-Requests sehr gut. Dazu ist eine zentrale Repository-Verwaltung hilfreich, die dieses Feature unterstützt, z. B. Atlassian Stash[4], GitHub[5] oder GitLab[6]. Egal welches Werkzeug benutzt wird, am Ende ist der Feature-Branch durch einen Merge-Commit mit dem `master`-Branch vereinigt.

Schritt 2: Aktuelle Commit-ID ermitteln

Nachdem der Feature-Branch in den `master`-Branch integriert wurde, startet die Deployment-Pipeline mit dem Bau des Merge-Commit. Das Ergebnis sind Build-Artefakte, die in einem Artefakt-Repository abge-

[4] https://www.atlassian.com/software/stash
[5] https://github.com
[6] https://gitlab.com

legt werden. Dabei ist die Zuordnung zur Commit-ID wichtig, um am Ende der Pipeline das Commit mit einem Tag versehen zu können.

Die Ermittlung von Commit-IDs für einen Branch oder Tag übernimmt der `rev-parse`-Befehl:

```
> git rev-parse --verify master
```

`--verify`: Stellt sicher, dass nur ein Parameter übergeben wird und dieser in einen gültigen Hashwert umgewandelt werden kann.

Diesen Befehl kann man während des Builds aufrufen und das Ergebnis dem Artefakt zuordnen.

Alternativ stellen auch die meisten Build-Systeme die aktuell verwendete Commit-ID in einer Umgebungsvariable zur Verfügung, z. B. `GIT_COMMIT` im Jenkins.

Schritt 3: Umgang mit Fehlern in der Deployment-Pipeline

Im besten Fall läuft die Deployment-Pipeline ohne Fehler durch und der Release-Kandidat wird produktiv gesetzt. Wenn es zu Fehlern kommt, ist es in den meisten Fällen einfach, diese zeitnah zu beheben. Bei einem Continuous-Delivery-Prozess sind Änderungen typischerweise kleinteilig, und somit sind die möglichen Fehlerursachen häufig leicht zu identifizieren.

Ist der Fehler gefunden, wird ein neuer Feature-Branch mit der Fehlerkorrektur erzeugt und abgegeben. Dadurch wird die Deployment-Pipeline erneut gestartet und dieses Mal hoffentlich erfolgreich durchlaufen.

Wenn es schwierig ist, die Fehlerursache zu finden, oder wenn die Lösung zeitaufwendig ist, kann es sinnvoll sein, die Änderungen erst mal wieder vom `master`-Branch zu entfernen. Dadurch können andere Features und Bugfixes während der Fehlerkorrektur produktiv gesetzt werden.

Für das Zurücknehmen von Änderungen gibt es den `revert`-Befehl. Bei diesem gibt man eine Commit-ID an, und Git wird auf dem aktuellen Branch ein neues Commit mit den inversen Änderungen erzeugen. Für den fehlerhaften Feature-Branch bedeutet das, dass man den Merge-Commit rückgängig machen muss:

```
> git revert --mainline 1 <merge-commit-id>
```

`--mainline`: Für die Berechnung des inversen Deltas muss sich der `revert`-Befehl immer auf genau einen Parent beziehen. In diesem Fall handelt es sich um einen Merge-Commit und die Änderung soll im Bezug auf den ersten Parent, also den `master`-Branch, zurückgenommen werden.

Den `revert`-Befehl kann man entweder direkt auf dem `master`-Branch ausführen, oder man legt einen neuen Feature-Branch an und führt den Befehl dort aus[7]. Wenn man mit einem neuen Feature-Branch arbeitet, wird dieser nach dem Revert normal über einen Pull-Request abgegeben.

Abb. 20-2 *Fehler in Feature-Branch beheben*

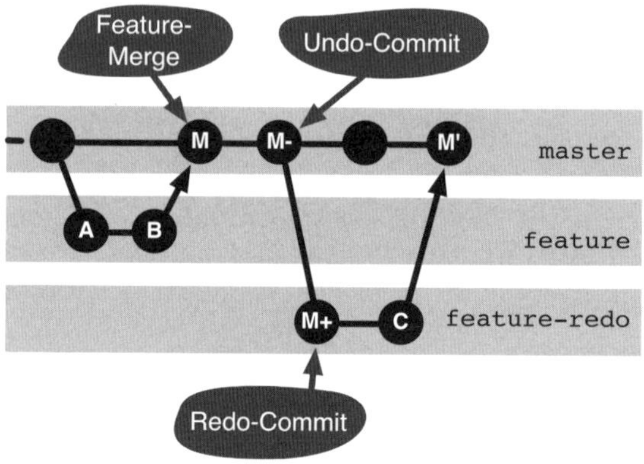

Warum nach einem Revert nicht auf dem originalen Feature-Branch weiterarbeiten? → *Seite 200*

Für die eigentliche Fehlerkorrektur legt man einen neuen Feature-Branch an und erzeugt auf diesen das inverse Commit von der Fehlerkorrektur. Das heißt, das Commit, das beim vorigen `revert`-Befehl entstanden ist, wird nochmals invertiert, und damit werden die originalen Änderungen auf den neuen Feature-Branch gebracht:

```
> git checkout master
> git pull
> git checkout -b feature-a-korrektur
> git revert <undo-commit-id>
```

Auf den neuen Branch kann man nun die Fehlerkorrektur durchführen und am Ende einen neuen Pull-Request stellen. In Abbildung 20-2 ist der Ablauf des Undo und Redo mit Fehlerbehebung skizziert.

Schritt 4: Release-Tag anlegen

Versionen markieren → *Seite 103*

Ist die Deployment-Pipeline ohne Fehler durchlaufen worden und der Release-Kandidat auf das Zielsystem ausgerollt, dann soll das Release-Commit durch ein Tag markiert werden.

Als Erstes muss die zugehörige Commit-ID über das Artefakt-Repository, über einen Parameter der Deployment-Pipeline oder direkt über das Build-Artefakt ermittelt werden.

---

[7] Einige Repository-Verwaltungen haben für das Rückgängigmachen von Pull-Requests auch schon direkte Unterstützung im UI, z. B. GitHub.

Dann kann man mit dem `tag`-Befehl ein neues Release-Tag erzeugen. Dabei ist es sinnvoll, den Release-Tags ein Präfix zu geben, z. B. `rel/`.

Im Kontext eines Continuous-Delivery-Prozesses ist es meistens nicht möglich bzw. sinnvoll, semantische Versionsnummern[8] zu vergeben. Das heißt, es entstehen keine Versionen mit dem typischen dreistufigen `Major.Minor.Bugfix`-Muster. Häufig wird einfach nur durchnummeriert, ggf. wird noch eine Major-Nummer mitgeführt[9].

```
> git tag -a rel/1.42 -m "Rel 1.42" <release-commit-id>
```

Dieser Befehl wird in der Deployment-Pipeline als Bestandteil des Deploy-Schrittes ausgeführt. Auch dafür existieren ggf. schon Plug-ins in dem jeweiligen Build-Werkzeug.

Warum nicht anders?

Warum nicht auf Feature-Branches verzichten?

Der oben beschriebene Workflow geht von dem Einsatz von Feature-Branches aus. Wäre es nicht auch möglich, dass alle gemeinsam auf dem `master`-Branch arbeiten?

Gemeinsam auf einem Branch entwickeln
→ Seite 153

Dabei würde jeder Entwickler auf seinem lokalen `master`-Branch neue Commits anlegen und am Ende dann durch Pull und Push die Änderungen auf den zentralen `master`-Branch bringen. Die Arbeit mit der Deployment-Pipeline würde genauso funktionieren wie oben beschrieben.

Pull-Requests bauen
→ Seite 291

Allerdings würde dadurch die Möglichkeit wegfallen, die Features und Bugfixes vor dem offiziellen Merge auf dem Build-Server zu bauen und zu testen. Es wäre natürlich immer noch möglich, die Tests lokal durchzuführen. Doch das erfordert viel Disziplin von den Entwicklern, und es können Fehler durch Unterschiede in den Umgebungen übersehen werden.

Im Endeffekt wird dadurch die Wahrscheinlichkeit erhöht, dass es in der Deployment-Pipeline zu Fehlern kommt.

Warum nicht auf Tags verzichten?

Sind die Release-Tags wirklich notwendig? Würde es nicht ausreichen, den Commit-Hash zu kennen?

---

[8] http://semver.org/

[9] Alternativ wird das Release mit dem aktuellen Zeitstempel und der verkürzten Commit-ID gebildet, z. B. 201505050931-3ed45

Typischerweise kommen die Release-Nummern bei der Kommunikation mit den Anwendern zum Einsatz – zum Beispiel im Falle eines Fehlers, wenn der Anwender einen Report erstellen soll. In dem Kontext sind die Hashwerte nicht besonders einprägsam und auch sehr lang.

Wenn die Eingabe von Fehlerreports automatisiert werden kann und der Anwender sich nicht um die Eingabe der Versionsnummer kümmern muss, fällt diese Begründung für Release-Tags weg.

Wenn man Continuous Deployment sehr konsequent einsetzt, dann sind mehrere Dutzend Releases pro Tag keine Seltenheit. In dem Kontext kann die schiere Anzahl von Release-Tags zum Problem werden. In dem Fall kann es sinnvoll sein, die Tags nicht in das Standard-Entwicklungs-Repository zu übertragen, sondern ein spezielles zentrales Repository für die Release-Tags zu haben. Dann würden die Entwickler die Tags per Default nicht sehen.

Warum nach einem Revert nicht auf dem originalen Feature-Branch weiterarbeiten?

In Abschnitt »Schritt 3: Umgang mit Fehlern in der Deployment-Pipeline« wurde erklärt, wie man Merges von Feature-Branches mit dem `revert`-Befehl rückgängig machen kann. Für die Fehlerbehebung wurde ein neuer Feature-Branch angelegt, das erzeugte Undo-Commit mit dem `revert`-Befehl nochmals invertiert und dann auf dem neuen Feature-Branch die Fehlerkorrektur durchgeführt.

Wäre es nicht einfacher, den neuen Feature-Branch an dem Commit vor dem Merge wieder aufzusetzen, d. h., auf das Revert des Reverts zu verzichten (Abbildung 20-3)?

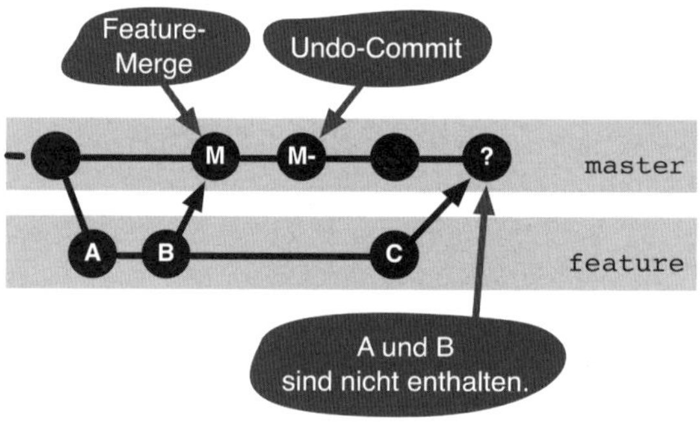

Abb. 20-3 *Fehlerhafte Behebung von Fehlern in Feature-Branches*

Leider funktionert das mit Git nicht. Da der Merge mit dem `master`-Branch bereits durchgeführt wurde und dieses Merge-Commit auch dauerhaft vorhanden bleibt, würden bei einem erneuten Merge des Feature-Branch nur die neuen Änderungen übernommen werden. Im Endeffekt wäre dann zwar die Fehlerkorrektur enthalten, aber nicht die eigentlichen Feature-Commits.

21 Periodisch Releases durchführen

Dieser Workflow beschreibt einen Releaseprozess für ein typisches Webprojekt. Bei unserem Webprojekt gibt es immer nur ein produktives Release und ein zukünftiges Release. Im produktiven Release sollen schwerwiegende Fehler und Sicherheitsrisiken sehr schnell behoben werden (sogenannte Hotfixes). Das neue Release soll vor dem Veröffentlichen eine ausführliche mehrtägige Testphase (Codefreeze-Phase) durchlaufen. Parallel soll die Weiterentwicklung für das nächste Release erfolgen können.

Dieser Workflow zeigt, wie ein Releaseprozess für ein Projekt mit Git so umgesetzt wird, dass

- Hotfixes auf dem produktiven Release unterstützt werden,
- die parallele Arbeit am neuen Release während der Codefreeze-Phase möglich ist,
- garantiert ist, dass alle Fehler, die als Hotfix oder während der Testphase behoben werden, in den Entwicklungsstand zurückfließen,
- die Historie der Releases und Hotfixes einfach abzurufen ist und
- Vergleiche zwischen Releases und Entwicklungsständen einfach möglich sind.

Überblick

Abbildung 21-1 zeigt die Branches, die für die Entwicklung und den Releaseprozess benötigt werden.

Mit Feature-Branches entwickeln → Seite 161

Die Entwicklung findet auf dem `master`-Branch statt. Dabei ist es unerheblich, ob Feature-Branches benutzt werden oder nicht. Wichtig ist nur, dass der `master`-Branch den Code enthält, der zum nächsten Release führen soll.

Gemeinsam auf einem Branch entwickeln → Seite 153

Während der Vorbereitung des Release wird ein eigener `codefreeze`-Branch benutzt, um das zukünftige Release zu stabilisieren. Parallel kann auf dem `master`-Branch für das nächste Release weiterentwickelt werden.

Sobald die Stabilisierung abgeschlossen ist, wird ein Release-Commit auf dem `stable`-Branch angelegt und gleichzeitig ein Release-Tag erzeugt.

Tritt im produktiven Release ein schwerwiegender Fehler auf, wird ein neuer `hotfix`-Branch angelegt. Nach der Fehlerbehebung wird ein Hotfix-Commit auf dem `stable`-Branch ausgeführt und ein Release-Tag angelegt.

Der `codefreeze`-Branch und die `hotfix`-Branches existieren nur so lange, wie die Stabilisierung bzw. die Fehlerbehebung stattfindet.

Die Änderungen während der Stabilisierung und des Hotfix werden immer durch Merges in den `master`-Branch zurückgeführt.

Voraussetzungen

Nur ein produktives Release: Es gibt nur ein produktives Release, d. h., es werden nicht mehrere Versionen des Produkts oder Projekts parallel gepflegt.[1]

Stabiler Entwicklungsstand: Der Entwicklungs-Branch ist gut getestet, und die zu erwartenden Fehler in der Codefreeze-Phase sind überschaubar, sodass diese in wenigen Tagen abgeschlossen werden kann.

Vollständiges Release: Es gehen immer alle Neuerungen bzw. Änderungen des Entwicklungs-Branches in das nächste Release ein.

[1] Natürlich kann Git auch mit mehreren Releases umgehen. Doch der hier vorgestellte Workflow ist nur für ein produktives Release ausgelegt. Ansonsten würde man mehr Branches und Cherry-Picking benötigen.

Workflow kompakt

Periodisch Releases durchführen

Für ein Projekt wird regelmäßig ein neues Release *erstellt. Die Vorbereitung des Release findet in einem separaten Branch statt. Auf dem aktuell produktiven Release können Hotfixes durchgeführt werden.*

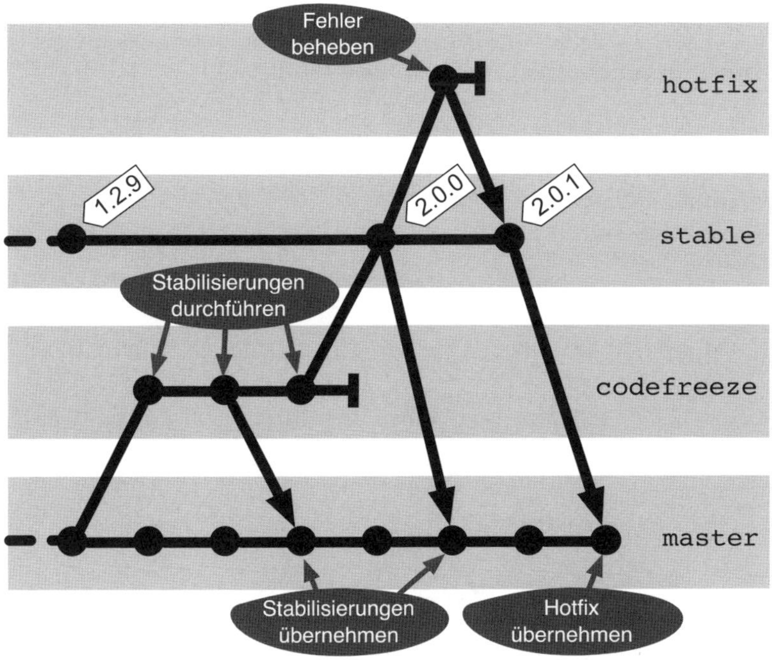

Abb. 21-1
Workflow im Überblick

Ablauf und Umsetzung

Vorbereitung: `stable`-Branch anlegen

Der folgende Abschnitt beschreibt die einmalige Vorbereitung des Repositorys, um Releases durchzuführen.

Commit-Historie zeigen → *Seite 34*

Für den Workflow wird ein `stable`-Branch benötigt. Dieser soll nur Commits enthalten, die ein neues Release oder ein Hotfix-Release darstellen. Die First-Parent-History des `stable`-Branch kann als Release-Historie benutzt werden, z. B. mit dem `log`-Befehl:

```
> git checkout stable
> git log --first-parent --oneline
```

```
5901ec9 Hotfix-Release-2.0.1
b955c9c Release-2.0.0
5d0173d Release-1.0.0
3a05e26 init
```

`--first-parent`: Bei einem Commit wird nur der erste Vorgänger (Parent) betrachtet.
`--oneline`: Die Commit-Logs sollen nur einzeilig ausgegeben werden.

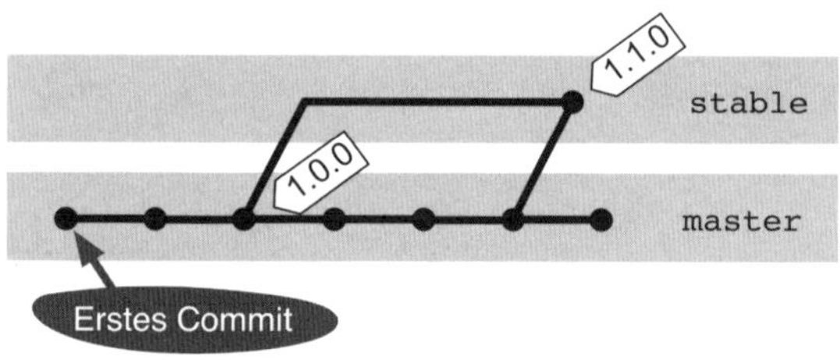

Abb. 21-2 `stable`-*Branch beim ersten Release beginnen lassen*

Es ist wichtig, den Anfang des `stable`-Branch korrekt festzulegen. Wenn der `stable`-Branch beim ersten Release-Commit angelegt wird, dann sind in der First-Parent-History die bisherigen Commits des `master`-Branch enthalten (Abbildung 21-2).

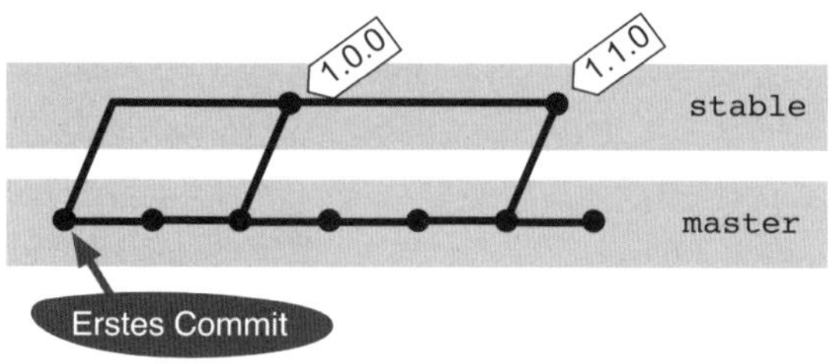

Abb. 21-3 `stable`-*Branch beim ersten Commit beginnen lassen*

Besser ist es, den `stable`-Branch beim ersten Commit des `master`-Branch beginnen zu lassen. Dann wird nur ein unnötiges Commit (siehe »Erstes Commit« in Abbildung 21-3) in der Release-Historie enthalten sein.

Schritt 1: Erstes Commit ermitteln

Leider gibt es in Git keinen einfachen Befehl, um das erste Commit eines Branch zu ermitteln. Der beste Weg besteht darin, das Log auszugeben und den letzten Eintrag zu suchen:

```
> git log --oneline --first-parent | tail -1

3a05e26 init
```

`--oneline`: Die Commit-Logs werden nur einzeilig ausgegeben.

`--first-parent`: Für die Ausgabe wird nur der erste Parent der Commits beachtet. Dies führt zu weniger Ausgaben und somit zu einem schnelleren Ergebnis.

`| tail -1`: Gibt von der Log-Ausgabe nur die letzte Zeile aus.

Schritt 2: `stable`-Branch anlegen

Branch erstellen → *Seite 60*

Nachdem das erste Commit gefunden wurde, kann der `stable`-Branch angelegt werden. Beim `branch`-Befehl wird zusätzlich zum Branch-Namen das Start-Commit angegeben:

```
>  git branch stable 3a05e26
```

Release vorbereiten und erstellen

Der folgende Abschnitt beschreibt, welche Schritte notwendig sind, um ein Projekt mit Git zu releasen.

Die Entwicklung des Projekts findet auf dem `master`-Branch statt. Auf diesem werden auch die notwendigen Unittests und Integrationstests durchgeführt.

Sobald die Entwicklung abgeschlossen ist und das Release durchgeführt werden soll, werden typischerweise noch weitere und intensivere Tests vorgenommen. Diese Phase wird häufig als »Codefreeze« bezeichnet. Das bedeutet, dass am Code nur noch releasekritische Bugfixes und ggf. Workarounds implementiert werden. Wie lange diese Phase dauert, hängt stark vom Entwicklungsprozess, von der vorhandenen Codequalität und von den Testaufwänden ab. Es kann sich dabei um einige Stunden oder um mehrere Wochen handeln.

Damit nicht die Entwicklung für das nächste Release während der Codefreeze-Phase stockt, wird die Stabilisierung des Release in einem eigenen `codefreeze`-Branch durchgeführt. Dieser existiert nur so lange, bis das neue Release stabilisiert wurde. Beim nächsten Release wird wieder ein neuer `codefreeze`-Branch angelegt.

Schritt 1: `codefreeze`-Branch anlegen

Branch erstellen
→ *Seite 60*

Der `codefreeze`-Branch wird basierend auf dem aktuellen `master`-Branch angelegt. Der `checkout`-Befehl kann genutzt werden, um den neuen Branch anzulegen und zu aktivieren:

```
> git checkout -b codefreeze master
```

Schritt 2: Stabilisierung mit dem `codefreeze`-Branch

Im `codefreeze`-Branch werden nur Fehler behoben, die ein Release verhindern. Die Fehlerbehebung erfolgt dabei nach dem Grundsatz der minimalen Änderung. Falls es keine einfache minimale Lösung des Fehlers gibt, wird notfalls ein Workaround implementiert.

Branches zusammenführen
→ *Seite 65*

Die neuen Commits auf dem `codefreeze`-Branch müssen regelmäßig in den `master`-Branch gebracht werden. Dadurch werden einmal behobene Fehler auch in der aktuellen Entwicklung beseitigt.

```
> git checkout master
> git merge codefreeze
```

Wurden im `codefreeze`-Branch Workarounds eingebaut, so werden diese auch in den `master`-Branch übernommen. Im `master`-Branch können die Workarounds ausgebaut (z. B. mit dem `revert`-Befehl) und durch eine bessere Implementierung ersetzt werden (Abbildung 21-4).

Abb. 21-4
Umgang mit Bugfixes und Workarounds

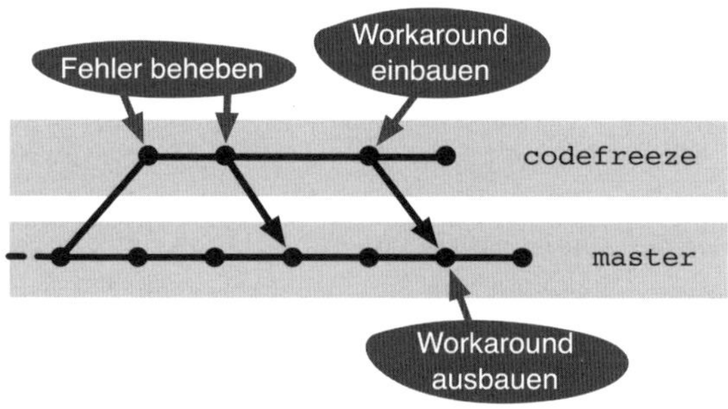

Schritt 3: Release erstellen

Nachdem der codefreeze-Branch erfolgreich getestet wurde, kann das Release erstellt werden.

Dafür muss ein Merge vom codefreeze-Branch in den stable-Branch durchgeführt werden. Dabei ist es wichtig, dass es keine Commits im stable-Branch gibt, die noch nicht im codefreeze-Branch getestet worden sind.[2] Solche Commits würden zu einem Merge führen, sodass im stable-Branch ein Release entsteht, das in dieser Zusammenstellung nicht getestet wurde.

Commit-Historie zeigen → Seite 34

Der folgende log-Befehl überprüft, ob es Commits gibt, die im stable-Branch vorhanden sind, aber im codefreeze-Branch fehlen. Keine Ausgabe bedeutet dabei, dass es keine neuen Commits im stable-Branch gibt.

```
> git log codefreeze..stable --oneline
```

Falls der log-Befehl zu einer Ausgabe führt, so ist ein erneuter Merge vom stable- in den codefreeze-Branch notwendig, und die Tests für das Release sind nochmals durchzuführen.

Falls die Log-Ausgabe leer bleibt, kann das Merge des codefreeze-Branch in den stable-Branch durchgeführt werden.

Fast-Forward-Merges → Seite 72

Normalerweise würde Git bei diesem Merge einen Fast-Forward durchführen, da wir ja vorab getestet haben, dass es keine neuen Commits im stable-Branch gibt. Um jedoch eine sinnvolle First-Parent-History auf dem stable-Branch zu erreichen, erzwingt die Option --no-ff ein neues Commit. Im Kommentar des neuen Commits sollten die wichtigen Informationen zu dem Release hinterlegt werden:

```
> git checkout stable
> git merge codefreeze --no-ff -m "Release-2.0.0"
```

--no-ff: Keinen Fast-Forward-Merge durchführen, d. h., es wird immer ein neues Commit angelegt.

Versionen markieren → Seite 103

Neben dem Commit soll ein neues Tag für das Release angelegt werden. Das Tag dient dazu, schnell auf das Release-Commit zugreifen zu können, z. B. für den diff-Befehl.

```
> git tag -a release-2.0.0 -m "Release-2.0.0"
```

Branch löschen → Seite 62

Zum Abschluss wird der codefreeze-Branch gelöscht. Dieser diente nur zur Stabilisierung und wird beim nächsten Release wieder neu angelegt.

```
> git branch -d codefreeze
```

[2] Das kann zum Beispiel passieren, wenn ein Hotfix durchgeführt und das Ergebnis nicht mit dem codefreeze-Branch vereinigt wurde.

Schritt 4: `master`-Branch aktualisieren

Nachdem nun das Release durchgeführt wurde, soll garantiert werden, dass alle Änderungen des Release auch im `master`-Branch enthalten sind.

Abb. 21-5
Commits beim Releasen

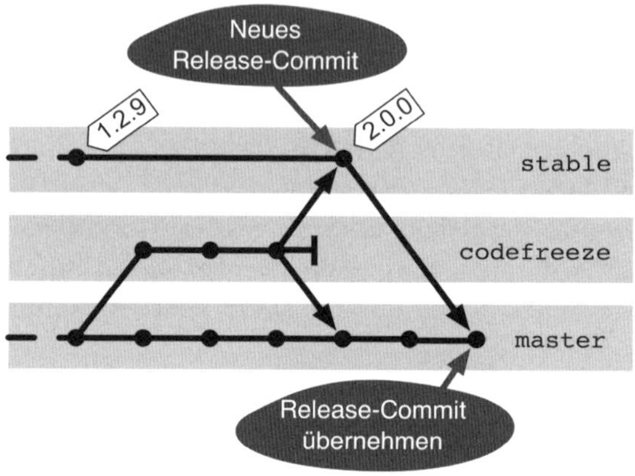

Branches zusammenführen
→ *Seite 65*

Auch wenn bereits alle Bugfix-Commits des `codefreeze`-Branch in den `master`-Branch übernommen wurden, existiert immer noch das neue Release-Commit (Abbildung 21-5). Dieses Release-Commit verändert zwar keine Dateien und ist somit unbedeutend für den `master`-Branch, doch bei Abfragen wie »Welches Commit ist im `stable`-Branch, aber nicht im `master`-Branch?« würde dieses Commit regelmäßig auftauchen. Deswegen wird der `stable`-Branch mit dem `master`-Branch zusammengeführt:

```
> git checkout master
> git merge stable -m "Nach Release-2.0.0"
```

Damit ist das neue Release aus Sicht der Versionsverwaltung vollständig angelegt worden.

Hotfix durchführen

Ein *Hotfix* ist eine dringliche Änderung, die schnellstmöglich und unabhängig von anderen Änderungen verteilt werden soll. Ein Hotfix wird direkt gegen den Stand des aktuellen Release implementiert. Weniger wichtige Fehler werden in Webanwendungen typischerweise mit dem nächsten Release behoben. Doch ein Fehler, der das Arbeiten mit dem System unmöglich macht bzw. zu Sicherheitsrisiken führen kann, muss sofort behoben werden.

Schritt 1: `hotfix`-Branch anlegen und Fehler beheben

Die Behebung des Fehlers findet in einem eigenen `hotfix`-Branch statt. Um auch die parallele Bearbeitung von mehreren Hotfixes zu ermöglichen, bekommt jeder Hotfix einen eigenen Branch.

Ausgangspunkt ist dabei der `stable`-Branch. Dieser zeigt auf das letzte produktive Release:

Branch erstellen → Seite 60

```
> git checkout -b hotfix-a1 stable
```

Nun können die notwendigen Änderungen am Projekt durchgeführt werden.

Schritt 2: Überprüfen, ob parallele Hotfixes stattgefunden haben

Ist der Fehler behoben und soll ein neues Release erzeugt werden, muss überprüft werden, ob es in der Zwischenzeit bereits einen anderen Hotfix gab. Dazu nutzt man den `log`-Befehl, um Commits zu finden, die im `stable`-Branch enthalten sind, aber nicht im `hotfix`-Branch:

Commit-Historie zeigen → Seite 34

```
> git log hotfix-a1..stable --oneline
```

Falls es zu einer Ausgabe von Commits kommt, dann gab es zwischenzeitlich Änderungen am `stable`-Branch. Bevor der Hotfix eingespielt werden kann, muss überprüft werden, ob die übrigen Änderungen mit dem Hotfix zusammen funktionieren. Damit die Historie linear bleibt, wird der Hotfix mittels Rebasing auf das letzte Commit des `stable`-Branches aufgesetzt (Abbildung 21-6).

Mit Rebasing die Historie glätten → Seite 79

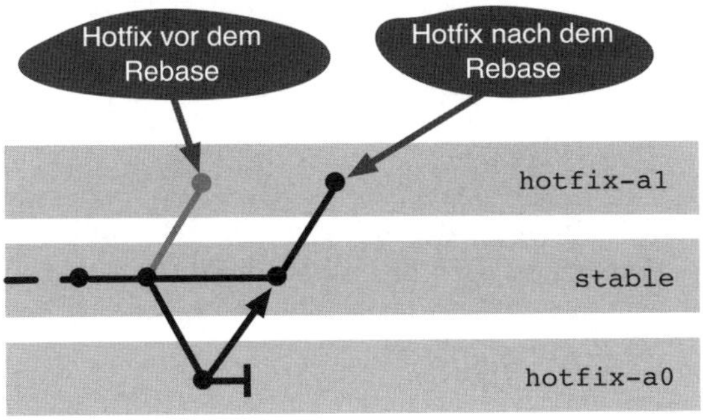

Abb. 21-6 *Rebase des Hotfix-Branch*

```
> git rebase stable
```

Jetzt basieren die Hotfix-Commits auf den letzten Commits des `stable`-Branch. Anschließend führt man nochmals die notwendigen Tests durch.

Schritt 3: Hotfix freigeben

Fast-Forward-Merges
→ *Seite 72*

Um den Hotfix offiziell freizugeben, wird der `hotfix`-Branch mit dem `stable`-Branch vereinigt. Auch hier wird ein Fast-Forward-Merge unterdrückt, um ein neues Commit anzulegen. Im Kommentar des Merge gibt man die notwendigen Release-Informationen an:

```
> git checkout stable
> git merge hotfix-a1 --no-ff -m "Hotfix-Release-2.0.1"
```

Versionen markieren
→ *Seite 103*

Neben dem Commit wird wieder ein neues Tag für das Release angelegt:

```
> git tag -a release-2.0.1 -m "Hotfix-Release 2.0.1"
```

Branch löschen
→ *Seite 62*

Zum Schluss kann der `hotfix`-Branch gelöscht werden:

```
> git branch -d hotfix-a1
```

Schritt 4: Hotfix-Änderungen in andere Branches übernehmen

Fehler, die mit einem `hotfix`-Branch behoben wurden, müssen in die anderen aktiven Branches übertragen werden.

Abb. 21-7
Hotfixes in den `codefreeze`- *und den* `master`-*Branch übernehmen*

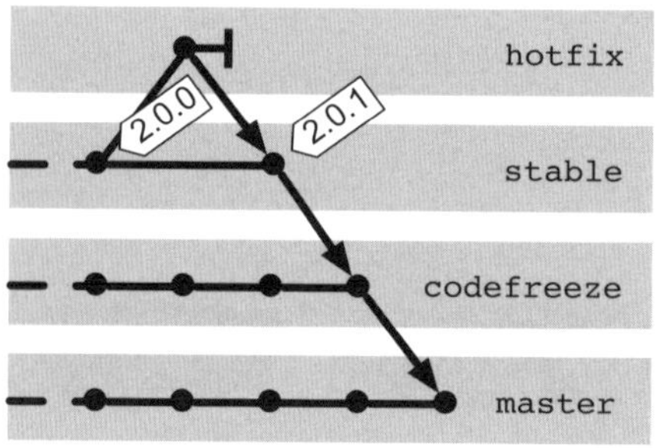

Branches zusammenführen
→ *Seite 65*

Trat der Hotfix während einer Codefreeze-Phase auf, dann muss der Hotfix erst in den `codefreeze`-Branch gebracht werden. Anschließend werden dann die Änderungen des `codefreeze`-Branch in den `master`-Branch übertragen (Abbildung 21-7):

```
> git checkout codefreeze
> git merge stable -m "Hotfix 2.0.1"
> git checkout master
> git merge codefreeze -m "Hotfix 2.0.1"
```

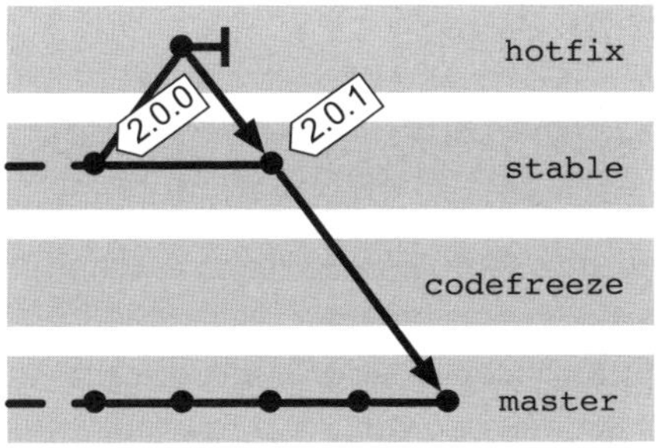

Abb. 21-8
Hotfixes in den `master`*-Branch übernehmen*

Trat der Hotfix nicht während einer Codefreeze-Phase auf, werden die Änderungen direkt in den `master`-Branch übernommen (Abbildung 21-8):

```
> git checkout master
> git merge stable -m "Hotfix 2.0.1"
```

Git-Flow – Ein ähnliches Branch-Modell

Vincent Driessen[3] beschreibt in seinem Blog-Post ein Branch-Modell, das unter den Namen *Git-Flow* bekannt geworden ist.

Das Git-Flow-Modell unterscheidet sich von dem hier beschriebenen Workflow hauptsächlich in der Benennung der Branches. So werden produktive Releases auf dem `master`-Branch anstelle des `stable`-Branch erstellt. Die Entwicklung findet entsprechend auf dem `develop`-Branch und nicht auf dem `master`-Branch statt. Auch der `codefreeze`-Branch hat einen neuen Namen: `release`-Branch.

Ansonsten gibt es noch eine kleine Abweichung beim Mergen. Im Git-Flow-Modell wird der `release`-Branch gleichzeitig in den `master`-Branch und den `develop`-Branch übertragen, während in dem von uns beschriebenen Branch-Modell der `codefreeze`-Branch erst in den `stable`-Branch und dann in den `master`-Branch übertragen wird.

Alles in allem sind sich die beiden Modelle aber sehr ähnlich.

[3] http://nvie.com/posts/a-successful-git-branching-model

Warum nicht anders?

Warum nicht nur mit Tags?

Versionen markieren
→ *Seite 103*

In dem beschriebenen Workflow werden ein `stable`-Branch und zusätzlich Tags für die Kennzeichnung der Releases benutzt. Würde der Einsatz von Tags nicht ausreichend sein?

Zum reinen Kennzeichnen und damit Reproduzieren der Releases würde tatsächlich der Einsatz von Tags reichen.

Wenn es jedoch darum geht, die Historie der Releases und der Hotfix-Releases nachzuvollziehen, dann sind Tags alleine unpraktisch. So kann anhand der Tag-Namen die chronologische Reihenfolge nur erraten werden. Mit einem `stable`-Branch kann man dagegen die First-Parent-History benutzen.

Warum nicht auf Tags verzichten?

Tags sind symbolische Namen für Commits. Möchte man den aktuellen Entwicklungsstand mit einem bestimmten Release vergleichen (`diff`-Befehl), dann sind Tags praktischer als die Hashwerte:

```
> git diff release-1.0.0
```

Würde man auf Tags verzichten, müsste man als Erstes im `stable`-Branch das richtige Commit suchen und dann den Hashwert angeben:

```
> git diff 5d0173d
```

Warum keine Fast-Forward-Merges?

Fast-Forward-Merges
→ *Seite 72*

In Git sind Branches nur Referenzen auf Commits. Wenn ein Branch aktiviert ist (`checkout`-Befehl), dann wird die Referenz bei jedem neuen Commit automatisch aktualisiert. Es gibt keine historischen Informationen, welches Commit in welchem Branch angelegt wurde. Die einzige »heuristische« Möglichkeit besteht darin, die First-Parent-History eines Branch zu nutzen.

Ein Fast-Forward-Merge führt dazu, dass zwei Branches auf dasselbe Commit zeigen.[4] Wenn jetzt die First-Parent-History benutzt wird, ist nicht mehr nachvollziehbar, in welchem der beiden Branches die Vorgänger-Commits angelegt wurden.

---

[4] Dieses Verhalten ist auch in vielen Fällen sinnvoll, z. B. wenn zwei Branches gegenseitig den `merge`-Befehl aufrufen. Auf diese Weise entstehen keine unnötigen leeren Commits.

Unterdrückt man einen Fast-Forward-Merge, wird immer ein neues Commit angelegt. Der erste Parent zeigt auf das letzte Commit des aktuellen Branch und der zweite Parent auf das hinzugefügte Commit.

Warum den Hotfix nicht direkt auf dem `stable`-Branch implementieren?

Der Workflow beschreibt, dass für das Beheben eines schweren Fehlers ein separater `hotfix`-Branch angelegt werden soll. Prinzipiell wäre es auch möglich, direkt im `stable`-Branch zu arbeiten.

Dadurch würden jedoch unter Umständen in der First-Parent-History des `stable`-Branch Commits auftauchen, für die es keine zugeordneten Releases gab. Das passiert immer dann, wenn für einen Hotfix mehr als ein Commit angelegt werden muss.

Auch das parallele Erstellen von Hotfixes kann erschwert werden.

22 Mit mehreren aktiven Releases arbeiten

Bei der Entwicklung von Software-Produkten ist es typischerweise notwendig, mit mehreren aktiven Releases gleichzeitig umzugehen. Nicht alle Kunden können immer und zu jedem Zeitpunkt auf die aktuellste Version der Software wechseln. Treten schwerwiegende Fehler und Sicherheitsrisiken auf, müssen diese sehr schnell in allen aktiven Releases behoben werden (sogenannte Hotfixes). Es muss sichergestellt werden, dass alle Hotfixes aus älteren Versionen auch in die aktuelleren Versionen einfließen. Unter Umständen ist auch ein *Backport* eines Features oder Hotfix von einer neueren Version auf eine ältere Version notwendig.

Vor dem Veröffentlichen eines neuen Release soll dieses ausführlich getestet werden. Weiterentwicklung und Hotfixes sollen parallel entwickelt werden können.

Dieser Workflow zeigt, wie ein Releaseprozess für ein Produkt mit mehreren aktiven Releases so umgesetzt wird, dass

- Hotfixes auf mehreren aktiven Releases unterstützt werden,
- die parallele Arbeit am neuen Release während der Testphase möglich ist,
- garantiert ist, dass alle Fehler, die während der Testphase behoben werden, in alle neueren Releases und den Entwicklungsstand zurückfließen,
- Backports von neueren Releases auf ältere Releases unterstützt werden und
- Vergleiche zwischen verschiedenen Releases und Entwicklungsständen einfach möglich sind.

Überblick

Abbildung 22-1 zeigt die Branches, die für die Entwicklung und den Releaseprozess benötigt werden.

Mit Feature-Branches entwickeln → Seite 161

Die Entwicklung findet auf dem `master`-Branch statt. Dabei ist es unerheblich, ob Feature-Branches benutzt werden oder nicht. Wichtig ist nur, dass der `master`-Branch den Code enthält, der zum nächsten Release führen soll.

Gemeinsam auf einem Branch entwickeln → Seite 153

Für jedes aktive Release gibt es einen eigenen Branch. Ein neuer Release-Branch wird ausgehend vom `master`-Branch angelegt, sobald die Entwicklung abgeschlossen ist und die Testphase für das neue Release beginnen soll. Parallel zur Testphase kann auf dem `master`-Branch für das nächste Release weiterentwickelt werden.

Versionen markieren → Seite 103

Sobald die Testphase abgeschlossen ist, wird auf dem Release-Branch ein neues Release-Tag angelegt. Die Änderungen während der Testphase werden immer durch Merges in den `master`-Branch zurückgeführt.

Soll ein Hotfix durchgeführt werden, wird dieser auf dem Branch des ältesten betroffenen aktiven Release umgesetzt. Anschließend wird durch Merges der Hotfix in die neueren Releases übernommen. Zum Schluss wird durch ein weiteres Merge der Hotfix in den `master`-Branch zurückgeführt.

Sind Hotfixes nur in älteren Releases notwendig, aber nicht in den aktuellen Releases, wird trotzdem ein Merge durchgeführt. Dabei werden aber die Änderungen nicht übernommen (Merge-Strategie OURS). Dadurch wird sichergestellt, dass nachfolgende Merges mit relevanten Hotfixes keine unbeabsichtigten Seiteneffekte haben.

Wurde ein Hotfix in einem aktuelleren Release durchgeführt und soll er in ein älteres Release übernommen werden (Backport), so werden die relevanten Commits mit dem `cherry-pick`-Befehl kopiert. Anschließend wird wieder mit der Merge-Kaskade der Hotfix in die aktuelleren Releases und den `master`-Branch übernommen.

Voraussetzungen

Wenig Entwicklungsarbeit auf älteren Releases: Auf älteren Releases werden nur Hotfixes und minimale Feature-Erweiterungen durchgeführt.

Ähnliche Dateistruktur zwischen Releases: Die zugrunde liegende Aufteilung der Verzeichnisse und Dateien muss zwischen allen aktiven Releases ähnlich sein. Ansonsten sind die Merges der Hotfixes zwischen den aktiven Releases nicht möglich.

Workflow kompakt

Mit mehreren aktiven Releases arbeiten

Für ein Software-Produkt werden mehrere Releases parallel betreut. Jedes Release wird auf einem separaten Branch vorbereitet. Hotfixes können zwischen Releases ausgetauscht werden.

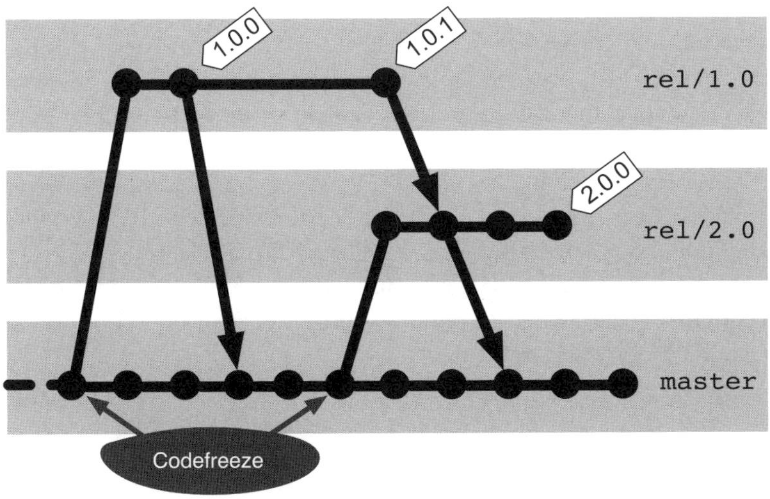

Abb. 22-1
Workflow im Überblick

Ablauf und Umsetzung

Release vorbereiten und erstellen

Der folgende Abschnitt beschreibt, welche Schritte notwendig sind, um ein neues Release zu erstellen.

Die Entwicklung des Projekts findet auf dem `master`-Branch statt. Auf diesem werden auch die notwendigen Unittests und Integrationstests durchgeführt.

Sobald die Entwicklung abgeschlossen ist und das Release durchgeführt werden soll, werden typischerweise noch weitere und intensivere Tests vorgenommen. Während der Testphase werden nur noch releasekritische Bugfixes und ggf. Workarounds implementiert. Wie lange diese Phase dauert, hängt stark vom Entwicklungsprozess, von der vorhandenen Codequalität und von den Testaufwänden ab. Es kann sich dabei um einige Stunden oder um mehrere Wochen handeln.

Damit nicht die Entwicklung für das nächste Release während der Testphase stockt, wird die Stabilisierung des Release schon auf dem `release`-Branch durchgeführt.

Bei der Benennung der Releases gehen wir von dem Muster MAJOR .MINOR.PATCH[1] aus. Immer wenn ein Hotfix durchgeführt wird, wird nur die letzte Nummer erhöht. Die Namen der Release-Branches enthalten nur den MAJOR.MINOR-Bestandteil. Die Release-Tags bekommen das vollständige Muster.

Schritt 1: `release`-Branch anlegen

Branch erstellen
→ Seite 60

Der `release`-Branch wird basierend auf dem aktuellen `master`-Branch angelegt. Der `checkout`-Befehl kann genutzt werden, um den neuen Branch anzulegen und zu aktivieren. Wir gehen im Folgenden vom Release 2.0.0 aus, d. h., der Release-Branch bekommt den Namen `2.0`. Für die bessere Unterscheidung von Release-Branches und normalen Branches legen wir noch das Präfix `release` fest:

```
> git checkout -b release/2.0 master
```

Schritt 2: Stabilisierung mit dem `release`-Branch

Im `release`-Branch werden nur Fehler behoben, die ein Release verhindern. Die Fehlerbehebung erfolgt dabei nach dem Grundsatz der minimalen Änderung. Falls es keine einfache minimale Lösung des Fehlers gibt, wird notfalls ein Workaround implementiert.

[1] http://semver.org

Die neuen Commits auf dem release-Branch müssen regelmäßig in den master-Branch gebracht werden. Dadurch werden einmal behobene Fehler auch in der aktuellen Entwicklung beseitigt.

Branches zusammenführen → *Seite 65*

```
> git checkout master
> git merge release/2.0
```

Wurden im release-Branch Workarounds eingebaut, so werden diese auch in den master-Branch übernommen. Im master-Branch können die Workarounds ausgebaut (z. B. mit dem revert-Befehl) und durch eine bessere Implementierung ersetzt werden (Abbildung 21-4).

Schritt 3: release-Tag anlegen

Nachdem der release-Branch erfolgreich getestet wurde, kann das Release abgeschlossen werden. Dazu wird ein neues Tag für das Release angelegt. Da es sich um das erste Release für diesen Branch handelt, beginnen wir mit der Patch-Nummer 0. Mit der Verwendung des Präfix release ergibt sich der Tag-Name: release/2.0.0.

Versionen markieren → *Seite 103*

```
> git tag -a release/2.0.0 -m "Release-2.0.0"
```

Spätestens nach dem Anlegen des Release-Tags müssen die Commits, die in dem Release-Branch angelegt worden sind, durch einen Merge in den master-Branch übernommen werden (siehe Schritt 2).

Hotfix in mehreren Releases durchführen

Ein Hotfix ist eine dringliche Änderung, die schnellstmöglich und unabhängig von anderen Änderungen verteilt werden soll. Sind mehrere Releases beim Kunden im Einsatz, kann es notwendig sein, den Hotfix für alle aktiven Releases umzusetzen.

Schritt 1: Aktive Releases ermitteln

Ein Hotfix sollte in dem ältesten betroffenen Release umgesetzt werden und dann in die aktuelleren übernommen werden. Deswegen ist es notwendig, alle aktiven Releases zu ermitteln und dann zu untersuchen, ob das Problem in dem jeweiligen Release existiert.

Hotfix in ein älteres Release übertragen → *Seite 225*

Das Ermitteln ist dank des Präfix release sehr einfach. Dabei gehen wir davon aus, dass die Release-Branches für inaktive Releases gelöscht worden sind (siehe »Release deaktivieren« ab Seite 224).

```
> git branch --list release/*
release/1.0
release/1.1
release/1.2
release/1.3
release/2.0
```

`--list`: Listet alle Branches auf, die einem bestimmten Muster entsprechen.

Anschließend muss der älteste aktive Branch ermittelt werden, bei dem das Problem auftritt, z. B. wird `release/1.2` ermittelt.

Schritt 2: `hotfix`-Branch anlegen und Fehler beheben

Mit Feature-Branches entwickeln → Seite 161

Der Hotfix wird auf einem separaten Branch durchgeführt und erst nach Abschluss auf den Release-Branch übernommen. Dadurch ist es möglich, auch parallel mehrere Hotfixes durchzuführen.

Branch erstellen → Seite 60

Der Ausgangspunkt ist dabei der `release`-Branch des ältesten betroffenen Release:

```
> git checkout -b hotfix/a1 release/1.2
```

Nun können die notwendigen Änderungen am Projekt durchgeführt werden.

Schritt 3: Überprüfen, ob parallele Hotfixes stattgefunden haben

Commit-Historie zeigen → Seite 34

Ist der Fehler behoben und soll ein neues Release erzeugt werden, muss überprüft werden, ob es in der Zwischenzeit bereits einen anderen Hotfix gab. Dazu nutzt man den `log`-Befehl, um Commits zu finden, die im `release`-Branch enthalten sind, aber nicht im `hotfix`-Branch:

```
> git log hotfix/a1..release/1.2 --oneline
```

Mit Rebasing die Historie glätten → Seite 79

Falls es zu einer Ausgabe von Commits kommt, dann gab es zwischenzeitlich Änderungen am `release`-Branch. Bevor der Hotfix eingespielt werden kann, muss überprüft werden, ob die anderen Änderungen mit dem Hotfix zusammen funktionieren. Damit die Historie linear bleibt, wird der Hotfix mittels Rebasing auf das letzte Commit des `release`-Branch aufgesetzt[2] (siehe Abbildung 22-2):

```
> git rebase release/1.2
```

Jetzt basieren die Hotfix-Commits auf den letzten Commits des Release-Branch. Anschließend führt man nochmals die notwendigen Tests durch.

[2] Falls der Hotfix-Branch geteilt (Push) wurde, ist ein Merge sicherer als ein Rebase.

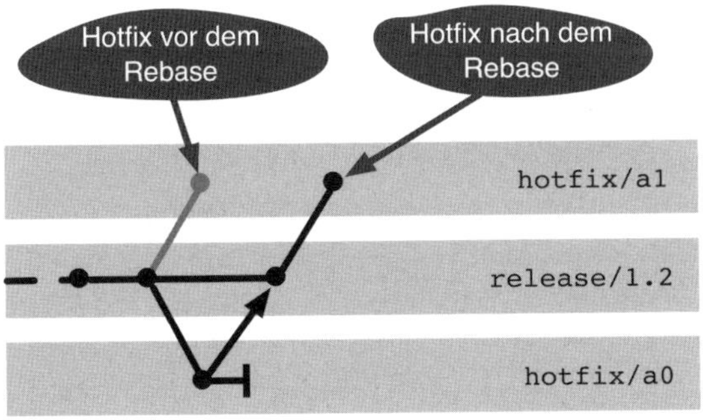

Abb. 22-2
Rebase des Hotfix-Branch

Schritt 4: Hotfix in den `release`-Branch übernehmen

Fast-Forward-Merges → Seite 72

Zum Abschluss wird der `hotfix`-Branch mit dem `release`-Branch vereinigt. Ist auf dem Hotfix-Branch mehr als ein Commit angelegt worden, muss beim Merge darauf geachtet werden, dass ein Fast-Forward unterdrückt wird. Dadurch wird immer ein Merge-Commit angelegt, und es ist einfacher, den Hotfix auf ältere Releases mit dem `cherry-pick`-Befehl zu übertragen (siehe »Hotfix in ein älteres Release übertragen« ab Seite 225).

```
> git checkout release/1.2
> git merge hotfix/a1 --no-ff -m "Hotfix a1 abgeschlossen"
```

Versionen markieren → Seite 103

Neben dem Commit wird wieder ein neues Tag für das Release angelegt. Dabei muss die Patch-Nummer des letzten Release-Tags für diesen Branch um eins erhöht werden:

```
> git tag --list release/1.2.*

release/1.2.0
release/1.2.1
```

`--list`: Listet alle Tags auf, die einem bestimmten Muster entsprechen.

Damit bekommt das nächste Release-Tag den Namen `release/1.2.2`:

```
> git tag -a release/1.2.2 -m "Hotfix-Release 1.2.2"
```

Branch löschen → Seite 62

Zum Schluss kann der `hotfix`-Branch gelöscht werden:

```
> git branch -d hotfix/a1
```

Schritt 5: Hotfix in die aktuelleren Release-Branches übernehmen

Der Hotfix wurde in das älteste betroffene Release eingebaut und muss auf alle neueren Releases übertragen werden. Dazu wird schrittweise von einem Release zum nächstaktuelleren Release ein Merge durchgeführt (Merge-Kaskade) und nach erfolreichem Testlauf auch ein Release-Tag angelegt:

```
> git checkout release/1.3
> git merge release/1.2
> git tag -a release/1.3.5 -m "Hotfix-Release 1.3.5"
> git checkout release/2.0
> git merge release/1.3
> git tag -a release/2.0.1 -m "Hotfix-Release 2.0.1"
```

Zum Abschluss werden die Änderungen noch in den `master`-Branch übernommen:

```
> git checkout master
> git merge release/2.0
```

Merge manuell durchführen
→ Seite 70

Manchmal stellt man fest, dass ein Hotfix eines älteren Release im aktuelleren Release gar nicht mehr notwendig ist. Zum Beispiel wurden die betroffenen Code-Zeilen bereits anderweitig geändert oder entfernt. Trotzdem muss der Merge durchgeführt werden. Man nutzt jedoch die Merge-Strategie OURS, um die Änderungen des Hotfix zu ignorieren. Bei zukünftigen Merges von weiteren Hotfixes wird dieser Hotfix dann nicht mehr übertragen.

```
> git checkout release/2.0
> git merge -s ours release/1.3 -m "Hotfix a1 ignoriert"
```

`-s ours`: Erzeugt ein Merge-Commit mit dem aktuellen Branch und dem angegebenen Branch als Parents. Es werden jedoch keine Änderungen des angegebenen Branch übernommen. Das heißt, das neue Commit wird sich von dem Vorgänger-Commit des aktuellen Branch nicht unterscheiden. Bei zukünftigen Merges werden jedoch die Änderungen des angegebenen Branch bereits als enthalten angesehen und nicht noch mal übertragen.

Auf das Release-Tag kann bei ignorierten Hotfixes verzichtet werden, da ja keine Änderungen einfließen und es somit auch kein neues Release für diesen Branch geben muss.

Release deaktivieren

Je mehr aktive Releases existieren, umso mehr Aufwand entsteht bei der Umsetzung von Hotfixes. Diese müssen in jedem aktiven Release nachvollzogen und getestet werden. Deswegen ist es sinnvoll, die Anzahl der aktiven Releases zu minimieren.

Sobald das Ende des Release den Kunden mitgeteilt wurde, kann der zugehörige Branch im Repository gelöscht werden:

```
> git branch -d release/1.0
```

Die Tags bleiben weiterhin bestehen, und wenn es notwendig ist, kann ein neuer Branch für das Release angelegt werden.

Hotfix in ein älteres Release übertragen

Im Abschnitt »Hotfix in mehreren Releases durchführen« ab Seite 221 sind wir davon ausgegangen, dass Hotfixes in dem ältesten betroffenen Release behoben werden.

Manchmal kann es passieren, dass ein Hotfix in einem aktuelleren Release eingebaut wurde und dass dann doch noch in ein älteres Release übertragen werden muss.

In unserem Beispiel gehen wir davon aus, dass ein Hotfix vom 1.2-Release auf das 1.0-Release übernommen werden soll.

Schritt 1: Hotfix-Commit identifizieren

Als Erstes muss der relevante Hotfix-Commit identifiziert werden. Da wir darauf geachtet haben, dass Hotfixes auf separaten Branches entwickelt werden und dann durch einen Merge in den `release`-Branch übertragen werden, handelt es sich um genau einen Commit:[3]

```
> git log --oneline --grep="Hotfix a1"
d52fe0a Hotfix a1 abgeschlossen
```

`--grep`: Sucht in der Log-Meldung nach einem bestimmten Text.

Schritt 2: Hotfix-Commit kopieren

Wenn das Commit identifiziert wurde, kann es mit dem `cherry-pick`-Befehl auf einen anderen Release-Branch kopiert werden. Bei dem identifizierten Hotfix-Commit wird es sich meistens um ein Merge-Commit handeln. Bei einem Merge-Commit muss der `cherry-pick`-Befehl mit einer Parent-Nummer aufgerufen werden. Erst dadurch ist das Parent-Commit eindeutig, zu dem das Delta berechnet werden soll, das dann auf den aktuellen Branch kopiert wird. Da wir die Änderungen bezogen auf den `release`-Branch kopieren wollen, wird es der erste Parent sein (Abbildung 22-3).

Zuerst muss der Branch aktiviert werden, auf den das Commit übertragen werden soll. Dann wird der `cherry-pick`-Befehl ausgeführt.

[3] Natürlich können bei dem `log`-Befehl auch mehrere Commits gefunden werden. Es sollte aber nur einer sein, der den Hotfix in den Release-Branch übertragen hat.

Abb. 22-3
Parent beim Cherry-Pick auswählen

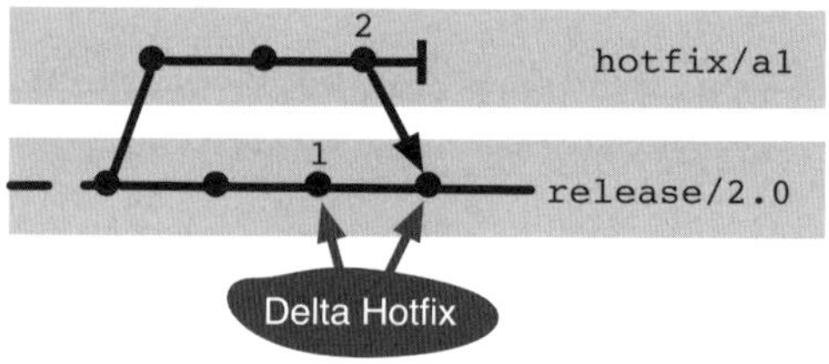


```
> git checkout release/1.0
> git cherry-pick -x --mainline 1 d52fe0a
```

-x: Fügt zum Commit-Kommentar noch die Zeile »CHERRY PICKED FROM COMMIT ...« hinzu.

--mainline: Bestimmt den Parent, der für die Delta-Berechnung benutzt werden soll.

Nach den notwendigen Tests wird ein neues Release-Tag angelegt:

```
> git tag -a release/1.0.4 -m "Hotfix-Release 1.0.4"
```

Schritt 3: Hotfix in die aktuelleren Release-Branches übernehmen

Auch bei diesem Ablauf müssen die Änderungen durch einen Merge in alle aktuelleren aktiven Releases übertragen werden. Da das Commit allerdings von einem aktuellen Branch kopiert wurde, existiert der Hotfix bereits in einigen Branches. Trotzdem ist es notwendig, die Merges durchzuführen, damit bei zukünftigen Hotfixes das kopierte Commit nicht unkontrolliert doppelt übertragen wird.

Das heißt, für alle Release-Branches, die älter sind als der originale Hotfix-Branch (release/1.2), wird ein normaler Merge durchgeführt. In unserem Beispiel wäre das nur der release/1.1-Branch:

```
> git checkout release/1.1
> git merge release/1.0
> git tag -a release/1.1.6 -m "Hotfix-Release 1.1.6"
```

Für den originalen Hotfix-Branch (release/1.2) wird ein Merge mit der OURS-Strategie durchgeführt. Da der Hotfix schon enthalten ist, muss er nicht noch mal übertragen werden.[4] Es ist auch kein Release-Tag anzulegen, da es bereits ein Release-Tag mit dem Inhalt gibt.

[4] In vielen Fällen würde auch ein normaler Merge funktionieren, da Git die Änderung nicht zweimal anwenden würde. Wenn es aber zu Nacharbeiten beim Cherry-Pick gekommen ist, kann es Probleme geben.

Achtung! Überprüfen Sie vorher genau, dass wirklich nur das kopierte Hotfix-Commit durch einen Merge übernommen würde. Ansonsten gehen alle sonstigen Änderungen verloren.

```
> git checkout release/1.2
> git merge -s ours release/1.1
```

Alle Releases, die aktueller sind als der originale Hotfix-Branch (`release/1.2`), können wieder den normalen Merge benutzen. Es werden dabei keine Änderungen einfließen, da der vorherige Merge mit der OURS-Strategie für keine Neuerungen gesorgt hat. Es ist trotzdem sinnvoll, die Merges durchzuführen, um sicher zu sein, dass alle Hotfixes in allen aktiven Releases enthalten sind. Die Release-Tags dagegen sind nicht nötig.

```
> git checkout release/1.3
> git merge release/1.2
> git checkout release/2.0
> git merge release/1.3
```

Ganz am Ende muss natürlich das aktuellste Release wieder in den `master`-Branch übernommen werden:

```
> git checkout master
> git merge release/2.0
```

In Abbildung 22-4 ist der ganze Ablauf noch mal grafisch aufbereitet. Als Erstes wird das `HF`-Commit durch den `cherry-pick`-Befehl kopiert und es entsteht ein `HF'`-Commit. Anschließend wird dieses durch verschiedene Merges bis in den `master`-Branch übertragen.

Im Ergebnis sind alle Commits von älteren Releases durch Merges in jedes aktuellere Release eingeflossen.

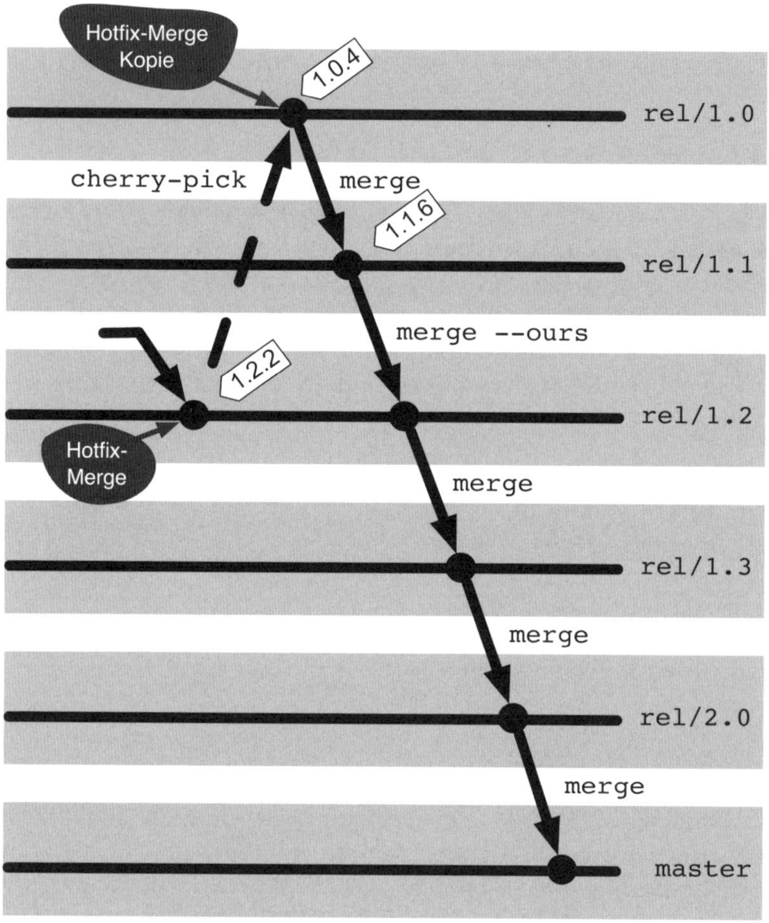

Abb. 22-4
Cherry-Pick und Merges im Überblick

Warum nicht anders?

Warum nicht nur mit Cherry-Pick arbeiten?

Der beschriebene Workflow arbeitet normalerweise mit Merges und nur in Ausnahmefällen mit Cherry-Picks. Durch die vielen Merge-Commits entsteht unter Umständen eine unübersichtliche Historie.

Eine Alternative wäre, alle Hotfixes durch Cherry-Picks zu übertragen. Das heißt, ein Hotfix wird auf einem beliebigen Release durchgeführt und dann in alle aktiven betroffenen Releases kopiert. Dadurch wären die Historien der Release-Branches unabhängig voneinander.

Ein Nachteil der Cherry-Pick-Variante ist, dass es nur schwer nachzuvollziehen ist, ob wirklich alle Bugfixes in alle aktuelleren Releases übertragen worden sind. Es gibt zwar den `cherry`-Befehl, der überprüft, welche Commits per Cherry-Pick kopiert wurden. Doch dieser Befehl funktoniert nur, wenn es zu keinen Konflikten kam. Durch Konfliktlösungen ändert sich der Inhalt des kopierten Patches, und der `cherry`-Befehl würde nicht mehr erkennen, dass es sich um ein kopiertes Commit handelt.

Die Konsequenz wäre, dass man außerhalb von Git nachhalten müsste, welche Hotfixes auf welchen Branch kopiert worden sind.

23 Große Projekte aufteilen

Häufig beginnt ein Softwareprojekt als kleines monolithisches System. Im Laufe der Entwicklung wächst das Projekt und das Team wird größer. Modularisierung wird immer wichtiger. Als Erstes wird typischerweise die interne Struktur des Projekts modularisiert. Irgendwann möchte man auch einzelne Module separat entwickeln und einem eigenen Releasezyklus unterwerfen.

Repositorys können nur vollständig verwendet werden
→ Seite 306

Da Git-Repositorys immer als Ganzes versioniert werden, muss für Module, die spearat veröffentlicht werden sollen, auch ein neues Git-Repository angelegt werden.

Die Herausforderung bei der Modularisierung eines Git-Repositorys besteht darin, so viel wie möglich der alten Dateiversionen in das neue Repository zu übernehmen. Gleichzeitig soll das neue Repository keine Dateien enthalten, die nicht innerhalb des Moduls verwendet werden. Auch Commits, in denen keine Änderungen an den Dateien des Moduls durchgeführt wurden, werden nicht benötigt.

Im Gesamt-Repository wird die Historie des Moduls nicht entfernt, damit auch alte Projektstände reproduziert werden können. In der Konsequenz werden dann die historischen Daten des separierten Moduls in beiden Repositorys liegen.

Abhängigkeiten zwischen Repositorys
→ Seite 107

Meistens wird das separierte Modul weiterhin vom Gesamtprojekt benötigt und soll als externes Modul integriert werden. Für diese Art der externen Einbindung gibt es in Git das Submodulkonzept.

Dieser Workflow zeigt, wie man mit Git ein Modul so extrahiert, dass

- nur die notwendigen Dateien des Moduls in ein neues Repository übertragen werden,
- die Historie der Moduldateien im neuen Repository erhalten bleibt und
- das Modul wieder als externes Submodul eingebunden werden kann.

Überblick

Für den folgenden Ablauf nehmen wir eine Projektstruktur wie in Abbildung 23-1 oben an.

Das Beispiel für diesen Workflow orientiert sich an einer Java-Verzeichnisstruktur. In einem Gesamtprojekt gibt es drei Module. Die Dateien der Module sind auf die Unterverzeichnisse `src` und `test` aufgeteilt. Das heißt, ein Modul besteht jeweils aus zwei getrennten Teilen. Das `modul3` soll in ein eigenes Git-Repository separiert werden.

Im ersten Schritt werden aus einem Klon des originalen Repositorys mit dem `filter-branch`-Befehl alle unnötigen Dateien und Commits entfernt. Anschließend wird die Verzeichnisstruktur des neuen Modul-Repositorys angepasst. Als Letztes wird im Gesamtprojekt das `modul3` entfernt und das neue Modul-Repository als Submodul im Verzeichnis `extern` wieder eingebunden. Das Ergebnis sieht so aus wie in Abbildung 23-1 unten.

Im neuen Modul-Repository wird es möglich sein, die historischen Änderungen an den Dateien nachzuvollziehen, d. h., zu verfolgen, wer wann was geändert hat. Es wird jedoch meistens nicht möglich sein, alte Versionen vollständig (compile-fähig) zu reproduzieren. Das liegt daran, dass ein Modul häufig aus Dateien anderer Module hervorgegangen ist. Würde man versuchen, eine alte Projektversion aus dem Modul-Repository wiederherzustellen, entstünde ein Flickenteppich von Dateien in verschiedenen Verzeichnissen. Außerdem war in der Vergangenheit das Modul bestimmt von anderen Dateien abhängig, die nun nicht mehr vorhanden sind.

Im Gesamt-Repository sind alte Versionen des Gesamtprojekts inklusive der Moduldateien immer wiederherstellbar.

Voraussetzungen

Interne Modularisierung: Das Projekt wurde bereits intern modularisiert, d. h., es gibt ein Modul, das separat entwickelt und versioniert werden kann.

Moduldateien liegen in wenigen Verzeichnissen: Beim Extrahieren der alten Versionen der Moduldateien muss jedes Verzeichnis separat behandelt werden. Wenn die Dateien sehr verstreut sind, wird der Aufwand sehr groß.

Workflow kompakt

Große Projekte aufteilen

Ein Modul wird aus einem Projekt entfernt und in ein eigenes Repository migriert. Die Commit-Historie bleibt erhalten, unnötige Dateien und Commits werden entfernt. Das separierte Modul wird als externes Submodul wieder integriert.

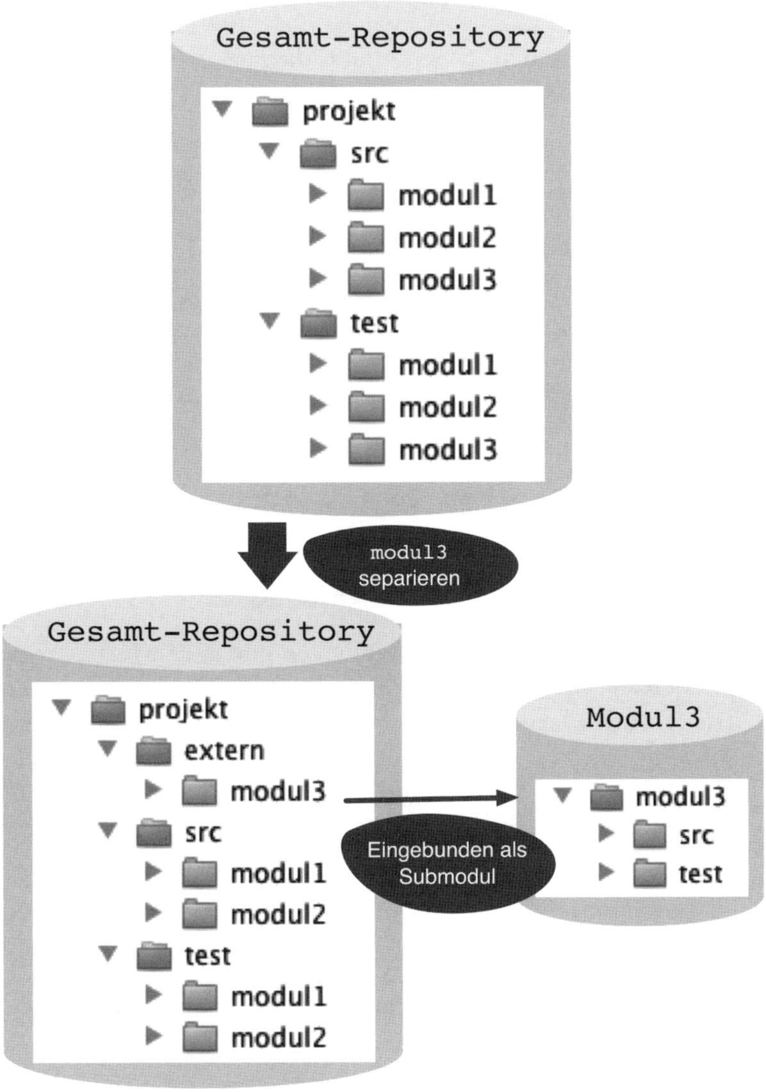

Abb. 23-1
Workflow im Überblick

Ablauf und Umsetzung

Versehentlich gelöschten Branch wiederherstellen → *Seite 63*

Achtung! Einige der folgenden Befehle verändern das Repository sehr grundlegend. Auch wenn es in Git oft möglich ist, Änderungen rückgängig zu machen, sollten Sie unbedingt ein Backup Ihres Repositorys anlegen, bevor Sie mit den weiteren Schritten beginnen.

```
> git clone --no-hardlinks --bare \
      projekt.git projekt.backup.git
```

`--no-hardlinks`: Diese Option garantiert, dass das geklonte Repository und das originale Repository keine Dateien teilen.

Modul-Repository separieren

Schritt 1: Gesamt-Repository klonen

Als Ausgangspunkt für das Modul-Repository wird eine Kopie des Gesamt-Repositorys erzeugt:

```
> git clone --no-hardlinks
      --bare projekt.git modul3-work.git
```

Schritt 2: Unnötige Dateien und Commits entfernen

Als Nächstes müssen die unnötigen Dateien und Commits entfernt werden. Das ist der aufwendigste Schritt und entscheidend für die Erhaltung der Historie.

Zum Entfernen von Repository-Inhalten gibt es den `filter-branch`-Befehl. Dieser erzeugt für jedes vorhandene Commit ein neues Commit. Durch unterschiedliche Filter können die neuen Commits verändert werden.

Der folgende `filter-branch`-Befehl entfernt das Verzeichnis `src/modul1` aus den Commits:

```
> cd modul3

> git filter-branch --force
      --index-filter
        'git rm -r --cached --ignore-unmatch src/modul1'
      --tag-name-filter cat
      --prune-empty -- --all
```

`-index-filter 'git rm -r -cached -ignore-unmatch ...'`: Mit dieser Option können Dateien aus einem Commit entfernt werden. Der enthaltene `rm`-Befehl wird für jedes Commit ausgeführt. In unserem Beispiel entfernen wir das `src/modul1`-Verzeichnis.
Wenn Ihr Projekt nicht so modular aufgebaut ist, dann müssen Sie entsprechend mehr Dateien und Verzeichnisse entfernen.[1]

`-tag-name-filter cat`: Diese Option erzeugt für Tags an vorhandenen Commits gleichnamige Tags an den neuen Commits.

`-prune-empty`: Die Option entfernt alle Commits, die durch die vorherigen Filter keine Dateien mehr enthalten – also »unnötig« sind.

`-all`: Die Option wendet den Filter auf alle Branches des Projekts an.

Für das Beispielprojekt müssen wir den Befehl mehrfach auch für die Verzeichnisse `test/modul1`, `src/modul2` und `test/modul2` aufrufen.

Die genaue Beschreibung aller Optionen entnehmen Sie bitte der Git-Hilfe für den `filter-branch`-Befehl.

Schritt 3: Unnötige Branches und Tags entfernen

In dem entstandenen Modul-Repository sind nicht alle Tags und Branches sinnvoll, z. B. diejenigen Tags und Branches, die keinen Bezug zum extrahierten Modul haben. Die unnötigen Branches und Tags werden entfernt.

Versionen markieren
→ Seite 103

Branch löschen
→ Seite 62

```
> git tag -d v1.0.1
> git branch -D v2.0_bf
```

Schritt 4: Verkleinern des Modul-Repositorys

Damit Git auch wirklich alle unnötigen Dateien aus den internen Verwaltungsdaten entfernt, ist ein nochmaliges Klonen notwendig:[2]

```
> git clone --no-hardlinks
--bare modul3-work.git modul3.git
```

Das bisherige Modul-Repository `modul3-work.git` wird nicht mehr benötigt und kann gelöscht werden:

```
> rm -rf modul3-work.git
```

---

[1] Wenn Ihr Modul in der Projekthistorie aus anderen Modulen hervorgegangen ist, können Sie mit dem `log`-Befehl die Vorgängerdateien suchen. Wenn Sie auch diese Versionen erhalten wollen, dürfen diese Dateien nicht mit dem `filter-branch`-Befehl gelöscht werden.

[2] Der `gc`-Befehl wäre nicht ausreichend, um sofort alle unnötigen Dateien zu löschen. GC ist sehr defensiv implementiert und löscht unnötige Commits, Trees und Blobs erst nach einer konfigurierbaren Wartezeit.

Schritt 5: Verzeichnisstruktur des Modul-Repositorys anpassen

Bisher sieht die Verzeichnisstruktur des neuen Modul-Repositorys genauso aus wie die des Gesamtprojekts. Nur die unnötigen Module fehlen. Die Anpassung der Verzeichnisstruktur kann nun durch normale Dateioperationen erfolgen. Dazu ist ein Klon mit Workspace notwendig:

```
> git clone modul3.git modul3
```

Das `src/modul3`-Verzeichnis wird in `src` umbenannt und das `test/modul3`-Verzeichnis in `test`:

```
> cd modul3
> mv src/modul3 modul3
> rmdir src
> mv modul3 src
> mv test/modul3 modul3
> rmdir test
> mv modul3 test
```

Commits zusammenstellen *→ Seite 37*

Anschließend werden die Änderungen normal mit dem `commit`-Befehl bestätigt und mit dem `push`-Befehl ins Bare-Repository übertragen:

```
> git add --all
> git commit -m "Verzeichnisstruktur angepasst"
> git push
```

Falls es weitere Branches im Modul-Repository gibt, dann müssen die Dateioperationen auf allen Branches durchgeführt werden.

Tipp: Alte Branches ignorieren

Es ergibt häufig wenig Sinn, die Branches des Gesamtprojekts zu übernehmen. Das Modul beginnt einen neuen Releasezyklus, und die alten Branches sind uninteressant.

Schritt 6: Modulverzeichnisse aus Gesamt-Repository entfernen

Nachdem das separierte Modul in ein eigenes Repository migriert wurde, wird in den nächsten Schritten das Gesamt-Repository angepasst. Die nun unnötigen Verzeichnisse des separierten Moduls müssen entfernt werden: `src/modul3` und `test/modul3`. Die Anpassung erfolgt ganz normal auf Dateiebene in einem Klon des Gesamt-Repositorys.

Falls es im Projekt weitere Branches gibt, die an die neue Struktur angepasst werden sollen, müssen die Änderungen dort ebenso vorgenommen werden. Der `cherry-pick`-Befehl kann hilfreich sein, um die Änderungen automatisch in mehrere Branches zu übertragen.

Modul-Repository als externes Repository einbinden

Nach dem vorherigen Ablauf gibt es zwei getrennte Repositorys. Normalerweise wird das Gesamtprojekt aber weiterhin das separierte Modul benötigen – deswegen ist eine Integration notwendig.

Die Integrationsmöglichkeiten hängen sehr stark von der verwendeten Entwicklungsplattform ab. So würde man in Java-Maven-Projekten das separierte Modul einzeln bauen und die entstehenden Artefakte in einem Maven-Repository ablegen. Im Gesamtprojekt würde man die Artefakte als Abhängigkeit definieren und während des Builds aus dem Maven-Repository holen.

Komplizierter Umgang mit Submodulen
→ *Seite 305*

Falls man die Integration mit Git durchführen möchte, steht das Konzept der Submodule zur Verfügung. Mit Submodulen können Verzeichnisse in einem Git-Repository mit anderen Git-Repositorys verknüpft werden.

Schritt 1: Externes Modul ins Gesamt-Repository einbinden

Submodule einbinden
→ *Seite 109*

In unserem Beispiel wollen wir das Repository von `modul3` in das Verzeichnis `extern/modul3` des Gesamtprojekts einbinden. Ausgangspunkt ist ein Klon des Gesamt-Repositorys. Wir befinden uns im Wurzelverzeichnis des Projekts und fügen mit dem `submodule add`-Befehl das Modul-Repository hinzu. Der erste Parameter ist der Pfad oder die URL zu dem Modul-Repository, und der zweite Parameter ist das zukünftige Verzeichnis im aktuellen Repository:

```
> git submodule add /global-path-to/modul3.git
                    extern/modul3
```

Der `submodule add`-Befehl erzeugt einen Klon des externen Repositorys in dem angegebenen Verzeichnis. Zusätzlich wird im aktuellen Repository protokolliert, dass das Verzeichnis ein externes Repository referenziert.

Das Verzeichnis `extern/modul3` zeigt jetzt auf den aktuellsten Commit (HEAD) des externen Repositorys. In der Anleitung »Neue Version eines Submoduls verwenden« (Seite 111) erfahren Sie, wie ein anderes Commit ausgewählt werden kann.

Commits zusammenstellen
→ *Seite 37*

Noch ist das Submodul nur im Workspace sichtbar. Erst durch einen `commit`-Befehl werden die Änderungen in das Repository übernommen:

```
> git add --all
> git commit -m "Modul3 hinzugefügt"
```

Mit dem bekannten `push`-Befehl können die Submodulverknüpfungen zum zentralen Repository übertragen werden.

Warum nicht anders?

Warum kein neues Repository?

Ein Projekt aufsetzen
→ Seite 135

Eine Alternative zu diesem Workflow wäre es, für das Modul einfach ein neues Repository anzulegen. Damit würde es keine Projekthistorie des Moduls im neuen Repository geben. Es wäre weiterhin möglich, im Gesamt-Repository die alten Stände zu finden.

Solange diese Einschränkung Sie nicht stört, ist diese Lösung sehr einfach umzusetzen.

Warum nicht den `--subdirectory-filter` verwenden?

In diesem Workflow wird der `filter-branch`-Befehl mit dem `--index-filter` benutzt. Dieser erlaubt es, Dateien aus Commits zu entfernen.

Der Subdirectory-Filter `--subdirectory-filter` des `filter-branch`-Befehls entfernt dagegen alle Dateien außer dem angegebenen Verzeichnis. Zusätzlich wird das ausgewählte Verzeichnis zur neuen Wurzel des Repositorys.

Solange das zu separierende Modul genau in einem Verzeichnis liegt, ist dieser Befehl einfach anzuwenden. In unserem Beispiel war jedoch das Modul auf zwei Verzeichnisse aufgeteilt, und somit konnte dieser Filter nicht eingesetzt werden.

Auch wenn einzelne Dateien des Moduls ehemals in anderen Verzeichnissen lagen oder das Modulverzeichnis umbenannt wurde, wird der Subdirectory-Filter die Historien nur unvollständig importieren.

24 Kleine Projekte zusammenführen

In der Anfangsphase eines Projekts werden häufig Prototypen für kritische Designentscheidungen und Technologien implementiert. Ist die Evaluierung abgeschlossen, möchte man die erfolgreichen Prototypen als Grundlage für die erste Version des Gesamtprojekts kombinieren.

In einem solchen Szenario werden die Prototypen häufig in einem eigenen Repository versioniert. Sobald das Gesamtprojekt gestartet wird, ist ein gemeinsames Repository erwünscht, d. h., die Dateien der verschiedenen Prototypen müssen zusammengeführt werden.

In einem anderen Szenario wurden anfangs Projekte zu stark modularisiert und in unterschiedlichen Repositorys versioniert. Später stellte sich heraus, dass oft gleichzeitige Änderungen vorgenommen wurden und Dateien häufig zwischen Repositorys verschoben werden mussten. Auch in diesem Fall ist ein Gesamt-Repository sinnvoller.

Dieser Workflow zeigt, wie man mit Git mehrere Repositorys so zusammenführt, dass

- die Historien aller Dateien und
- die Tags aller Repositorys erhalten bleiben.

Überblick

Fetch: Branches aus einem anderen Repository holen → Seite 97

Dieser Workflow basiert auf der Fähigkeit von Git, in ein Repository Commits von verschiedenen Remote-Repositorys zu importieren (`fetch`-Befehl). Git setzt nicht voraus, dass die importierten Commits einen gemeinsamen Ursprung haben.

In Abbildung 24-1 sind oben exemplarisch zwei Repositorys namens `backend` und `ui` dargestellt.

Nach dem Importieren der Commits in ein Repository existieren zwei getrennte Commit-Historien. Wechselt man zwischen den Commits des `backend`-Projekts und des `ui`-Projekts, dann werden im Workspace immer nur die Dateien des jeweiligen Projekts zu sehen sein.

Branches zusammenführen → Seite 65

Der entscheidende Schritt zu einem gemeinsamen Projektstand ist, durch einen `merge`-Befehl die unabhängigen Commit-Historien zusammenzuführen.

Als Vorbereitung für den Merge ist es sinnvoll, bei jedem der Projekte ein neues Wurzelverzeichnis (`backend` bzw. `ui`) anzulegen und alle vorhandenen Dateien in dieses Verzeichnis zu verschieben. Nach dem Merge sind dann im Wurzelverzeichnis des Gesamtprojekts das `backend`-Verzeichnis und das `ui`-Verzeichnis parallel vorhanden (Abbildung 24-1 unten).

Dieses Vorgehen verhindert, dass es während des `merge`-Befehls zu Konflikten kommt.

Voraussetzungen

Versionen markieren → Seite 103

Unterschiedliche Tag-Namen: Die Projekte müssen eindeutige Tag-Namen benutzen, d. h., es darf keine gleichnamigen Tags in verschiedenen Repositorys geben.[1]

[1] Falls es gleichnamige Tag-Namen gibt, muss man diese Tags löschen und neue Tags mit eindeutigen Namen anlegen.

Workflow kompakt

Kleine Projekte zusammenführen

Mehrere Projekte mit eigenem Repository werden in einem gemeinsamen Repository vereinigt. Die Commit-Historien der Projekte bleiben erhalten.

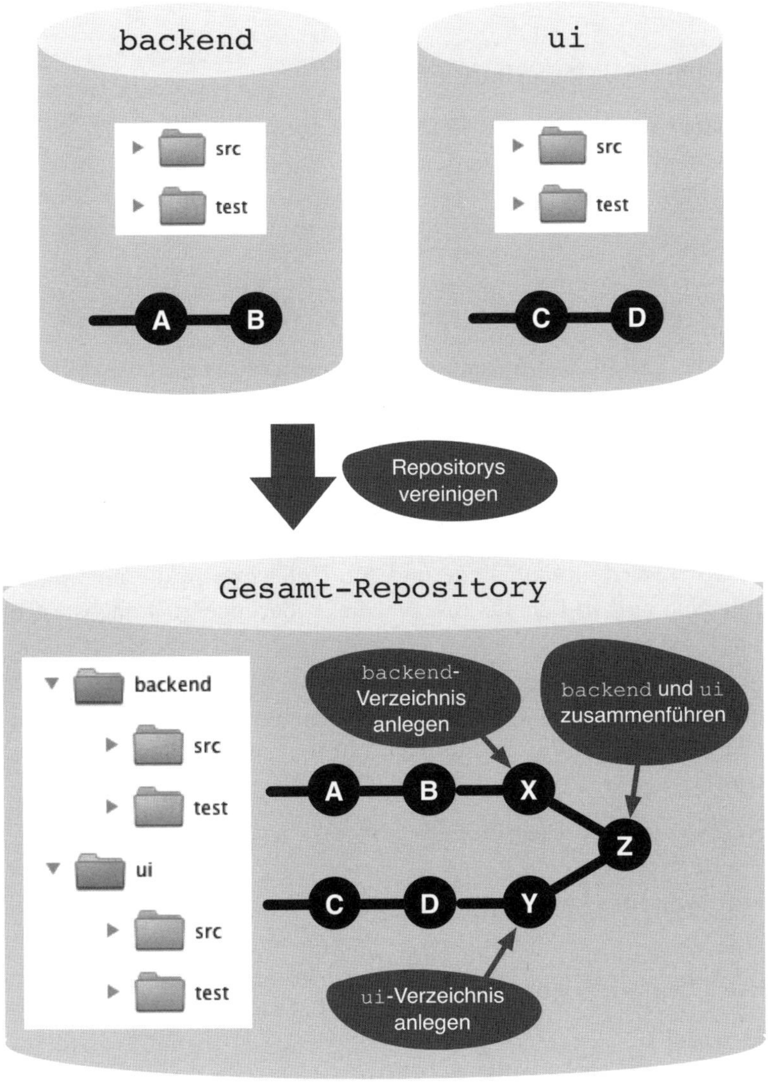

Abb. 24-1
Workflow im Überblick

Ablauf und Umsetzung

Repositorys vereinigen

Im folgenden Ablauf gehen wir exemplarisch von zwei Repositorys (`ui` und `backend`) mit jeweils einem `master`-Branch aus. Als Ergebnis soll ein Gesamt-Repository entstehen, das ebenso nur einen `master`-Branch enthält.

Schritt 1: Gesamt-Repository anlegen

Als Erstes wird das neue Gesamt-Repository als Klon des `backend`-Repositorys angelegt und in den neuen Workspace gewechselt:

```
> git clone backend gesamt
> cd gesamt
```

Schritt 2: Dateien in Projektverzeichnis verschieben (erstes Repository)

Damit das Zusammenführen mit einem weiteren Projekt zu keinen Dateikonflikten führt, wird ein neues Verzeichnis angelegt:

```
> mkdir backend
```

Commits zusammenstellen → *Seite 37*

Anschließend werden alle Dateien in das neue Verzeichnis verschoben. Dazu nutzt man den `mv`-Befehl. Dieser verschiebt Dateien und Verzeichnisse auf Betriebssystemebene und führt gleichzeitig die notwendigen `add`-Befehle und `rm`-Befehle aus, um die Änderungen ins nächste Commit aufzunehmen:[2]

```
> git mv src test backend
```

Als Letztes werden die Änderungen mit dem `commit`-Befehl noch abgeschlossen:

```
> git commit -m "backend-Verzeichnis angelegt"
```

Schritt 3: Zweites Repository importieren

Wie sagt man Git, wo das Remote-Repository liegt? → *Seite 90*

Um das `ui`-Repository zu importieren, legen wir ein neues Remote im Gesamt-Repository an:

```
> cd gesamt
> git remote add ui ../ui/
```

[2] Der `mv`-Befehl ist nur eine Erleichterung für die Kommandozeilennutzung. Git erkennt das Verschieben von Dateien auch selbstständig, wenn direkt auf Dateiebene gearbeitet wird. Dann muss nur anschließend das Commit mit dem `add`-Befehl und dem `rm`-Befehl vorbereitet werden.

Mit dem fetch-Befehl werden alle Git-Objekte (Branches, Tags, Commits) des ui-Repositorys in das Gesamt-Repository importiert:

Fetch: Branches aus einem anderen Repository holen
→ Seite 97

```
> git fetch ui
```

Achtung! Wenn es im ui-Repository Tag-Namen gibt, die im Gesamt-Repository bereits vorhanden sind, werden diese einfach ignoriert.

Schritt 4: Dateien in Projektverzeichnis verschieben

Als Nächstes soll im importierten UI-Projekt auch ein neues Projektverzeichnis ui angelegt werden. Da der Branch im UI-Projekt auch master heißt, dieser Name aber schon vom Branch des Backend-Projekts benutzt wird, muss man einen anderen Namen für den lokalen Branch wählen (uimaster):

Branch erstellen
→ Seite 60

```
> git checkout -b uimaster ui/master
```

-b: Es wird ein neuer Branch angelegt und aktiviert.
uimaster: Der Name des lokalen Branch.
ui/master: Die Referenz auf den Branch master im Remote des ui-Repositorys

Das Anlegen des Projektverzeichnisses und das Verschieben der Dateien ist identisch mit Schritt 2:

```
> mkdir ui
> git mv src test ui
> git commit -m "ui-Verzeichnis angelegt"
```

Schritt 5: Projekte zusammenführen

Nachdem beide Projekte in das Gesamt-Repository importiert wurden und jeweils in einem eigenen Projektverzeichnis liegen, wird in diesem Schritt der Merge durchgeführt.

Der Merge soll im master-Branch stattfinden, deswegen wird dieser nun aktiviert:

Branches zusammenführen
→ Seite 65

```
> git checkout master
```

Mit dem merge-Befehl wird der uimaster-Branch mit dem master-Branch zusammengeführt. Da beide Projekte unterschiedliche Projektverzeichnisse haben, kann es zu keinen Merge-Konflikten kommen.

```
> git merge uimaster
```

Das Ergebnis der Merge-Operation kann man sich mit dem »grafischen« log-Befehl veranschaulichen. Es ist sehr gut zu erkennen, dass die Commits der beiden originalen Projekte unabhängig voneinander entstanden sind.

```
> git log --graph --oneline
```

```
*   e40fcb2 Merge branch 'uimaster'
|\
| * ace51c9 ui-Verzeichnis angelegt
| * 40feb24 foo und bar hinzugefuegt
* f8bd134 backend-Verzeichnis angelegt
* fa1482a bar hinzugefuegt
* bddfa53 foo hinzugefuegt
```

Branch löschen → *Seite 62*

Der uimaster-Branch kann nun gelöscht werden, da er nur temporär für den Merge benötigt wurde:

```
> git branch -d uimaster
```

Damit existiert ein Gesamt-Repository, in dem die Historien und die Tags beider Projekt-Repositorys enthalten sind.

Warum nicht anders?

Warum nicht ohne neue Projektverzeichnisse?

Kann man nicht auf Schritt 2 und 4 verzichten? Warum müssen die Dateien der Projekte in eigene Verzeichnisse verschoben werden?

Würde man die neuen Verzeichnisse nicht anlegen, dann versucht der merge-Befehl die Wurzelverzeichnisse der beiden Projekte und die enthaltenen Dateien zu vereinigen. Gleichnamige Dateien würden vereinigt werden, ggf. müssten Merge-Konflikte gelöst werden.

Wenn man zwei bisher autarke Projekte vereinigt, dann ist es in den seltensten Fällen sinnvoll, gleichnamige Dateien zusammenzubringen. In den meisten Fällen wird man eine Datei umbenennen oder verschieben wollen. Das wiederum ist einfacher direkt auf Dateiebene durchzuführen als mitten in einer Merge-Operation.

Der beschriebene Ablauf mit neuen Modulverzeichnissen ermöglicht es, nach dem Merge die Dateien auf Dateiebene neu zu organisieren und anschließend wieder zu versionieren.

25 Lange Historien auslagern

Git-Repositorys haben – trotz effizienter Speicherverwaltung[1] – die Tendenz, im Laufe der Zeit immer größer zu werden. Dieser Effekt ist meistens vernachlässigbar, wenn im Repository nur Sourcecode versioniert wird. Die Größe eines solchen Repositorys ist für aktuelle Festplatten und Netzwerkbandbreiten nicht relevant.

***Ressourcenverbrauch bei großen binären Dateien** → Seite 306*

Werden jedoch auch große binäre Dateien (Bibliotheken, Release-Artefakte, Testdatenbanken, Bilder) versioniert, kann die Repository-Größe unangenehm auffallen.

Was bei einer zentralen Versionsverwaltung nur auf dem Serversystem zu mehr Ressourcenverbrauch führen wird, trifft bei einer dezentralen Versionsverwaltung alle Entwickler. Beim Klonen wird immer das gesamte Repository mit allen historischen Dateien kopiert.

Dieser Workflow beschreibt, wie man die Historie eines Git-Repositorys so auslagern kann, dass

- das neue Projekt-Repository weniger Ressourcen verbraucht und
- es trotzdem möglich ist, Recherchen (`log`-Befehl, `blame`-Befehl, `annotate`-Befehl) mit den alten Commits durchzuführen.

[1] Dateien werden nur einmal gespeichert, unabhängig davon, ob sie in verschiedenen Commits vorkommen. Zusätzlich werden alle Dateien gepackt.

Überblick

Dieser Workflow hat drei Säulen:

`replace`-**Befehl:** Der `replace`-Befehl kann temporär die Vorgängerbeziehung eines Commits verändern.

`filter-branch`-**Befehl:** Der `filter-branch`-Befehl kann alle Commits eines Repositorys kopieren und dabei verändern. Die manipulierte Vorgängerbeziehung wird dauerhaft entfernt.

`alternates`-**Datei:** Mit der `alternates`-Datei können Commits aus anderen Repositorys eingebunden werden.

In Abbildung 25-1 ist oben der Ausgangsstand unseres Projekt-Repositorys skizziert. Es gibt drei Commits: `A`, `B` und `C`. Die Historie vor dem `C`-Commit soll entfernt werden.[2]

Als Erstes wird mithilfe des `replace`-Befehls der Vorgänger des `C`-Commits entfernt. Anschließend wird mit dem `filter-branch`-Befehl ein neues Projekt-Repository erzeugt, das nur noch das veränderte `C`-Commit beinhaltet. Damit ist die Auslagerung auch schon abgeschlossen. Die Entwicklung findet nun nur noch auf dem neuen Projekt-Repository statt. Das bisherige Projekt-Repository dient nur noch als Archiv.

Um Recherchen in der ganzen Historie durchzuführen, wird mit der `alternates`-Datei das Archiv-Repository in das neue Projekt-Repository eingebunden. Mit dem `replace`-Befehl bekommt das `C'`-Commit den historisch korrekten Vorgänger zugewiesen (Abbildung 25-1 unten).

Voraussetzungen

Koordinierte Unterbrechung: Alle Teammitglieder müssen einer gleichzeitigen Unterbrechung der Arbeit mit dem Repository zustimmen und anschließend auf dem neuen Klon weiterarbeiten.

Historie wird nur selten benötigt: Wenn die historischen Informationen sehr häufig und von vielen Entwicklern benötigt werden, dann ist es sinnvoller, den größeren Ressourcenverbrauch zu akzeptieren.

Commit-Hashwerte sind egal: Die Hashwerte von Git können benutzt werden, um unerlaubte Änderungen an alten Versionsständen zu entdecken. Dieser Workflow schreibt jedoch die Historie neu und erzeugt dabei neue Commit-Hashwerte.

[2] Natürlich ist es auch möglich, mehr von der Historie im Entwicklungs-Repository zu belassen.

Workflow kompakt

Lange Historien auslagern

Ein Repository, das eine sehr lange Commit-Historie mit vielen und großen Dateien enthält, wird verkleinert. Die älteren Commits werden in ein separates Repository ausgelagert. Recherchen in der Historie sind weiterhin möglich.

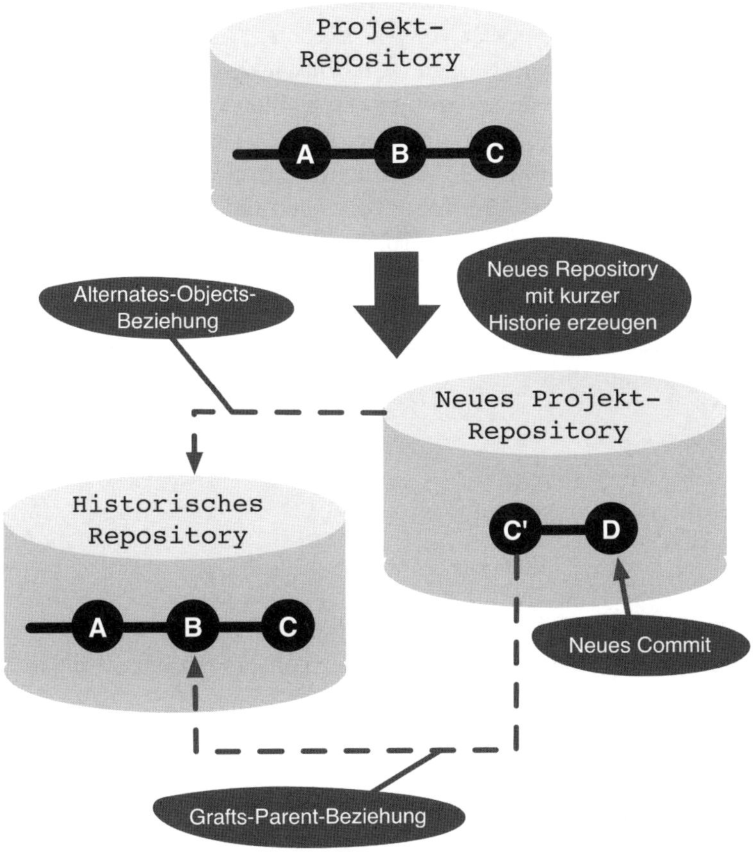

Abb. 25-1
Workflow im Überblick

Ablauf und Umsetzung

Historie auslagern

Dieser Abschnitt beschreibt im Detail, wie die Historie eines Repositorys ausgelagert werden kann. Genauer gesagt wird ein neues Repository erzeugt, das nur noch die gekürzte Historie beinhaltet.

Achtung! Die Klone des alten Repositorys werden nicht mit dem neuen Repository zusammenarbeiten können. Deswegen müssen alle Änderungen der Entwickler vor den nächsten Schritten in das zentrale Repository integriert werden. Alle Entwickler sind zu informieren, dass keine weiteren Änderungen in den Klonen vorgenommen werden können.

Der Ausgangspunkt ist in Abbildung 25-1 oben zu sehen. Das Beispiel geht von einem Bare-Repository mit drei Commits im master-Branch aus. Es soll ein neues Projekt-Repository mit dem C-Commit angelegt werden.

Commit-Historie zeigen → Seite 34

Für die nachfolgenden Schritte benötigen wir die vollständigen Hashwerte der Commits C und B. Diese kann man mit dem folgenden log-Befehl ermitteln:

```
> cd projekt.git
> git log --pretty=oneline

166a7e047a85b318720dc6e857a5321f9a3df7b4 C
dcbddd5cd590de3d30e1ecca1882c9187e7eab95 B
577b8e2cf613c43ed969453477fadc189482c1fb A
```

--pretty=oneline: Gibt die Log-Ausgabe in einer Zeile aus. Im Gegensatz zu --oneline wird allerdings der vollständige Hashwert ausgegeben.

Schritt 1: History-Tag anlegen

Dieser Schritt dient als Vorbereitung, um das zukünftige Archiv-Repository einbinden zu können. Zum Einbinden des Archivs wird man zukünftig den Hashwert des letzten historischen Vorgänger-Commits kennen müssen. In unserem Fall ist das das B-Commit. Eine elegante Lösung, um diese Information dauerhaft abzulegen, besteht darin, ein Tag (history-cut/master) am neuen »ersten« Commit (C-Commit) anzulegen und den Hashwert im Tag-Kommentar abzulegen. Dieses Tag wird auch im zukünftigen Projekt-Repository vorhanden sein. Es ergibt keinen Sinn, ein Tag am B-Commit anzulegen, da dieses im neuen Projekt-Repository nicht enthalten sein wird.

Der tag-Befehl bekommt den Hashwert des C-Commits übergeben, und der Hashwert des B-Commits wird in der Tag-Beschreibung hinterlegt.

Versionen markieren → *Seite 103*

```
> git tag -a
history-cut/master
166a7e047a85b318720dc6e857a5321f9a3df7b4
-m "Vorgänger: dcbddd5cd590de3d30e1ecca1882c9187e7eab95"
```

history-cut/master: Der Name des neuen Tags. In Git ist es möglich, Tag- und Branchnamen hierarchisch anzulegen. Dazu wird das /-Zeichen benutzt.

Hat man mehrere Branches, dann muss man den obigen Schritt für alle Branches durchführen. Das heißt, für jeden Branch muss man entscheiden, wo die Historie aufhören soll, und ein Tag history-cut/<branch-name> mit der Vorgängerinformation anlegen.

Schritt 2: Klon anlegen

Die nachfolgenden Schritte verändern den Repository-Inhalt unwiederbringlich. Da wir das bisherige Repository als Archiv weiternutzen wollen, müssen wir einen Klon anlegen. Auch dieser wird wieder ein Bare-Repository werden, da er für den push-Befehl benutzt werden wird.

Ein Projekt aufsetzen → *Seite 135*

```
> cd ..
> git clone --bare projekt.git temp-projekt.git
```

Schritt 3: Historie mit dem replace-Befehl verändern

Nun kann man in dem geklonten Repository die Historie entsprechend den eigenen Vorstellungen zurechtstutzen.

Der replace-Befehl ermöglicht es unter anderem, die Vorgängerbeziehungen von Commits zu manipulieren. Dabei legt Replace eine Kopie des zu verändernden Commits an, bei der die Vorgängerbeziehungen angepasst sind. Das neue Commit wird zusätzlich durch eine spezielle Referenz (.git/refs/replace/<sha-originaler-commit>) als Ersatz für das originale Commit gekennzeichnet. Alle anderen Git-Befehle verwenden nur noch das neue Commit und sehen somit die Historie nicht mehr.

In unserem Beispiel soll das C-Commit keinen Vorgänger mehr haben. Der folgende replace-Befehl erzeugt eine Kopie des Commits ohne Vorgängerbeziehungen:

```
> cd temp-projekt.git
> git replace --graft 166a7e0
```

`--graft`: Der Parameter erlaubt die Vorgängerbeziehung zu verändern. Der folgende Parameter ist der Hashwert des Commits, das verändert werden soll. Anschließend kommen die Hashwerte der neuen Vorgänger-Commits oder nichts, wenn es keine Vorgänger geben soll.

Wenn Sie mehrere Branches bearbeiten, dann müssen Sie pro Branch den `replace`-Befehl ausführen.

Commit-Historie zeigen → *Seite 34*

Zur Kontrolle, ob die Manipulation geklappt hat, kann man den `log`-Befehl benutzen. In unserem Beispiel sollte nur noch das `C`-Commit auftauchen:

```
> git log --pretty=oneline
166a7e047a85b318720dc6e857a5321f9a3df7b4 C
```

Schritt 4: Repository permanent ändern

Nachdem das Repository mittels des `replace`-Befehls angepasst wurde, kann jetzt mit dem `filter-branch`-Befehl eine permanente neue Commit-Historie erstellt werden. Der `filter-branch`-Befehl nimmt alle Commits des angegebenen Branch und erzeugt neue Commits gemäß dem angegebenen Filter. In diesem speziellen Fall benötigt man keinen verändernden Filter, da es nur darum geht, die Commit-Historie entsprechend des `replace`-Befehls zu ändern.

Nur der Parameter `--tag-name-filter` wird benutzt, um die vorhandenen Tags an die neuen Commits zu binden.

```
> git filter-branch --tag-name-filter cat -- --all
Rewrite 166a7e047a85b318720dc6e857a5321f9a3df7b4 (2/2)
Ref 'refs/heads/master' was rewritten
Ref 'refs/tags/history-cut/master' was rewritten
WARNING: Ref 'refs/tags/release-1' is unchanged
Ref 'refs/tags/release-2' was rewritten
history-cut/master -> history-cut/master
      (166a7e047a85b318720dc6e857a5321f9a3df7b4
    -> 259ee224ac1f2d73898ec2ed25ad4dccd3c40f70)
release-1 -> release-1 (577b8e2cf613c43ed969453477fadc189482c1fb
    -> 577b8e2cf613c43ed969453477fadc189482c1fb)
release-2 -> release-2 (166a7e047a85b318720dc6e857a5321f9a3df7b4
    -> 259ee224ac1f2d73898ec2ed25ad4dccd3c40f70)
```

`--tag-name-filter cat`: Alle Tags werden neu angelegt und zeigen auf die neuen Commits.

`-- --all`: Alle Branches des Repositorys werden gefiltert.

In der Ausgabe des `filter-branch`-Befehls ist ersichtlich, dass das Commit `C` mit dem Hashwert `166a7` kopiert wurde und den neuen Hashwert `259ee` zugewiesen bekommen hat.

In der Ausgabe ist auch eine »WARNING« zu sehen. Es gibt ein Tag `release-1`, für das es in der neuen Historie kein Commit mehr gibt. In unserem Beispiel zeigt das `release-1`-Tag auf das `A`-Commit. Dieses ist aber nach den Änderungen nicht mehr Bestandteil der Historie.

Diese Tags müssen manuell gelöscht werden, da die Tags ansonsten verhindern, dass Git die zugehörigen alten Commits endgültig löschen kann.

Versionen markieren
→ Seite 103

```
> git tag -d release-1
```

Schritt 5: Repository verkleinern

Zu diesem Zeitpunkt ist das Repository vollständig auf die neue Historie umgebaut. Der `filter-branch`-Befehl löscht jedoch die alten Commits nicht, sondern referenziert diese noch unter anderen Namen. Deswegen ist das neue Repository noch nicht kleiner als das originale.

Durch ein nochmaliges Klonen kann man jedoch ein neues Repository erzeugen, das nur noch die neue Historie beinhaltet. Anschließend kann man das temporäre Repository entfernen.

```
> git clone --bare temp-projekt.git neu-projekt.git
> rm -rf temp-projekt.git
```

Das neue Repository kann noch etwas komprimiert werden, indem der `gc`-Befehl verwendet wird. Der `gc`-Befehl erledigt verschiedene Aufräumarbeiten im Repository. Unter anderen werden neue Dateien komprimiert und alle nicht mehr referenzierten Objekte unwiederbringlich gelöscht.

```
> cd neu-projekt.git
> git gc --prune=now
```

`--prune`: Alle nicht mehr benötigten Dateiversionen werden entfernt.

Alle Entwickler können nun darüber informiert werden, dass ein neues Repository zur Verfügung steht und geklont werden kann.

Archiv-Repository einbinden

Wenn auf historische Informationen zugegriffen werden soll, muss das aktuelle Repository mit dem Archiv-Repository verknüpft werden. Diese Verknüpfung findet nur lokal im Entwickler-Repository statt und kann so individuell von jedem Entwickler aktiviert werden.

Für den folgenden Ablauf gehen wir davon aus, dass ein Entwickler bereits einen eigenen Klon (neu-projekt-Verzeichnis) des neuen Repositorys hat. In diesem Repository gibt es bereits ein neues D-Commit (Abbildung 25-1 unten).

Schritt 1: Archiv-Repository klonen

Um auf die historischen Informationen zuzugreifen, benötigt man einen Klon des Archiv-Repositorys.[3] Da in dem Archiv-Repository keine Entwicklung stattfinden wird, reicht ein Bare-Klon aus.

```
> git clone --bare project.git archiv-projekt.git
```

Schritt 2: Archiv-Repository einbinden

Im Entwickler-Repository müssen die Commits des Archiv-Repositorys verfügbar gemacht werden.

Damit ein Repository auf die Commits eines anderen Repositorys zugreifen kann, können sogenannte »Alternates«-Pfade spezifiziert werden. Dafür ist die .git/objects/info/alternates-Datei zuständig. In dieser Datei wird pro Zeile der absolute Pfad zu einem objects-Verzeichnis eines anderen Repositorys angegeben.

Achtung! Es muss unbedingt der Pfad zu dem objects-Verzeichnis angegeben werden. Der Pfad auf das Wurzelverzeichnis des Projekts reicht nicht aus.

Mit dem echo-Befehl wird eine neue Zeile an die alternates-Datei angefügt:

```
> cd neu-projekt
> echo /gitrepos/archiv-projekt.git/objects \
>> .git/objects/info/alternates
```

Schritt 3: Historien verbinden

Als Letztes muss mit dem bereits bekannten replace-Befehl das C'-Commit mit dem B-Commit des Archiv-Repositorys verknüpft werden.

Dabei ist das vorbereitete History-Tag sehr hilfreich. Es enthält alle notwendigen Informationen (siehe Schritt 1 auf Seite 248).

```
> git show history-cut/master --pretty=oneline
```

[3] Es wäre auch möglich, eine für alle zugängliche Kopie des Archiv-Repositorys auf ein Netzwerklaufwerk zu legen.

```
tag history-cut/master
Vorgänger: dcbddd5cd590de3d30e1ecca1882c9187e7eab95
259ee224ac1f2d73898ec2ed25ad4dccd3c40f70 C
diff --git a/foo.txt b/foo.txt
..
```

In der Ausgabe sind zwei Commit-Hashwerte zu sehen. Der erste, `dcbdd`, entspricht dem historisch korrekten Vorgänger, dem `B`-Commit. Der zweite Hashwert, `259ee`, entspricht dem neuen `C'`-Commit im aktuellen Repository.

Beim `replace`-Befehl müssen die Hashwerte in der umgekehrten Reihenfolge angegeben werden. Zuerst kommt das `C'`-Commit, dann ein Leerzeichen und dann der neue Vorgänger, das `B`-Commit.

```
> git replace --graft 259ee22 dcbddd5
```

Um den Erfolg zu testen, nutzt man am besten den `log`-Befehl. In der Ausgabe müssen jetzt auch das `A`- und das `B`-Commit erscheinen:

```
> git log --pretty=oneline

da8ba94d6bd9ec293f22a558756a91927f8b3525 D
259ee224ac1f2d73898ec2ed25ad4dccd3c40f70 C
dcbddd5cd590de3d30e1ecca1882c9187e7eab95 B
577b8e2cf613c43ed969453477fadc189482c1fb A
```

Im aktuellen Entwickler-Repository sind jetzt alle historischen Informationen verfügbar.

Um die Historie wieder zu entfernen, reicht es aus, das Replace-Commit mit dem `replace`-Befehl zu entfernen:

```
> git replace -d 259ee22
```

`-d`: Löscht das zugehörige Replace-Commit.

Warum nicht anders?

Warum kein Fetch des Archiv-Repositorys?

Der beschriebene Workflow nutzt die `objects/info/alternates`-Datei, um Commits in ein Repository einzubinden. Eine Alternative ist es, den normalen `fetch`-Befehl zu nutzen, um Commits zu importieren.

Fetch: Branches aus einem anderen Repository holen → *Seite 97*

Der beschriebene Workflow geht jedoch davon aus, dass der Zugriff auf die Historie nur selten und temporär erforderlich ist. In diesem Fall ist die Lösung mit der `alternates`-Datei sinnvoller, da das eigene Repository nicht durch weitere Commits vergrößert wird.

Warum kein Shallow-Klon?

Der `clone`-Befehl unterstützt einen Parameter `--depth`, der beim Klonen nur eine bestimmte Anzahl von Vorgänger-Commits eines Branch oder aller Branches überträgt. Das Ergebnis ist ein lokaler Klon, in dem man normal arbeiten kann, bei dem allerdings ein Großteil der Historie fehlt[4].

Der Nachteil dieser Lösung ist, dass jeder Entwickler diesen Parameter beim Klonen verwenden muss. Außerdem kommen einige Git-Werkzeuge nicht mit Shallow-Klonen zurecht.

Shallow-Klone sind dann sinnvoll, wenn man mal temporär einen kleinen Klon erzeugen will.

[4] Vor der Git-Version 1.9 gab es mehr Einschränkungen bei der Arbeit mit Shallow-Klonen.

26 Das sechsundzwanzigste Kapitel

In diesem Buch gibt es kein sechsundzwanzigstes Kapitel. Aber es gibt ein `kapitel26` im Internet: unser Blog zu Git und anderen technischen Themen, die uns interessieren.

Besuchen Sie uns doch mal!

`http://kapitel26.github.io/`

Errata

`http://kapitel26.github.io/git-buch/errata.html`

27 Andere Versionsverwaltungen parallel nutzen

In vielen Unternehmen und Organisationen ist das Werkzeug für die Versionierung und die zugehörigen Prozesse zentral vorgegeben. Einzelne Projekte und Teams können nicht einfach eine andere Versionsverwaltung, z. B. Git, benutzen. Der unternehmensweite Umstieg auf Git erfordert Machbarkeitsstudien, strategische Entscheidungen, Migrationspläne etc. – also viel Zeit.

Trotz allem ist es möglich, einige Fähigkeiten von Git in der lokalen Entwicklungsumgebung zu nutzen und die Ergebnisse mit der zentralen Versionsverwaltung zu synchronisieren.

Bei einer lokalen Benutzung bietet Git die folgenden Vorteile:

- Auch wenn gerade kein Zugriff auf die zentrale Versionsverwaltung besteht, sind lokale Commits möglich.
- Feingranulare Commits, auch von Zwischenständen, können durchgeführt werden. Die Versionierung dient als Sicherheitsnetz während der Entwicklung.
- Lokale Branches für Prototypen und Feature-basiertes Arbeiten sind möglich.
- Die gute Merge- und Rebasing-Unterstützung von Git kann genutzt werden.

Mit Feature-Branches entwickeln → *Seite 161*

Dieser Workflow zeigt, wie ein lokales Git-Repository und eine zentrale Versionsverwaltung so zusammenarbeiten können, dass

- Änderungen in der zentralen Versionierung in das lokale Repository eingespielt werden und
- lokale Änderungen in die zentrale Versionierung übertragen werden.

Für die Anbindung an Subversion[1] gibt es den `git-svn`-Befehl, sodass dieser Workflow nicht benötigt wird.

Zusammenarbeit mit Subversion → *Seite 300*

[1] http://subversion.apache.org/

Überblick

Um die Zusammenarbeit von Git und einer zentralen Versionsverwaltung zu beschreiben, nutzen wir CVS[2]. Der prinzipielle Ablauf funktioniert in anderen zentralen Versionsverwaltungen genauso.

In Abbildung 27-1 ist oben der zentrale CVS-Server zu sehen und darunter sind die Repositorys auf dem Rechner des Entwicklers dargestellt.

Der Entwickler hat zwei lokale Git-Repositorys: ein »Sync-Repository«, das nur zum Synchronisieren mit der zentralen Versionsverwaltung dient, und ein »Arbeits-Repository«, in dem die eigentliche Entwicklung stattfindet.

Mit `.gitignore` Dateien unversioniert lassen → Seite 43

Das Sync-Repository ist mit der zentralen Versionsverwaltung (`CVS`-Verzeichnisse) verbunden und beinhaltet parallel die Git-Objekte (`.git`-Verzeichnis). Die zentrale Versionsverwaltung ist so konfiguriert, dass die Git-Objekte ignoriert werden (`.cvsignore`-Datei) und Git die Metadaten von CVS (`.gitignore`-Datei) ignoriert.

Austausch zwischen Repositorys → Seite 93

Veränderte Dateien der zentralen Versionsverwaltung werden als Erstes in das Sync-Repository eingespielt (`cvs update`). Anschließend wird ein neues Git-Commit im `cvs`-Branch angelegt. Dieses wird danach in das Arbeits-Repository importiert (`fetch`-Befehl) und anschließend durch einen Merge mit dem `master`-Branch vereinigt.

Um die lokalen Änderungen des `master`-Branch in die zentrale Versionsverwaltung einzuspielen, werden die neuen Commits des `master`-Branch in das Sync-Repository übertragen (`push`-Befehl). Dort wird anschließend ein Merge des `cvs`-Branch mit dem `master`-Branch durchgeführt. Danach werden die geänderten Dateien in die zentrale Versionsverwaltung eingespielt (`cvs commit`).

Voraussetzungen

Optimistisches Locking: Die zentrale Versionsverwaltung muss optimistische Zugriffe auf Dateien unterstützen, d. h., Dateien können ohne verherige Sperren verändert werden.

Ignorieren von Dateien und Verzeichnissen: Die zentrale Versionsverwaltung kann Dateien und Verzeichnisse von der Versionierung ausschließen.

Flexibilität des Projektverzeichnisses: Die Entwicklungswerkzeuge (z. B. Build-Tools) erzwingen nicht, dass das Projekt an genau einem Ort im Dateisystem abgelegt wird.

---

[2] http://www.nongnu.org/cvs/

Workflow kompakt

Andere Versionsverwaltungen parallel nutzen

Im Unternehmen oder Team wird mit einer zentralen Versionsverwaltung gearbeitet. Einzelne Entwickler arbeiten mit Git und synchronisieren die Änderungen mit dem zentralen System.

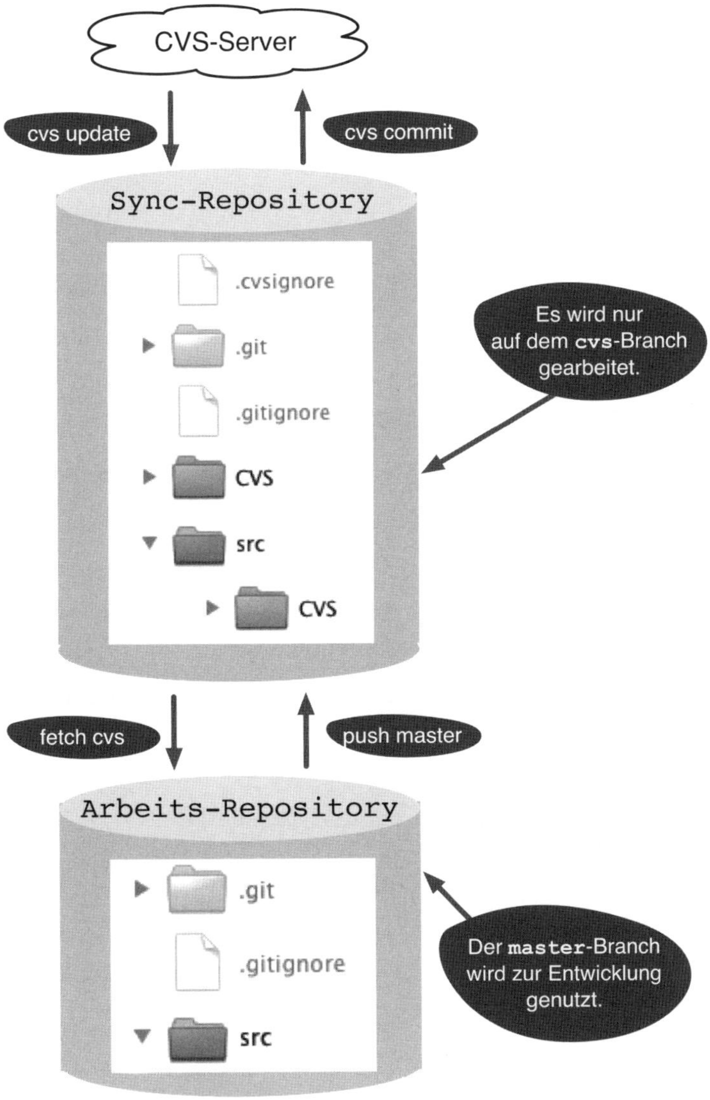

Abb. 27-1
Workflow im Überblick

Ablauf und Umsetzung

Folgende Informationen benötigen Sie von Ihrer zentralen Versionsverwaltung:

- Wie werden die Quellen aus Ihrer Versionsverwaltung initial geholt? – `cvs checkout`
- Wo und wie werden die Metainformationen im Dateisystem abgelegt? – `CVS`-Verzeichnisse
- Wie kann man Dateien von der Versionierung ausschließen? – `.cvsignore`-Datei
- Wie werden Aktualisierungen von der zentralen Versionierung geholt? – `cvs update`
- Wie werden neue Dateien zu Ihrer Versionsverwaltung hinzugefügt? – `cvs add`
- Wie werden Änderungen in die zentrale Versionierung übertragen? – `cvs commit`

Initiales Einrichten der Repositorys

Die folgenden Schritte zeigen, wie das Sync-Repository und das Arbeits-Repository initial eingerichtet werden. Der Ausgangspunkt ist ein lokal vorhandenes CVS-Projekt (`cvsprojekt`), das mit `cvs checkout` angelegt wurde.

Schritt 1: Neues Sync-Repository anlegen

Als Erstes wird im CVS-Projektverzeichnis ein neues Git-Repository initialisiert:

```
> cd cvsprojekt
> git init
```

Schritt 2: `.gitignore`-Datei konfigurieren

Mit `.gitignore` Dateien unversioniert lassen → *Seite 43*

In das Sync-Repository sollen alle Dateien – bis auf die CVS-Metadaten – importiert werden. Deswegen müssen die `CVS`-Verzeichnisse in der Datei `.gitignore` ausgeschlossen werden:

```
> echo CVS/ > .gitignore
```

Der `echo`-Befehl erzeugt eine neue Datei `.gitignore` mit dem Inhalt `CVS/`.

Schritt 3: `.cvsignore`-Datei konfigurieren

Auch die zentrale Versionsverwaltung soll nicht die Metainformationen von Git versionieren. Deswegen muss man das `.git`-Verzeichnis und die `.gitignore`-Datei ausschließen. In CVS funktioniert das, indem man zu der Datei `.cvsignore` die Einträge `.git` und `.gitignore` hinzufügt bzw. eine neue Datei anlegt:

```
> echo .git >> .cvsignore
> echo .gitignore >> .cvsignore
```

Falls die `.cvsignore`-Datei bisher nicht existierte, wird sie automatisch angelegt und muss dann mit `cvs add` zum CVS-Repository hinzugefügt werden:

```
> cvs add .cvsignore
```

Anschließend überträgt man die Änderungen mit `cvs commit` zum CVS-Server:

```
> cvs commit
```

Schritt 4: Dateien zum Sync-Repository hinzufügen

Nachdem nun alle Vorbereitungen abgeschlossen sind, können die Projektdateien zu dem Sync-Repository hinzugefügt werden:

Commits zusammenstellen *→ Seite 37*

```
> git add .
```

Achtung! Versionsverwaltungen haben die Angewohnheit, das Zeilenendezeichen von Textdateien (LF oder CRLF) anzupassen – so auch Git. Wenn die zentrale Versionsverwaltung und Git unterschiedlich mit Zeilenenden umgehen, kann man das Ändern der Zeilenenden in Git deaktivieren: `git config core.autocrlf false`.

Zeilenenden-behandlung mit Git *→ Seite 139*

Einige zentrale Versionsverwaltungen haben eine globale Revisionsnummer, z. B. Subversion. In diesem Fall ist es sinnvoll, diese Revisionsnummer in den Git-Commit-Kommentar aufzunehmen. Mit dieser Revisionsnummer kann man sehr einfach nachvollziehen, welcher Stand importiert worden ist. CVS hat leider keine solche Revisionsnummer.

```
> git commit -m "Initialer Import von CVS"
```

Schritt 5: `cvs`-Branch im Sync-Repository anlegen

Das Sync-Repository wird zukünftig auf einem eigenen `cvs`-Branch arbeiten. Dieser muss noch angelegt und aktiviert werden:

Branch erstellen *→ Seite 60*

```
>  git checkout -b cvs
```

Schritt 6: Arbeits-Repository anlegen

Das Arbeits-Repository wird als Klon des Sync-Repositorys angelegt. Beim Klonen wird automatisch der `master`-Branch als aktiver Branch gesetzt:

```
> cd ..
> git clone cvsproject gitproject
```

Damit sind die initialen Vorbereitungen abgeschlossen.

Änderungen von der zentralen Versionsverwaltung holen

Dieser Abschnitt beschreibt, wie Neuerungen aus der zentralen Versionsverwaltung über das Sync-Repository ins Arbeits-Repository geholt werden.

Schritt 1: Geänderte Dateien ins Sync-Repository übertragen

Der Workspace des Sync-Repositorys enthält die notwendigen Metainformationen für den Abgleich mit der zentralen Versionsverwaltung. Deswegen können über diesen Workspace die Änderungen vom CVS-Server geholt werden:

```
> cd cvsprojekt
> cvs update
```

Es kann bei diesem `update`-Befehl niemals zu CVS-Konflikten kommen. Im `cvs`-Branch des Sync-Repositorys befindet sich immer ein »sauberer« alter Versionsstand der zentralen Versionsverwaltung.

Alle Änderungen in einem Commit übernehmen
→ Seite 30

Anschließend werden die Änderungen, die durch CVS im Sync-Workspace vorgenommen wurden, mit dem `add`-Befehl zu einem Git-Commit zusammengestellt. Dann wird das Commit abgeschlossen:[3]

```
> git add --all .
```

`--all`: Dieser Parameter fügt neue und geänderte Dateien zum Commit hinzu und entfernt gleichzeitig die gelöschten Dateien.

```
> git commit -m "Änderungen aus CVS"
```

[3] Auch hier ist es sinnvoll, die globale Revisionsnummer in den Commit-Kommentar aufzunehmen, falls diese von der zentralen Versionsverwaltung unterstützt wird.

Schritt 2: Änderungen ins Arbeits-Repository übertragen

Fetch: Branches aus einem anderen Repository holen
→ Seite 97

Bisher befindet sich das Commit mit den CVS-Änderungen nur im Sync-Repository. Da das Arbeits-Repository ein Klon des Sync-Repositorys ist, existiert automatisch der Remote-Eintrag (`origin`). Mit dem `fetch`-Befehl kann das neue Commit mit den CVS-Änderungen in das Arbeits-Repository importiert werden:

```
> cd gitprojekt
> git fetch origin
```

Schritt 3: Änderungen in den `master`-Branch übernehmen

Die Änderungen sind zu diesem Zeitpunkt nur im `cvs`-Branch vorhanden und noch nicht im `master`-Branch. Der letzte Schritt besteht aus einem `merge`-Befehl. Dabei kann es zu Konflikten kommen, wenn es parallele Änderungen an denselben Dateien in CVS und im lokalen Git gegeben hat. Die normalen Git-Werkzeuge können genutzt werden, um die Konflikte zu bereinigen (Abbildung 27-2).

Bearbeitungskonflikte
→ Seite 68

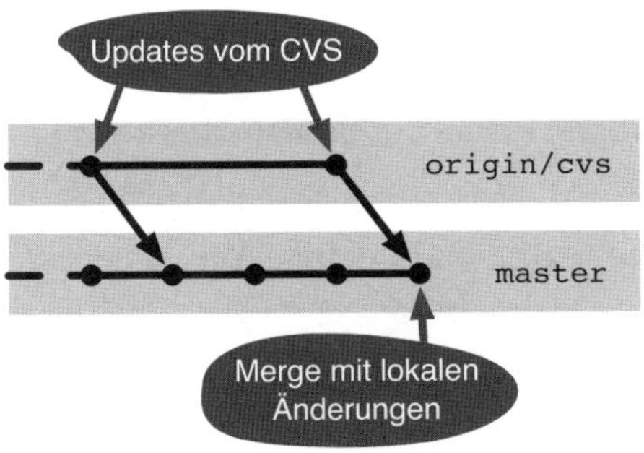

Abb. 27-2
CVS-Updates in den `master`*-Branch übernehmen*

```
> git merge origin/cvs
```

Nach diesen Schritten befindet sich im Arbeits-Repository der aktuelle Stand aus der zentralen Versionsverwaltung, zusammengeführt mit den lokalen Änderungen.

Änderungen in die zentrale Versionsverwaltung übertragen

In diesem Abschnitt werden die Änderungen aus dem Arbeits-Repository über das Sync-Repository in die zentrale Versionsverwaltung übertragen.

Schritt 1: Aktuellen Stand aus zentraler Versionsverwaltung holen

Bevor die lokalen Änderungen in die zentrale Versionsverwaltung übertragen werden, sollten immer die neuesten Änderungen aus der Zentrale geholt werden. Dazu folgen Sie den Schritten aus dem vorherigen Abschnitt.

Durch das Aktualisieren wird die Konfliktwahrscheinlichkeit beim späteren Übertragen der eigenen Änderungen in die zentrale Versionsverwaltung minimiert. Des Weiteren kann nochmals getestet werden, ob die eigenen Änderungen mit dem aktuellen zentralen Stand zusammenarbeiten.

Schritt 2: Änderungen in das Sync-Repository übertragen

Push: Änderungen veröffentlichen *→ Seite 99*

Die lokalen Änderungen im `master`-Branch müssen in das Sync-Repository übertragen werden. Da das Sync-Repository als »origin«-Remote beim Klonen registriert wurde, reicht ein einfacher `push`-Befehl:[4]

```
> cd gitproject
> git push
```

Schritt 3: Änderungen in den `cvs`-Branch übernehmen

Branches zusammenführen *→ Seite 65*

Die neuen Commits und die geänderten Dateien befinden sich im Sync-Repository im `master`-Branch. Um diese Änderungen in die zentrale Versionsverwaltung zu übernehmen, ist noch ein Merge in den `cvs`-Branch notwendig. Hierbei kann es zu keinen Konflikten kommen, da im `cvs`-Branch keine Änderungen stattfinden (Abbildung 27-3).

```
> cd cvsproject
> git merge --no-commit --no-ff master
```

`--no-commit`: Da es beim nachfolgenden CVS-Commit noch zu Konflikten kommen kann, wird der Git-Merge zunächst ohne abschließendes Commit durchgeführt.

Fast-Forward-Merges *→ Seite 72*

`--no-ff`: Die zusätzliche Option lässt Git keinen Fast-Forward-Merge durchführen. Damit erhält man im `cvs`-Branch auf der First-Parent-History nur Commits, die einem reproduzierbaren Stand der zentralen Versionsverwaltung entsprechen.

---

[4] Normalerweise ist es keine gute Idee, in einem Nicht-Bare-Repository ein Push auszuführen. Es kann zu Problemen führen, wenn in dem gerade aktiven Branch Commits übertragen werden. Dann stimmt der Workspace-Zustand nicht mehr mit dem Repository-Inhalt überein. In unserem Szenario kann es aber keine solchen Probleme geben, da im Sync-Repository immer der `cvs`-Branch aktiv ist.

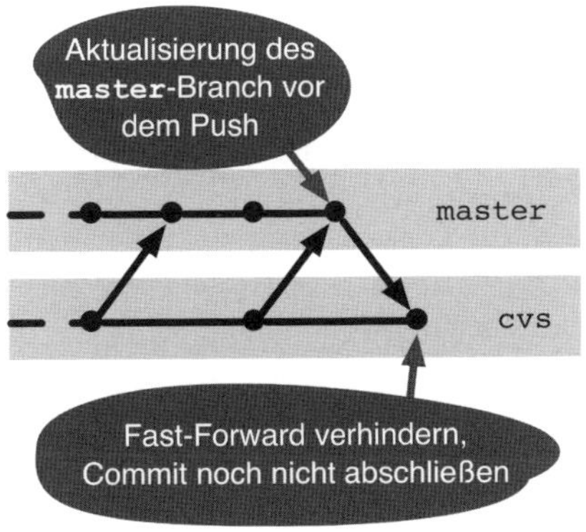

Abb. 27-3
CVS-Commit im cvs-Branch vorbereiten

Schritt 4: Änderungen in die zentrale Versionsverwaltung übertragen

Die lokalen Änderungen können jetzt in die zentrale Versionsverwaltung übertragen werden. Je nachdem, ob es neue Dateien, gelöschte Dateien oder geänderte Dateien gibt, sind jeweils die notwendigen Befehle der zentralen Versionsverwaltung auszuführen, z. B. `cvs commit`, wenn es nur geänderte Dateien gab:

```
> cvs commit
```

Kommt es bei dem `cvs commit` zu Konflikten, dann gab es seit dem letzten `cvs update` Änderungen, die mit lokalen Änderungen konkurrieren. Dann löscht man den aktuellen Merge-Versuch – das offene Commit:

Branch-Zeiger umsetzen → *Seite 62*

```
> git reset --hard HEAD
```

Anschließend beginnt man wieder bei Schritt 1 dieses Ablaufes, d. h., die letzten konkurrierenden Änderungen werden von der zentralen Versionsverwaltung geholt und mit dem `master`-Branch zusammengeführt.

Wenn das Übertragen in die zentrale Versionsverwaltung erfolgreich war, geht es mit dem nächsten Schritt weiter.

Schritt 5: Aktualisierungen aus der zentralen Versionsverwaltung holen

Einige Versionsverwaltungen verändern Dateien beim Commit bzw. beim ersten Aktualisieren nach einem Commit. So kann man z. B. CVS dazu bringen, im Kopf einer Datei die aktuelle Versionsnummer oder die Historie der Änderungen einzusetzen (Keyword-Substitution). Deswegen ist es wichtig, nach dem erfolgreichen CVS-Commit nochmals die Dateien aus der zentralen Versionsverwaltung zu holen:

```
> cvs update
```

Schritt 6: Commit auf dem cvs-Branch durchführen

Commits zusammenstellen → *Seite 37*

Jetzt ist es Zeit, den bisher noch offenen Merge-Commit abzuschließen. Vorher werden die möglichen CVS-Ersetzungen mit dem add-Befehl noch in das Merge-Commit übernommen:[5]

```
> git add .
> git commit -m "Änderungen aus Git eingespielt"
```

Schritt 7: master-Branch im Arbeits-Repository aktualisieren

Fetch: Branches aus einem anderen Repository holen → *Seite 97*

Durch den vorhergehenden Schritt gibt es ein neues Commit auf dem cvs-Branch im Sync-Repository. Der cvs-Branch muss vor dem Weiterarbeiten mit dem master-Branch im Arbeits-Repository zusammengeführt werden. Dazu wird als Erstes das Commit in das Arbeits-Repository übertragen:

```
> cd gitprojekt
> git fetch origin
```

Fast-Forward-Merges → *Seite 72*

Anschließend wird ein Merge durchgeführt. Dieser Merge ist immer ein Fast-Forward-Merge, da es keine zwischenzeitlichen Änderungen auf dem master-Branch geben sollte.

```
> git merge origin/cvs
```

Nach diesen Schritten sind alle lokalen Änderungen in der zentralen Versionsverwaltung enthalten. Im Arbeits-Repository befindet sich eine Version, die dem aktuellen Stand der zentralen Versionsverwaltung entspricht. In Abbildung 27-4 sind alle Commits und Branches dargestellt, die durch den beschriebenen Ablauf entstanden sind.

Abb. 27-4
Commits und Branches nach der Übertragung

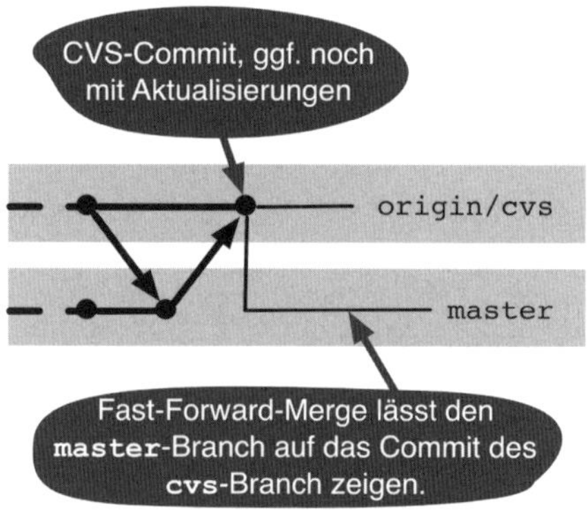

[5] Auch hier ist es sinnvoll, die globale Revisionsnummer in den Commit-Kommentar aufzunehmen, falls diese von der zentralen Versionsverwaltung unterstützt wird.

Warum nicht anders?

Warum nicht mit nur einem Repository?

Der Ablauf dieses Workflows funktioniert auch mit nur einem Git-Repository, d. h., im Sync-Repository findet auch die lokale Entwicklung statt. Dazu wird zwischen dem cvs-Branch und dem `master`-Branch gewechselt, je nachdem, ob gerade synchronisiert oder entwickelt wird.

Die Erfahrung hat jedoch gezeigt, dass es schwerfällt, den Überblick zu behalten, wo welche Aktionen durchgeführt werden müssen. Insbesondere beim Synchronisieren passiert es häufig, dass Aktionen im falschen Branch ausgeführt werden.

Ein weiteres Problem kann entstehen, wenn aus Versehen bei der Entwicklung die Metainformationen der zentralen Versionsverwaltung gelöscht werden, zum Beispiel wenn bei einem Refactoring ein ganzes Verzeichnis gelöscht wird und damit auch das zugehörige CVS-Unterverzeichnis.

28 Ein Projekt nach Git migrieren

Für eine erfolgreiche Migration von einer anderen Versionsverwaltung nach Git müssen Sie mehr tun, als einige Softwarestände in ein Git-Repositoriy zu übertragen. Dieser Workflow zeigt wie Sie die Migration eines Projekts organisieren und was Sie dabei bedenken sollten:

- Wissensaufbau und Know-how-Transfer
- strategische Entscheidungen, die Sie treffen sollten
- Übertragung der Inhalte in ein Git-Repository
- Ablauf der eigentlichen Migration
- Nachziehen von Änderungen, die seit der Erstellung des Git-Repositorys in der alten Versionsverwaltung entstanden sind

Überblick

Der Migrationsprozess gliedert sich in mehrere Phasen. Falls mehrere Projekte nacheinander migriert werden sollen, können später einige dieser Phasen übersprungen werden.

1. Git lernen, Erfahrungen sammeln
2. Entscheidungen treffen
3. Branches finden
4. Repository vorbereiten
5. Branches übernehmen
6. Repository in Betrieb nehmen
7. aufräumen

Voraussetzungen

Das Projekt wird aus einer anderen Versionsverwaltung übernommen. Wir haben darüber folgende Annahmen gemacht:

Zugriffsrechte: Sie sollten freien schreibenden Zugriff auf alle Dateien und Verzeichnisse im Workspace haben. Insbesondere dürfen die Dateien nicht auf »Read only« stehen. Gegebenenfalls muss die Konfiguration der alten Versionsverwaltung angepasst werden.

Ignorieren von Verzeichnissen: Das Git-Repository wird im Workspace der anderen Versionsverwaltung angelegt. Durch ein *Ignore* des `.git`-Verzeichnisses in der alten Versionsverwaltung muss man es vor versehentlicher Löschung schützen können.

Achtung! Anders als die meisten der vorigen Workflows ist dieser sehr stark von äußeren Faktoren abhängig: Welche Versionsverwaltung wurde verwendet? Wie sind die Projekte organisiert? Wie wurden Branches genutzt? Sie werden diesen Workflow vermutlich nicht exakt so umsetzen können, wie er hier beschrieben ist. Planen Sie also etwas Zeit ein, um den Workflow an Ihre Gegebenheiten anzupassen.

Workflow kompakt

Ein Projekt nach Git migrieren

Ein Projekt aus einer anderen Versionsverwaltung wird nach Git migriert. Alle Softwarestände, die weiterentwickelt werden sollen, werden in das Git-Repository übernommen. Danach kann mit dem neuen Repository weitergearbeitet werden. Bei Bedarf können »nachtröpfelnde« Änderungen aus der alten Versionsverwaltung nachgezogen werden.

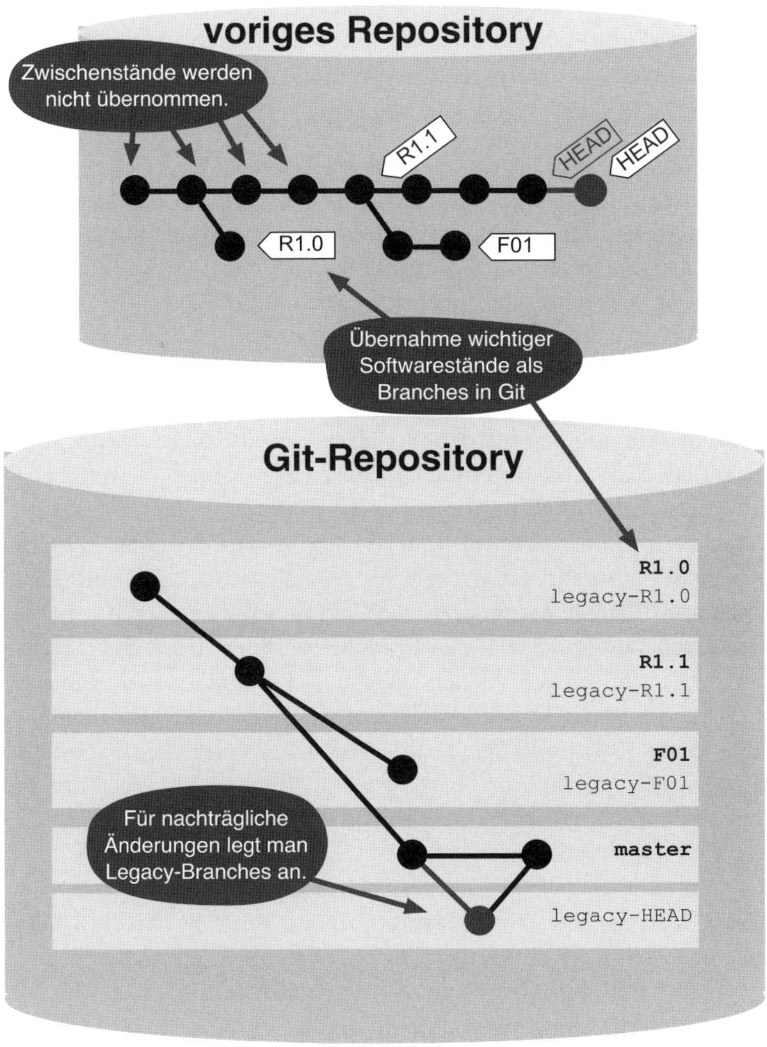

Abb. 28-1
Workflow im Überblick

Ablauf und Umsetzung

Git lernen, Erfahrungen sammeln

Git ist nicht schwer zu erlernen, denn die Grundkonzepte sind logisch und gut durchdacht (davon haben wir Sie mit diesem Buch hoffentlich überzeugen können). Für Entwickler, die viel mit zentralen Versionsverwaltungen gearbeitet haben, sind einige Aspekte jedoch gewöhnungsbedürftig, wie etwa das Arbeiten mit dezentralen Repositorys oder der Umgang mit Branches. Deshalb empfehlen wir, dass sich ein oder zwei Entwickler darauf vorbereiten, das Team als Coach bei der Migration zu unterstützen.

Schritt 1: Git erproben

Ein Projekt aufsetzen → *Seite 135*

Starten Sie ein kleines unkritisches Beispielprojekt. Am besten wählen Sie etwas, was noch nicht in der alten Versionsverwaltung steht. Vielleicht wollen Sie ja ohnedies gerade eine neue Utility-Klasse entwickeln, eine neue Java-Bibliothek erproben oder ein paar Shell-Skripte zur Serververwaltung schreiben.

Beginnen Sie mit der Git-Kommandozeile, auch wenn Sie später wahrscheinlich ein Git-Frontend oder ein Plug-in für Ihre Entwicklungsumgebung nutzen werden. So lernen Sie Git zunächst »ungefiltert« kennen. Die Frontends vereinfachen zwar vieles, verschleiern dabei aber oft auch, was wirklich in Git passiert. Wenn es bei der Migration zu Problemen kommt, sollte wenigstens einer im Team wissen, was hinter den Kulissen vorgeht. Entwickeln Sie zunächst einfach »drauflos«: Die elementaren Befehle `add`, `commit`, `push`, `pull` und `log` genügen.

Danach sollten Sie sich den Branches widmen, denn das ist der Bereich, wo es anfänglich zu den meisten Schwierigkeiten kommt. Probieren Sie die beiden Workflows »Gemeinsam auf einem Branch entwickeln« (Seite 153) und »Mit Feature-Branches entwickeln« (Seite 161) aus (das geht natürlich am besten, wenn mindestens zwei Entwickler dabei sind). Erzeugen Sie absichtlich ein paar Konflikte, um die Konfliktauflösung einzuüben.

Dann geht es an das Frontend. Hier gibt es inzwischen eine gute Auswahl. Testen Sie jene Varianten, die zu Ihrer Entwicklungsumgebung und Zielplattform passen. Achten Sie vor allem darauf, wie gut die Merge-Konfliktauflösung unterstützt wird. In diesem Punkt unterscheiden sich die Umgebungen deutlich.

Als Coach sollten Sie mindestens die folgenden Dinge beherrschen:

- Sie haben so viel Erfahrung gesammelt, dass Sie Ihren Kollegen elementare Git-Befehle beibringen können: `add`, `commit`, `status`, `diff`, `log`, `push` und `pull`.
- Die folgenden Befehle sollten Sie sich besonders genau angesehen haben, denn sie funktionieren anders als ihre Gegenstücke in klassischen Versionsverwaltungen: `branch`, `checkout`, `reset`, `merge` und `rebase`.
- Sie haben mit mindestens einer der beiden Branching-Strategien »Gemeinsam auf einem Branch entwickeln« (Seite 153) und »Mit Feature-Branches entwickeln« (Seite 161) gearbeitet.
- Sie können Git und ggf. ein Frontend dazu auf einem Entwicklerrechner einrichten.
- Sie können Merge-Konflikte auflösen (ggf. auch über das Frontend).

Schritt 2: Optional – parallel zur anderen Versionsverwaltung arbeiten

Sie können Git auch sehr gut lernen, indem Sie es für eine Weile parallel zur alten Versionsverwaltung nutzen, d. h., Sie entwickeln lokal mit Git, das Projekt bleibt aber in der zentralen Versionsverwaltung. Wie man das macht, zeigt der Workflow »Andere Versionsverwaltungen parallel nutzen« (Seite 257). Besonders empfehlenswert ist dies für Subversion-Nutzer. Der `svn`-Befehl ist dabei sehr hilfreich.

Entscheidungen treffen

Ein paar wichtige Entscheidungen sollten frühzeitig getroffen werden.

Schritt 1: Alle Projekte auf einmal migrieren?

Dieser Workflow beschreibt, wie man *ein* Projekt migriert. Haben Sie mehrere Projekte, können Sie diesen Workflow natürlich mehrfach nacheinander durchführen. Sie können die Migration aber auch für alle Projekte parallel durchführen. Dies hat sowohl Vorteile als auch Nachteile im Vergleich zur Einzelprojektmigration.

Vorteile

- Sie können Git früher großflächig einsetzen.
- Sie profitieren früher von den Vorteilen von Git.
- Sie müssen nach der Migration nur noch ein Versionsverwaltungssystem unterstützen.

Nachteile

- Der Know-how-Transfer wird schwieriger. In den ersten zwei bis drei Wochen nach der Migration werden viele Fragen gestellt. Wenn es viele Entwickler gibt, aber nur einen einzigen Coach, der sich mit Git auskennt, kann das den Erfolg der Migration gefährden.
- Probleme bei der Migration können leicht zu *großen Problemen* werden, wenn viele Projekte auf einmal davon betroffen sind.
- Falls Sie in der Anfangsphase eine Entscheidung treffen, die sich später als ungünstig erweist – etwa das falsche Branching-Modell oder eine ungünstige Namenskonvention wählen –, muss dies nachher in vielen Projekten korrigiert werden.

Unsere Empfehlung: Wenn Sie nicht sicher sind, empfehlen wir, mit einem einzelnen Projekt zu beginnen, um danach zu entscheiden, wie Sie weiter vorgehen werden.

Schritt 2: Welche Projekte sollen migriert werden?

Bei dieser Entscheidung können wir Ihnen nicht helfen.

Schritt 3: Soll die bestehende Struktur übernommen werden?

Wie sind Ihre Projekte derzeit organisiert?

- Liegen alle im selben Repository? Oder haben sie separate Repositorys?
- Haben die Projekte einen gemeinsamen Releasezyklus? Sind sie sogar Teil desselben Produkts?
- Gibt es häufig projektübergreifende Änderungen?
- Sind die Projekte eher eng oder eher lose gekoppelt?

Wie die ideale Git-Repository-Struktur für Ihre Projekte aussieht, können wir leider nicht sagen. Einige grobe Faustregeln können wir aber geben:

- Wenn Sie derzeit alle Projekte in einem Repository halten, spricht dies eher dafür, das auch in Git so zu tun.
- Wenn Projekte einen gemeinsamen Releasezyklus haben, dann spricht dies auch eher für ein gemeinsames Repository in Git, weil dann der Workflow »Periodisch Releases durchführen« (Seite 203) projektübergreifend angewendet werden kann.
- Auch häufige projektübergreifende Änderungen sind ein Indikator für ein gemeinsames Repository.

- Sind die Projekte lose gekoppelt, so spricht dies eher für separate Repositorys.
- Git ist für Binärdateien, die groß sind und/oder häufig geändert werden, nicht gut geeignet. Sie können solche Dateien zwar mit Git verwalten, sollten sie aber besser in einem separaten Repository halten, damit die Performance in den normalen (Sourcecode-) Projekten nicht darunter leidet.

Ressourcenverbrauch bei großen binären Dateien → Seite 306

Unsere Empfehlung: Im Zweifel beginnen Sie einfach mit einer Struktur, die der Struktur in Ihrer bisherigen Versionsverwaltung ähnelt. Sie können dann später, wenn die Projekte migriert sind, mit den Workflows »Kleine Projekte zusammenführen« (Seite 239), »Große Projekte aufteilen« (Seite 231) und »Lange Historien auslagern« (Seite 245) eine bessere Struktur formen.

Schritt 4: Können Sie sich eine Unterbrechung der Entwicklung durch die Migration erlauben?

Falls ja, vereinfacht dies den Migrationsvorgang ein wenig. Sie stellen das neue Repository bereit und das alte ab. Die Entwickler stellen auf Git um und führen ein Release aus Git durch.

Falls Sie jedoch ein 24/7-System betreiben, wollen Sie vielleicht auch während der Migration so lange noch Hotfixes aus der alten Versionsverwaltung aufspielen können, bis die Entwickler in der Lage sind, Releaseversionen aus dem Git-Repository zu liefern. In diesem Fall müssen Sie sich damit beschäftigen, wie man Änderungen aus dem alten Repository nachziehen kann.

Schritt 5: Welche Branching-Strategie wollen Sie einsetzen?

»Gemeinsam auf einem Branch entwickeln« (Seite 153) oder »Mit Feature-Branches entwickeln« (Seite 161) – Sie sollten dies rechtzeitig entscheiden, um den Entwicklern den neuen Workflow vor der Migration vermitteln zu können, damit nachher gleich produktiv weitergearbeitet werden kann.

Unsere Empfehlung: Wenn Sie nicht sicher sind, beginnen Sie mit »Gemeinsam auf einem Branch entwickeln« (Seite 153), weil das der Arbeitsweise in klassischen Versionsverwaltungen ähnlicher ist.

Schritt 6: Welches Frontend wollen Sie verwenden?

Schließlich müssen Sie die Entwickler rechtzeitig vor der Migration mit der richtigen Software versorgen.

Branches finden

Als Nächstes müssen Sie herausfinden, welche Softwarestände im alten Repository in Git als Branches weiterentwickelt werden sollen:

- Die Hauptlinie der Entwicklung, in anderen Versionsverwaltungen *Trunk* oder *Main Line* genannt, soll sicher übernommen werden.
- Jede Version, für die noch Bugfixes oder Erweiterungen geliefert werden müssen, sollte als Branch in Git übernommen werden. Wenn Sie ein Produkt entwickeln, das beim Kunden installiert wird, könnten das viele Versionen sein. Entwickeln Sie hingegen eine Webanwendung, kann es sein, dass Sie mit nur zwei Branches auskommen: einem für die produktive Version, auf dem Hotfixes gemacht werden, und einem für die Feature-Entwicklung zum nächsten Release.
- Wenn Sie in Ihrer bisherigen Versionsverwaltung mit Feature-Branches arbeiten, sollten Sie diese entweder in Git übernehmen oder kurz vor der Migration fertigstellen und schließen. Letzteres macht die Migration natürlich leichter.

Tipp: »Floating Tags« zu Branches

In vielen Versionsverwaltungen gibt es sogenannte Floating Tags, d. h. Tags wie `RELEASE3`, die nach Hotfixes verschoben werden können. Solche Tags sind oft Kandidaten für Release-Branches in Git.

Tipp: Zeitpunkt clever wählen

Je weniger Branches Sie übernehmen müssen, desto weniger Arbeit macht die Migration. Überlegen Sie also gut, was Sie wirklich benötigen, und überlegen Sie auch, wann Sie die Migration durchführen. Vielleicht gibt es einen Zeitpunkt, zu dem nur wenige Branches aus der alten Versionsverwaltung übernommen werden müssen.

Tipp: Graph der Beziehungen zeichnen

Anschließend zeichnen Sie einen Graphen mit den »Verwandschaftsbeziehungen« zwischen den gefundenen Branches. Im einfachsten Fall ist dies eine Sequenz mit der ältesten Releaseversion unten und der neuesten oben.

Repository vorbereiten

Als Nächstes wird das Git-Repository erstellt. Damit Sie es in aller Ruhe einrichten und testen können, sollten Sie damit ein paar Tage (oder Wochen) vor der eigentlichen Migration beginnen. Das bedeutet aber, dass in der Zwischenzeit neue Änderungen im alten Repository entstehen. Es wird also später notwendig werden, diese Änderungen nachzuziehen.

Andere Versionsverwaltungen parallel nutzen *→ Seite 257*

Um das zu erreichen, arbeitet man auf der Git-Seite mit zwei Branches, von denen der eine die Entwicklung in Git darstellt und der andere die Entwicklung im alten Repository. Letzteren nennen wir im Folgenden *Legacy-Branch*. Auf dem *Legacy-Branch* wird nicht entwickelt, dort werden nur Softwarestände aus dem alten Repository übernommen. Übertragen werden diese Änderungen dann später durch einen Merge auf dem Entwicklungs-Branch.

Wenn das Konzept des Legacy-Branches Sie irgendwie an *Remote-Tracking-Branches* erinnert, dann haben Sie gerade ein Muster wiedererkannt. In beiden Fällen geht es darum, im lokalen Repository Vorgänge aus einem anderen Repository zu spiegeln.

In diesem Beispiel verwenden wir folgende Namenskonvention: Für Branches oder Tags der alten Versionsverwaltung nehmen wir Großbuchstaben, z. B. `RELEASE3`. In Git verwenden wir Kleinbuchstaben und nennen den Entwicklungs-Branch dazu dann `release3` und den Legacy-Branch dazu `legacy-release3`.

Schritt 1: Projekt aus der alten Versionsverwaltung holen

Ein Workspace mit den Dateien des Projekts wird aus der alten Versionsverwaltung geholt. In anderen Versionsverwaltungen nennt man dies oft einen Checkout.[1]

Schritt 2: Git-Repository anlegen

In diesem Workspace aus der alten Versionsverwaltung wird jetzt ein Git-Repository angelegt. Es entsteht ein Workspace, der mit beiden Versionsverwaltungen verknüpft ist. Wir nennen dies einen *Dual Workspace*.

```
> cd old-vcs-workspace
> git init
```

Schritt 3: Lokales Backup erstellen

Wenn man mit zwei verschiedenen Versionsverwaltungen gleichzeitig arbeitet, kann es durchaus passieren, dass man mal ein `force` oder `clean` an der falschen Stelle angibt. Deshalb ist ein Backup keine schlechte Idee:[2]

```
> git clone --no-hardlinks --bare .
/backups/myproject.git
> git remote add backup /backups/myproject.git
```

Später sollte man gelegentlich sichern:

```
> git push --all backup
```

[1] Bei dem Begriff *Checkout* herrscht leider Begriffsverwirrung. In Git bedeutet er etwas ganz anderes, nämlich den Wechsel von einem Branch zum anderen (Seite 59).

[2] Mindestens einem der Autoren ist das mindestens einmal passiert.

Zum Wiederherstellen klont man das Repository in ein temporäres Verzeichnis, wechselt dann auf den gewünschten Git-Branch und verschiebt das `.git`-Verzeichnis in den Workspace der alten Versionsverwaltung.

Schritt 4: Metadateien ignorieren lassen

Zunächst muss dafür gesorgt werden, dass sich die beiden Versionsverwaltungen nicht gegenseitig den Workspace zerschießen.

Die Metadateien der alten Versionsverwaltung sollen nicht ins Git-Repository übernommen werden. Erstellen Sie dazu eine `.gitignore`-Datei. Dort tragen Sie die Pfade oder Dateimuster ein, die ignoriert werden sollen. Der `status`-Befehl darf danach keine Metadateien der alten Versionsverwaltung mehr anzeigen.

Mit `.gitignore` *Dateien unversioniert lassen* *→ Seite 43*

```
> git commit .gitignore -m "ignore legacy metafiles"
```

Umgekehrt muss auch die alte Versionsverwaltung so konfiguriert werden, dass das `.git`-Verzeichnis und die `.gitignore`-Datei erhalten bleiben. In CVS kann man dies beispielsweise durch das Erstellen einer `.cvsignore`-Datei im User-Verzeichnis tun.

Branches übernehmen

Die zu übernehmenden Tags und Branches der alten Versionsverwaltung werden Schritt für Schritt abgearbeitet. Man beginnt mit dem ältesten Branch oder Tag, das übernommen werden soll.

Schritt 1: Gegebenenfalls auf Vorgänger-Branch wechseln

Beim ersten Branch können Sie diesen Schritt überspringen, weil es noch keinen Vorgänger-Branch gibt.

Im Überblicksgraphen (vgl. Seite 276) können Sie sehen, welches der Vorgänger ist. Wenn Sie `RELEASE3` migrieren wollen, dann wechseln Sie jetzt auf den Vorgänger, also auf den Legacy-Branch für `RELEASE2`:

```
> git checkout legacy-release2
```

Schritt 2: Legacy-Branch anlegen

Man legt einen Legacy-Branch an, der den Stand des Tags/Branch, z. B. `RELEASE3`, aus dem alten Repository spiegeln soll:

```
> git branch legacy-release3
```

Schritt 3: Stand aus der alten Versionsverwaltung übernehmen

Jetzt wechseln wir in der alten Versionsverwaltung auf den Softwarestand, den wir übernehmen wollen, z. B. RELEASE3:

```
> git status
```

Der status-Befehl zeigt jetzt, welche Änderungen es von RELEASE2 auf RELEASE3 gegeben hat. Sie sollten kurz prüfen, ob es plausibel aussieht. Falls ja, werden die Änderungen in den neuen Legacy-Branch übernommen:

```
> git add --all
> git commit -m "RELEASE3 aus legacy-vcs geholt"
```

Schritt 4: Generierte Dateien unversioniert lassen

Der jetzige Softwarestand wird gebaut und getestet. Dabei entstehen wahrscheinlich neue Dateien, die nicht in das Repository übernommen werden sollen. Die .gitignore-Datei muss ergänzt werden:

Mit .gitignore Dateien unversioniert lassen → *Seite 43*

```
> git commit .gitignore -m "ignore build artifacts"
```

Schritt 5: Git-Branch anlegen

Jetzt wird der Branch angelegt, auf dem später in Git weiterentwickelt werden soll:

```
> git branch release3
```

Schritt 6: Ergebnis prüfen

Es empfiehlt sich, das Ergebnis noch einmal zu überprüfen. Damit die Metadateien der Versionsverwaltungen dabei nicht stören, wird der Vergleich in temporären Verzeichnissen außerhalb der Workspaces durchgeführt. Hierbei hilft der archive-Befehl, der den Dateibaum eines beliebigen Commits als Archivdatei (tar oder zip) exportiert. Der aktuelle Stand des Branch in Git, z. B. in release3, wird in ein temporäres Verzeichnis git-vcs geschrieben:

```
> git archive release3 | tar -x -C /tmp/git-vcs/
```

Dann exportiert man den Stand, z. B. RELEASE3, aus der alten Versionsverwaltung, zum Beispiel nach /tmp/legacy-vcs. Jetzt kann man den Vergleich durchführen, zum Beispiel mit kdiff3. Bis auf die .gitignore-Datei sollte es keine Unterschiede geben.

```
> kdiff3 /tmp/git-vcs/ /tmp/legacy-vcs
```

Repository in Betrieb nehmen

Unser Ziel ist es, einen möglichst reibungsfreien Übergang zu schaffen.

Schritt 1: Ankündigung

Kündigen Sie die Migration rechtzeitig an. Die Ankündigung sollte folgende Informationen enthalten:

Einführung: Laden Sie zu einem Termin ein, bei dem das normale Arbeiten mit Git gezeigt wird.

Einrichtung der Entwicklungsumgebung: Beschreiben Sie kurz, wie man die Entwicklungsumgebung einrichtet (Git und IDE-Plug-ins installieren und konfigurieren) und wie man sich ein Projekt klonen kann.

Freeze-Zeitpunkt: Fordern Sie die Mitarbeiter auf, bis zu einem genannten Zeitpunkt alle lokalen Änderungen in die alte Versionsverwaltung zu bringen und ab dann keine neuen Änderungen einzupflegen.

Continue-Zeitpunkt: Ab wann kann mit dem neuen Git-Repository weitergearbeitet werden?

Notfallplan: Hotfix-Releases können auch während der Umstellungsphase aus der alten Versionsverwaltung heraus durchgeführt werden. Die Änderungen müssen dann aber später in Git nachgezogen werden. Es ist wichtig, deutlich darauf hinzuweisen, dass das dann auch unbedingt gemacht werden muss. Andernfalls könnte ein bereits behobener Fehler beim Git-Release erneut ausgeliefert werden.

Schritt 2: Einführung

Nun zeigen Sie, wie man mit Git arbeitet. Im normalen Alltag benötigt man nur wenige Befehle. Sie können sich zum Beispiel am Workflow »Gemeinsam auf einem Branch entwickeln« (Seite 153) orientieren. Zum Vorführen kann man einfach einen Klon des neuen Repositorys verwenden. Man kann damit nach Herzenslust herumexperimentieren und später den Klon einfach wegwerfen.

Schritt 3: Letzte Änderungen abholen

Nach dem Freeze-Zeitpunkt müssen Sie alle Änderungen aus dem alten Repository nachziehen, die seit der Erstellung des Git-Repositorys vorgenommen wurden. Dies erfolgt im *Dual Workspace* für jeden *Legacy-Branch*. Zuerst wechselt man in Git auf den *Legacy-Branch*:

```
> git checkout legacy-release3
```

Danach wechselt man in der alten Versionsverwaltung auf den entsprechenden Branch/Tag, z. B. `RELEASE3`, und prüft, ob sich Änderungen ergeben haben:

```
> git status
```

Ist das der Fall, werden diese in den Legacy-Branch übernommen:

```
> git add -all
> git commit -m "updating legacy-release3 from old vcs"
```

Danach werden die Änderungen in den neuen Branch für die Weiterentwicklung in Git, z. B. `release3`, übernommen:

```
> git checkout
> git merge legacy-release3
```

Wenn noch keine Weiterentwicklung in Git stattgefunden hat, wird es hier keinen Merge-Konflikt geben.

Auf diese Weise können Änderungen übrigens auch dann noch nachgezogen werden, wenn die Weiterentwicklung in Git längst begonnen hat, zum Beispiel wenn ein Entwickler den Freeze-Zeitpunkt verschlafen hat oder weil ein eiliges Hotfix noch in der alten Versionsverwaltung durchgeführt werden musste. In so einem Fall kann es allerdings Merge-Konflikte geben, die man manuell auflösen muss.

Tipp: Änderungen können auch später noch nachgezogen werden.

Schritt 4: Neues Repository bereitstellen

Nachdem alle Branches nachgezogen wurden, kann man das Repository auf dem Server ablegen. Dann gibt man die URL dafür bekannt und fordert die Entwickler auf, das Repository zu klonen und mit der Entwicklung fortzufahren (Continue-Zeitpunkt).

Schritt 5: Produkt bauen bzw. Release durchführen

Jetzt geht es darum, sobald wie möglich ein Release durchzuführen bzw. die aktuelle Version Ihres Produkts zu bauen, um sicherzugehen, dass Sie jetzt ohne die alte Versionsverwaltung auskommen können.

Schritt 6: Altes Repository auf »Read only« schalten

Sobald man in der Lage ist, aus dem neuen Repository heraus Releases durchzuführen (bzw. Produkte zu bauen), sollte man das alte Repository in einen »Read only«-Modus versetzen. Es dient dann nur noch als Archiv für die Historie des Projekts.

Schritt 7: Entwickler unterstützen

Vergessen Sie nicht, etwas Zeit einzuplanen, um die Entwickler während der ersten Wochen zu unterstützen. Insbesondere sollten Sie darauf vorbereitet sein, Merge-Konflikte aufzulösen und lokale Änderungen rückgängig machen zu müssen, z. B. mit dem `reset`-Befehl oder durch *interaktives Rebasing*.

Aufräumen

Nachdem das alte Repository abgeklemmt ist, kann man die *Legacy-Branches* löschen. Am besten tut man dies in einem frisch geklonten Workspace und nicht im *Dual Workspace*, weil dort `origin` nicht verknüpft ist.

```
> git branch -d legacy-release3
> git push origin :legacy-release3
```

Warum nicht anders?

Warum nicht die ganze Historie übernehmen?

In diesem Workflow werden nur einzelne Softwarestände übernommen, die man weiterentwickeln möchte. Dies hat den Nachteil, dass man im neuen Git-Repository die alte Historie nicht sieht. Sie verbleibt im alten Repository.

Es gibt verschiedene Werkzeuge (in Git, aber auch aus eigenständigen Projekten), die eine Historienübernahme grundsätzlich ermöglichen. Zum Beispiel kann der `cvsimport`-Befehl CVS-Repository-Inhalte in ein Git-Repository übertragen. Da aber die Struktur im Repository von CVS eine ganz andere ist als in Git, ist die Übersetzung nicht trivial, und die Qualität des Ergebnisses kann variieren, je nachdem, in welcher Weise CVS vorher genutzt wurde. Auf jeden Fall sollte man sich das Importergebnis sehr genau ansehen, bevor man damit weiterarbeitet. Eventuell muss man nacharbeiten, damit es passt.

Es ist zum einen der damit verbundene Aufwand, der uns davon abgehalten hat, diesen Weg zu gehen. Zum anderen wollten wir einen Migrationsweg zeigen, der gangbar ist, egal von welcher Versionsverwaltung man kommt.

Könnte man auf die *Legacy-Branches* verzichten?

Im Workflow werden anfangs sogenannte *Legacy-Branches* erstellt, die den jeweiligen Stand von Branches und Tags in der alten Versionsverwaltung spiegeln. Am Ende des Workflows werden sie gelöscht. Sie dienen nur einem einzigen Zweck: nämlich dem Abholen von nachträglichen Änderungen aus dem alten Repository. Wenn Sie die Entwicklung für ein paar Tage unterbrechen können (zum Beispiel wenn das Team eine Schulung besucht oder an etwas anderem arbeiten kann), dann können Sie durchaus auf *Legacy-Branches* verzichten und den Workflow für sich ein wenig vereinfachen.

Kann man auf den *Dual Workspace* verzichten?

Im *Dual Workspace* kann man mit Git und der alten Versionsverwaltung gleichzeitig arbeiten. Das erleichtert das Austauschen von Softwareständen: Man wechselt in der alten Versionsverwaltung auf den gewünschten Stand und macht dann ein Commit in Git.

Ein *Dual Workspace* ist aber nicht mit jeder anderen Versionsverwaltung möglich. In solchen Fällen könnte man mit zwei separaten Workspaces arbeiten. Dann müsste man Änderungen hin- und herübertragen, z. B. mit Shell-Skripten oder mit `rsync`. Das ist möglich, aber deutlich aufwendiger.

29 Integration mit Jenkins

Viele Projekte nutzen einen Build-Server wie »Jenkins«[1], »JetBrains Teamcity«[2] oder »Bamboo«[3], um regelmäßig automatische Builds durchzuführen. Git kann dabei natürlich als Quelle für die zu bauenden Softwarestände dienen.

Nachfolgend zeigen wir am Beispiel von Jenkins die Konfiguration und die Integrationsmöglichkeiten. Wir haben uns für Jenkins als Beispielserver entschieden, da

- dieser in sehr vielen Projekten benutzt wird,
- als Open-Source-Server von Ihnen sofort verwendet werden kann und
- die Autoren sich damit am besten auskennen.

29.1 Vorbereitungen

Jenkins kann auf verschiedenen Platformen installiert werden. Die genauen Voraussetzungen und Schritte finden Sie auf der Jenkins-Webseite. Nachfolgend gehen wir von einem installierten Jenkins [4] mit deutscher Oberfläche unter folgender URL aus:

```
http://myjenkins:8080/
```

Damit Jenkins mit Git-Repositorys arbeiten kann, müssen zwei zusätzliche Plug-ins vorhanden sein: das »Git Client Plugin«[5] und das »Git Plugin«[6]. Diese können unter JENKINS VERWALTEN / PLUGINS VERWALTEN / VERFÜGBAR installiert werden. Zusätzlich muss auf dem System, auf dem Jenkins ausgeführt wird, noch Git installiert werden. Unter

[1] http://jenkins-ci.org/

[2] http://www.jetbrains.com/teamcity/

[3] https://www.atlassian.com/software/bamboo/

[4] Getestet mit Version 1.598

[5] Getestet mit Version 1.16.1

[6] Getestet mit Version 2.3.4

Jenkins verwalten / System konfigurieren muss man dann im Abschnitt Git den Pfad zur Git-Installation angeben.

29.2 Ein einfaches Git-Projekt einrichten

Nachdem die Git-Plug-ins installiert sind, ist das Einrichten eines Jenkins-Jobs für ein Git-Repository sehr einfach. Erzeugen Sie als Erstes einen neuen Jenkins-Job mit Element anlegen und wählen Sie z. B. »Free Style«-Software-Projekt bauen aus.

Im Abschnitt Source-Code-Management muss Git ausgewählt werden. Dadurch erscheint der entsprechende Git-Abschnitt für die Konfiguration (Abbildung 29-1).

Abb. 29-1 Jenkins-Konfiguration des Repositorys

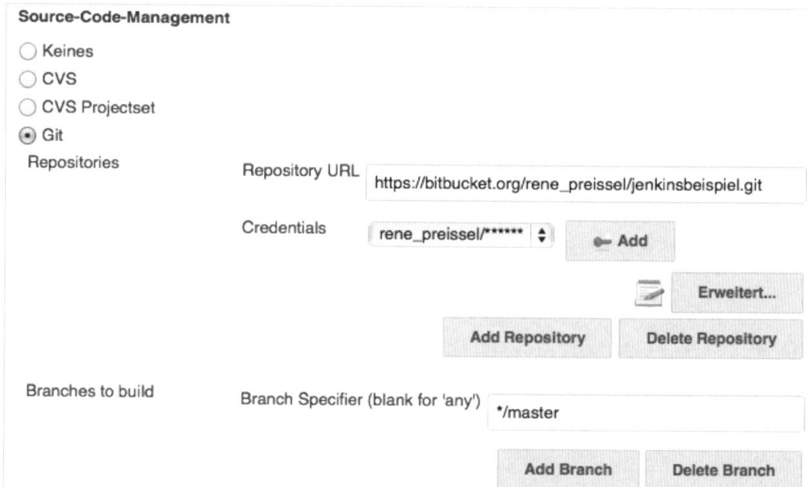

Tragen Sie im Feld Repository URL eine gültige Git-URL ein. Im Feld Credentials können Sie den Benutzernamen und das Passwort auswählen bzw. über den Knopf Add neu hinzufügen.

Im Abschnitt Branches to build können Sie festlegen, welche Branches durch den Job gebaut werden. Als Standard ist nur der `master`-Branch ausgewählt. Sie können in dem Feld allerdings auch mit Wildcards arbeiten oder über den Knopf Add Branch weitere Branches hinzufügen.

Als Letztes muss noch der Build-Auslöser festgelegt werden. Die einfachste Variante besteht darin, Git regelmäßig abzufragen und bei Änderungen in den angegebenen Branches einen Build auszulösen. Dazu konfigurieren Sie im Abschnitt Build-Auslöser den Eintrag Source Code Management System abfragen. Im Feld Zeitplan definieren Sie nun das Intervall, in dem geprüft wird, ob Änderungen vorliegen, z. B. bedeutet `H/15 * * * *` alle 15 Minuten, wobei durch Angabe des Buchstabens `H` der eigentliche Startzeitpunkt zufällig festgelegt wird (Abbildung 29-2).

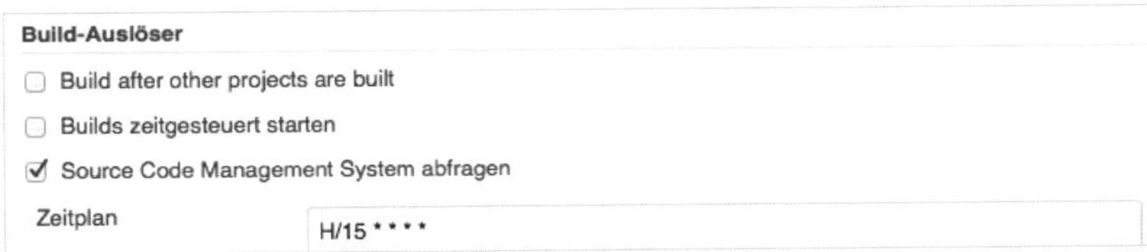

Abb. 29-2
Build-Auslöser konfigurieren

Beispiel-Repository

Wir haben auf GitHub ein Beispiel-Repository für Sie bereitgestellt, das die nachfolgenden Jenkins-Beispiele automatisch anlegt:
`https://github.com/kapitel26/jenkins-templates`
Dazu nutzt es das Job DSL Plugin[a]. Dieses Plug-in muss genauso wie die anderen Plug-ins installiert werden. Erzeugen Sie so, wie in diesem Abschnitt beschrieben wird, einen einfachen Jenkins-Job, und konfigurieren Sie die Git-URL auf:
`https://github.com/kapitel26/jenkins-templates.git`
Sie benötigen keinen Build-Trigger, da der Job nur manuell gestartet wird. Über die Auswahlbox Build-Schritt hinzufügen wählen Sie den Eintrag Process Job-DSLs aus. Daraufhin erscheint der entsprechende Abschnitt. Tragen Sie in dem Feld DSL Scripts den Wert `*.groovy` ein.
Wenn Sie nun den neuen Jenkins-Job starten, wird das Beispiel-Repository geklont und alle darin enthaltenen Job-Groovy-Skripte werden ausgeführt. Das wiederum führt dazu, dass alle Beispiel-Jenkins-Projekte angelegt werden.

[a] Getestet mit Version 1.29

29.3 Hook als Build-Auslöser

Im vorigen Abschnitt haben Sie gesehen, wie man einen einfachen Jenkins-Job einrichtet und diesen zeitgesteuert startet. Das regelmäßige Pollen von Repositorys kann bei vielen Jenkins-Jobs und kleinem Intervall unnötige Last auf dem System und im Netzwerk erzeugen. Außerdem startet der Build oft verzögert, wenn das Build-Intervall groß eingestellt ist.

Hooks – Git erweitern
→ Seite 301

Mit der Kombination von Hooks und dem »Git Plugin« ist es möglich, den Build direkt durch den push-Befehl auszulösen.

Hooks erlauben es, eigene Skripte vor oder nach Git-Befehlen auszuführen. Dabei ist es möglich, Hooks sowohl im lokalen Repository als auch im Remote-Repository zu konfigurieren. Für das Auslösen des Jenkins-Builds eignet sich der »Post-Receive-Hook« im Remote-Repository. Er wird immer dann aufgerufen, wenn neue Daten durch ein Push übertragen wurden.

Der zweite Bestandteil dieses Ablaufs ist ein Feature des Git-Plug-ins. Es reagiert auf Abrufe der folgenden URL, deren Parameter <repo-url> der Repository-URL eines oder mehrerer Jenkins-Jobs entsprechen muss:

```
http://myjenkins:8080/git/notifyCommit?url=<repo-url>
```

Wird die Notify-URL abgerufen, löst das Plug-in bei diesen Jenkins-Jobs eine Überprüfung aus. Sie holen dann den letzten Stand des Repositorys (per fetch-Befehl) und stoßen einen Build an, falls Änderungen vorliegen.

Nachdem die technischen Details bekannt sind, zeigen wir als Nächstes die konkrete Umsetzung des Hooks und die Einrichtung des Jenkins-Jobs.

Der »Post-Receive-Hook« wird als Shell-Skript mit den Namen post-receive im Verzeichnis <remote-repo>/hooks abgelegt. Die einfachste Form, die auf Änderungen aller Branches reagiert, ist hier zu sehen:

```
#!/bin/sh
curl http://myjenkins:8080/git/notifyCommit\
    ?url=<repo-url>\
    > /dev/null 2>&1
```

Die Variable <repo-url> ist durch die konkrete Repository-URL zu ersetzen. Immer wenn der Hook ausgeführt wird, ruft der curl-Befehl die Notify-URL am Jenkins-Server auf. Mit > /dev/null 2>&1 werden alle Ausgaben des curl-Befehls unterdrückt. In den zugehörigen Jenkins-Jobs muss im Abschnitt Build-Auslöser der Eintrag Source Code Management System abfragen aktiviert sein. Das Feld Zeitplan muss leer bleiben (Abbildung 29-3).[7]

Im Beispiel-Repository gibt es in der Datei notifier-post-receive-hook noch eine erweiterte Variante, die nur auf einen bestimmten Branch reagiert:

```
\pfad{https://github.com/kapitel26/jenkins-templates}
```

[7] Die Warnung No schedules so will never run kann ignoriert werden.

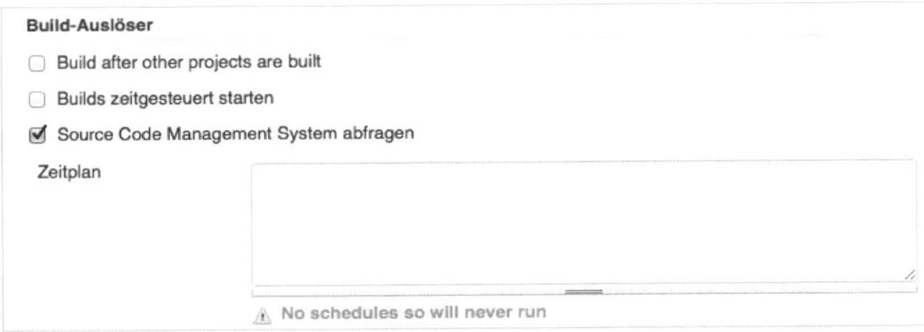

Abb. 29-3 *Zeitplan für Build-Auslöser leer lassen*

29.4 Ein Tag für jeden erfolgreichen Build

In den vorangegangenen Abschnitten haben wir Jenkins mit Git kombiniert, allerdings werden bisher keine Informationen von Jenkins nach Git übertragen. Es kann aber sinnvoll sein, jeden erfolgreichen Build mit einem Tag, z. B. `build/<build-number>`, zu versehen. Eine weitere Möglichkeit ist, einen Branch, z. B. `build/latest`, zu pflegen, der immer auf den letzten erfolgreiche Build zeigt. Es ist dann möglich, jederzeit den Unterschied zwischen dem aktuellen HEAD und dem letzten erfolgreichen Build zu ermitteln.

Mit dem »Git Plugin« ist das alles nur eine Frage der Konfiguration. Dazu muss man im Abschnitt Post-Build-Aktionen den Git Publisher-Schritt hinzufügen. Über die Knöpfe Add Tag und Add Branch können dann das Tag und der Branch konfiguriert werden (Abbildung 29-4).

Aktivieren Sie das Feld Push Only If Build Succeeds, damit Tag und Branch nur bei erfolgreichen Builds in das Remote-Repository übertragen werden.

Für das Build-Tag wollen wir die Jenkins-Build-Nummer als eigentlichen Tag-Namen wählen. Dafür stellt Jenkins die Variable `$BUILD_NUMBER` bereit. Damit die Build-Tags und der Build-Branch gut von anderen Tags und Branches zu unterscheiden sind, versehen wir diese mit einem Präfix: `build`. Im Feld Tag to push muss der vollständige Tag-Name konfiguriert werden. Das Feld Create new tag muss aktiviert werden, da ansonsten das Tag nicht in das Remote-Repository zurückgeschrieben werden kann. Im Feld Target remote name muss der Remote-Name, normalerweise `origin`, konfiguriert werden (Abbildung 29-4 oben).

Der Build-Branch kann genauso konfiguriert werden. In unserem Beispiel soll dieser den Namen `build/latest` bekommen. Dieser Name ist im Feld Branch to push einzutragen. Im Feld Target remote name muss wie beim Tag der Wert `origin` konfiguriert werden (Abbildung 29-4 unten).

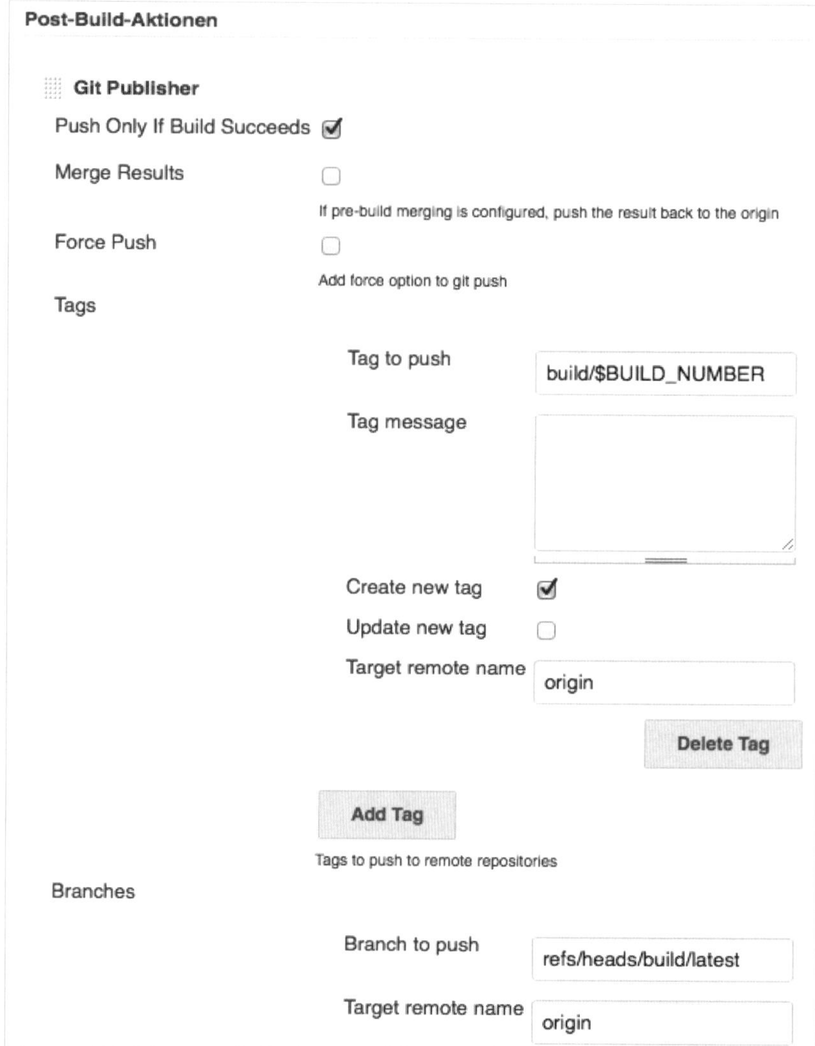

Abb. 29-4
Konfiguration von Tags und Branches für erfolgreiche Builds

29.5 Pull-Requests bauen

Wenn man Pull-Requests einsetzt, um Feature-Branches zu integrieren, dann will man meistens vor dem Merge überprüfen, ob der Build funktionieren würde.

Häufig nutzt man für die Arbeit mit Pull-Requests eine zentrale Repository-Verwaltung, die dieses Feature explizit unterstützt, z. B. Atlassian Stash[8], GitHub[9] oder GitLab[10]. Diese ermöglichen das Anlegen, Reviewen und Abschließen von Pull-Requests über eine Weboberfläche. Ein weiteres Feature dieser Werkzeuge ist es, dass diese nach dem Anlegen eines Pull-Request schon mal den Merge temporär durchführen. Wenn dabei festgestellt wird, dass es Konflikte gibt, werden diese gleich im Pull-Request grafisch dargestellt.

Hat der Merge funktioniert, nutzt man das temporäre Merge-Commit, um in Jenkins zu bauen, d. h. es wird nicht das letzte Commit des Feature-Branch gebaut, sondern schon jenes Merge-Commit, das bei endgültiger Abgabe des Pull-Requests entstehen würde.

Die eigentliche Integration in Jenkins hängt dabei vom benutzten Werkzeug ab. Einige arbeiten mit eigenen Jenkins-Plug-ins, andere nutzen eine Namenskonvention für die temporären Merge-Commits. Nachfolgend zeigen wir als Beispiel die Integration mit Atlassian Stash.

Bei Atlassian Stash gibt es die Namenskonvention `refs/pull-requests/*/merge` für die temporären Pull-Request-Branches. Dabei wird der `*` durch eine fortlaufende Pull-Request-Nummer ersetzt. Da die Branches nicht mit `refs/head/` beginnen, holt der normale `fetch`-Befehl diese nicht automatisch in das lokale Repository. Deswegen muss man in der Jenkins-Konfiguration unter ERWEITERT noch eine explizite *Refspec angeben* (Abbildung 29-5).

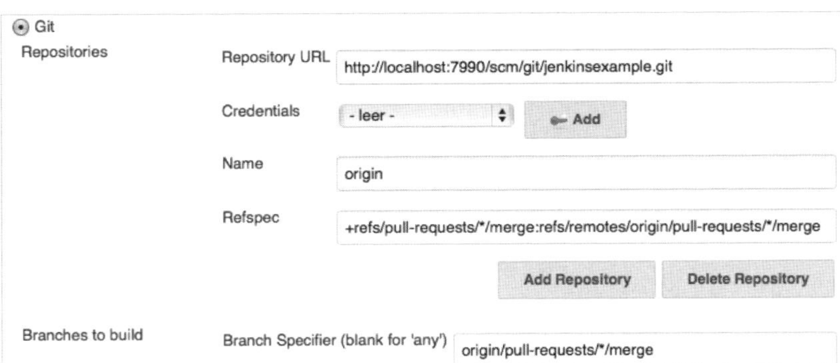

Abb. 29-5
Konfiguration der Refspec für Pull-Requests

[8] https://www.atlassian.com/software/stash
[9] https://github.com
[10] https://gitlab.com/

Sie können das auch in Ihrem eigenen lokalen Repository ausprobieren, wenn Sie zum Beispiel vorab den Pull-Request eines Kollegen anschauen wollen:

```
> git fetch origin \
     +refs/pull-requests/*:refs/remotes/origin/pull-requests/*
```

Den Jenkins-Job kann man zeitlich ansteuern. Wie das geht, ist im Abschnitt »Ein einfaches Git-Projekt einrichten« ab Seite 286 beschrieben. Alternativ ist das Auslösen über einen Hook möglich. Dafür gibt es in Atlassian Stash ein eigenes Plug-in: STASH WEBHOOK TO JENKINS[11].

Der Jenkins-Job kann das Ergebnis des Build wiederum an Atlassian Stash zurückmelden, sodass in der Anzeige des Pull-Requests der Build-Status sichtbar ist. Dazu muss das *Stash Notifier Plugin*[12] in Jenkins installiert werden. In dem Pull-Request-Jenkins-Job muss als POST-BUILD-AKTION die Aktion `Notify Stash Instance` hinzugefügt und konfiguriert werden (Abbildung 29-6).

Abb. 29-6 Konfiguration des Stash Notifiers für Pull-Requests

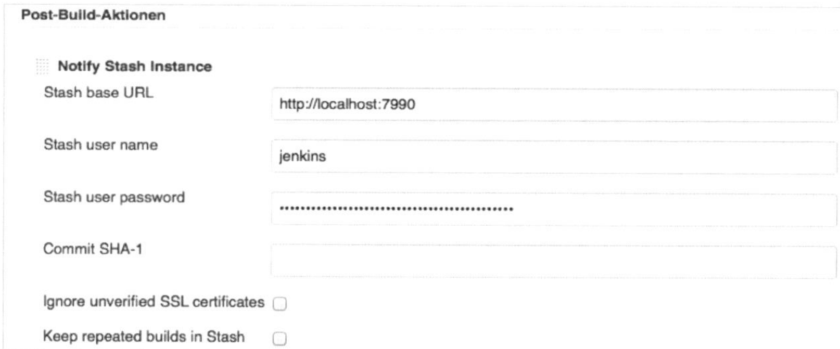

Leider wird der Build-Status in Atlassian Stash nicht automatisch angezeigt. Das liegt daran, dass wir ein Commit bauen, das nur auf dem temporären Branch vorhanden ist. Per Default zeigt Atlassian Stash aber nur Build-Ergebnisse für Commits an, die dem Pull-Requests schon bekannt sind. Aber auch dafür gibt es ein Plug-in: das STASH-BUILD-STATUS-PLUGIN (Abbildung 29-7).

Die beschriebene Interaktion zwischen Jenkins und Atlassian Stash kann man natürlich auch mit anderen Werkzeugen umsetzen. Typischerweise braucht man:

- einen Trigger innerhalb der zentralen Repository-Verwaltung, um das Build nach dem Anlegen oder Ändern eines Pull-Requests zu starten,

[11] http://marketplace.atlassian.com/plugins
[12] Getestet mit Version 1.8

Abb. 29-7
Konfiguration des stash-build-status-plugin

- einen Job im Build-Server, um das Pull-Request-Build zu bauen, ggf. gibt es dafür auch spezielle Plug-ins,
- ein Plug-in im Build-Server, um die zentrale Repository-Verwaltung über das Ergebnis des Builds zu informieren.

29.6 Automatischer Merge von Branches

Im Workflow »Periodisch Releases durchführen« (Seite 203) haben wir gezeigt, wie man verschiedene Branches nutzt, um ein Release vorzubereiten. Eine wichtige Aufgabe dabei ist es, die Änderungen von einem Branch auf einen anderen Branch zu übertragen. Das Git Plugin von Jenkins kann dies automatisch. Es erstellt vor dem Bauen ein Merge-Commit und bringt dieses nach erfolgreichem Build auf den Ziel-Branch.

Im Folgenden wird die Jenkins-Konfiguration für ein Merge vom `prod`-Branch auf den `master`-Branch gezeigt.

Als Erstes wird ein normaler Job mit einem Repository konfiguriert. Als Branch to Build wird hierbei der `*/prod` ausgewählt. Das heißt, immer, wenn auf dem `prod` neue Commits auftauchen, soll der Build ausgeführt werden (Abbildung 29-8).

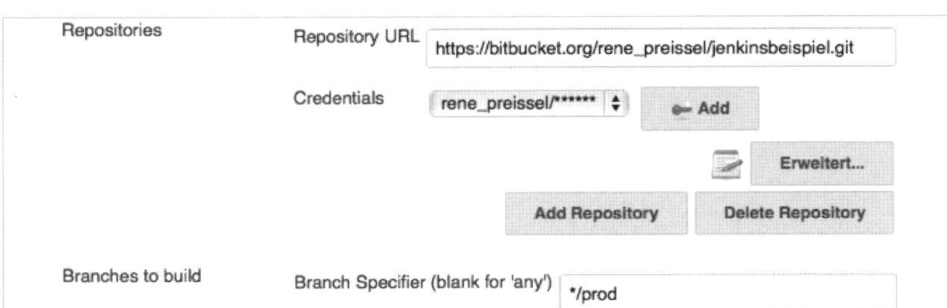

Abb. 29-8
Konfiguration des Repository und des Branch

Das Entscheidende ist, dass zusätzlich im Bereich ADDITIONAL BEHAVIOURS das Element MERGE BEFORE BUILD ausgewählt wird (Abbildung 29-9). Im Feld BRANCH TO MERGE TO muss der Ziel-Branch (in unserem Fall `master`) angegeben werden. Will man sichergehen, dass es keinen Fast-Forward-Merge gibt, muss im Feld FAST-FORWARD MODE noch `--no-ff` ausgewählt werden.

Abb. 29-9
Merge vor dem Build konfigurieren

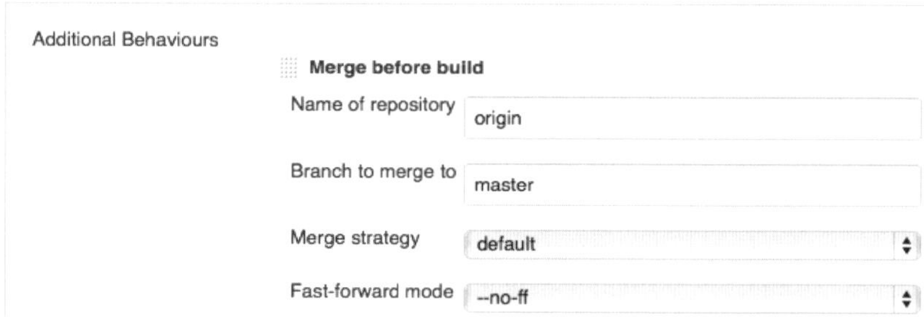

Als Letztes muss als POST-BUILD-AKTION der GIT PUBLISHER konfiguriert werden. Dabei sind die Felder PUSH ONLY IF BUILD SUCCEEDS und MERGE RESULTS zu aktivieren (Abbildung 29-10). Dies sorgt dafür, dass nach einem erfolgreichen Build das Merge-Commit in den Ziel-Branch, in unserem Fall in den `master`-Branch, zurückgeschrieben wird.

Abb. 29-10
Erfolgreichen Merge zurückschreiben

Die vorangegangenen Abschnitte sollten Ihnen nur einen Überblick über die Integration von Git und Jenkins geben. Das »Git Plugin« kann noch einiges mehr. Sehen Sie sich die entsprechende Dokumentation an.

30 Was gibt es sonst noch?

Wir haben uns in diesem Buch auf die Git-Konzepte und -Befehle beschränkt, die in typischen Projektsituationen in Unternehmen benutzt werden. Das folgende Kapitel soll Ihnen einen Überblick geben, was es sonst noch für Möglichkeiten in Git gibt. Die Befehle werden nicht ausführlich beschrieben, sondern nur so weit, wie es für das Verständnis notwendig ist.

30.1 Interaktives Rebasing – Historie verschönern

Sie haben an verschiedenen Stellen dieses Buches Rebasing kennengelernt. Es dient dazu, die Änderungen von Commits nochmals anzuwenden und neue Commits zu erzeugen, z. B. wenn man einen Branch umpflanzen will.

Mit Rebasing die Historie glätten
→ Seite 79

Wenn man sehr viel Wert auf die Commit-Historie legt, dann kann man das Rebasing auch dazu benutzen, um Commits zusammenzufassen (`squash`), aufzuspalten (`edit`) oder neu zu sortieren. Dazu wird der `rebase`-Befehl mit dem Parameter `--interactive` aufgerufen. Als Parameter wird das Commit angegeben, ab dem die Historie verändert werden soll. Um zum Beispiel die letzten drei Commits zu verändern, wäre folgender Befehl abzusetzen:

```
> git rebase --interactive HEAD~3
```

Als Ergebnis zeigt ein Texteditor drei Commits:

```
pick 927d33a commit 3
pick 7d343d0 commit 4
pick fbe58cb commit 5

# Rebase 940d0db..fbe58cb onto 940d0db
#
# Commands:
#  p, pick = use commit
#  r, reword = use commit, but edit the commit message
#  e, edit = use commit, but stop for amending
#  s, squash = use commit, but meld into previous commit
#  f, fixup = like "squash", but discard this commit's log message
#  x, exec = run command (the rest of the line) using shell
#
# If you remove a line here THAT COMMIT WILL BE LOST.
# However, if you remove everything, the rebase will be aborted.
#
```

In dieser Textdatei können die Commits neu sortiert werden oder mit den aufgeführten Befehle verändert werden. Nach dem Schließen des Editors wird Git die Commits entsprechend den Befehlen verarbeiten.

Achtung! Die Commit-Historie sollte niemals nach dem Ausführen des `push`-Befehls verändert werden. Andere Teammitglieder könnten schon von den »alten« Commits abhängen.

30.2 Umgang mit Patches

Insbesondere in der Unix-Welt werden Änderungen häufig per Patch-Datei übertragen. In reinen Git-Umgebungen besteht selten die Notwendigkeit, direkt mit Patches zu arbeiten. Hier werden Änderungen per Commit ausgetauscht. Falls es doch mal notwendig ist, unterstützt Git das Erzeugen und Einspielen von Patches.

Patches können mit dem `diff`-Befehl erzeugt werden:

```
> git diff rel-1.0.0 HEAD >local.patch
```

Zum Einspielen der Änderungen in ein anderes Repository gibt es den `apply`-Befehl:

```
> git apply local.patch
> git commit -m "applied patch"
```

30.3 Patches per Mail versenden

Git stellt auch einen Mechanismus bereit, um Commits als Patch-Mails zu versenden und in ein anderes Repository wieder einzuspielen. Das ist dann ein Ersatz für Pull und Push. Die Informationen aus den ursprünglichen Commits, wie Autor und Zeitpunkt, bleiben erhalten, Commit-Hashes aber nicht.

Der `format-patch`-Befehl erzeugt für jedes Commit im spezifizierten Bereich eine eigene Patch-Datei im mbox-Format. Das mbox-Format ist eine Textdatei für E-Mails.

```
> git format-patch rel-1.0.0..HEAD
```

```
0001-a7.patch
0002-a8.patch
0003-a9.patch
0004-a9.patch
```

Die Dateien kann man jetzt selbst verschicken oder das Ganze durch den `send-email`-Befehl von Git erledigen lassen:

```
> git send-email --to "rp@etosquare.de" *.patch
```

Der Empfänger kann die E-Mails mit dem `am`-Befehl in sein Repository einspielen. Dabei kann man die Patches einzeln auswählen oder per Wildcard alle angeben:

```
> git am 0*.patch
```

30.4 Bundles – Pull im Offline-Modus

Die beiden vorherigen Abschnitte haben Patches von einem Repository in ein anderes übertragen. Möchte man Commits übertragen, dann nutzt man normalerweise den `pull`- oder `push`-Befehl. Falls es aber keine direkte Verbindung zwischen den Rechnern der beiden Repositorys gibt, kann man Bundles erzeugen. Bundles enthalten Commits, und auf Bundles kann der `fetch`- bzw. `pull`-Befehl angewendet werden.

Als ersten Schritt erzeugt man mit dem `bundle create`-Befehl ein Bundle, das alle zu übertragenden Commits enthält:

```
> git bundle create local.bundle rel-1.0.0..HEAD
```

Die erzeugte Datei transferiert man zu dem anderen Rechner (z. B. per E-Mail oder USB-Stick). Dort kann man von dem Bundle, wie von einem anderen Repository, Commits importieren. Hierbei bleiben die Commit-Hashes erhalten.

```
> git pull local.bundle HEAD
```

30.5 Archive erstellen

Mit dem archive-Befehl kann man den Projektinhalt eines beliebigen Commits als Archiv ohne Git-Metadaten (.git-Verzeichnis) exportieren. Dabei werden das tar- und das zip-Format unterstützt.

```
> git archive HEAD --format=tar > archive.tar
> git archive HEAD --format=zip > archive.zip
> git archive HEAD --format=tar | gzip > archive.tar.gz
```

Es ist auch möglich, nur einzelne Unterverzeichnisse in ein Archiv zu packen:

```
> git archive HEAD subdir --format=tar > archive.tar
```

Mithilfe des Parameters --remote können auch Archive von entfernten Repositorys angelegt werden.

30.6 Grafische Werkzeuge für Git

Wir haben in diesem Buch ausschließlich mit der Kommandozeile gearbeitet. Doch Git bringt auch schon zwei grafische Werkzeuge mit.

Das ist zum einen das Git-GUI (gui-Befehl): ein grafisches Werkzeug, um Commits zu erstellen (Abbildung 30-1).

```
> git gui
```

Abb. 30-1 *Grafisches Werkzeug, um Commits zu erzeugen*

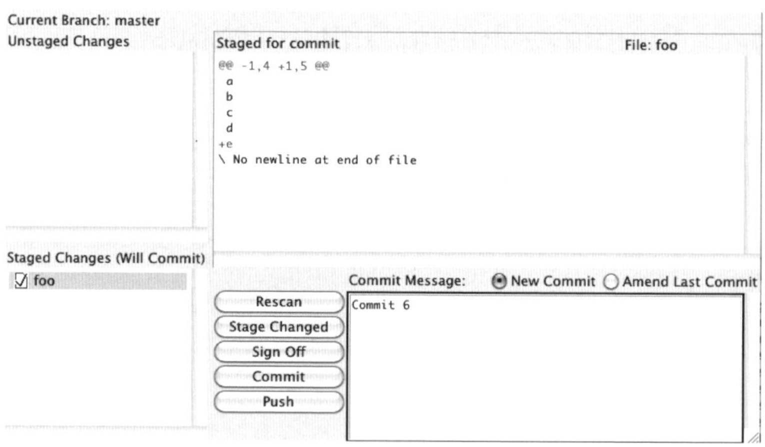

Zum anderen gibt es noch das grafische Werkzeug GitK (gitk-Befehl), mit dem die Historie betrachtet werden kann (Abbildung 30-2):

```
> git gitk --all
```

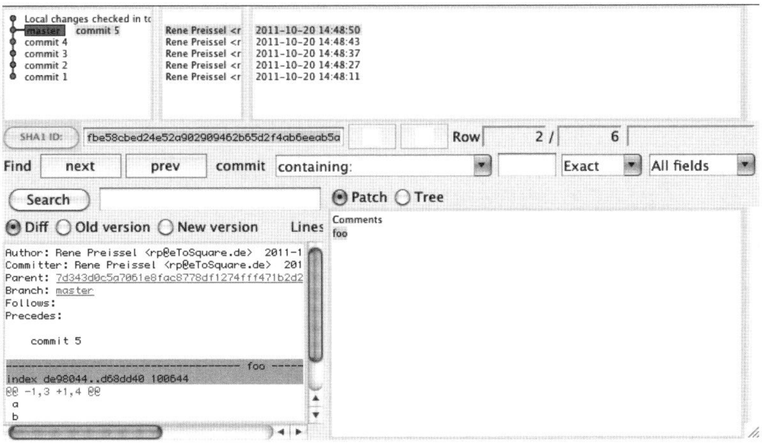

Abb. 30-2
Grafisches Werkzeug, um die Historie zu betrachten

Tipp: Englische Oberfläche

Die Git-Entwickler haben sich sehr viel Mühe gegeben, die Oberflächen mit deutschen Begriffen zu versehen. Wenn es Ihnen allerdings wie uns geht und Ihnen »Diese Version pflücken« für »Cherry-pick this commit« ungewohnt erscheint, dann können Sie auch die englischen Namen wählen. Das geht leider nicht per Optionen, sondern indem man die Übersetzungsdateien löscht. Diese finden Sie unter `<GIT-HOME>/share/gitk/lib/msgs/de.msg` und unter `<GIT-HOME>/share/git-gui/lib/msgs/de.msg`.

30.7 Repository im Webbrowser anschauen

GitWeb ist ein Werkzeug, um ein Git-Repository im Browser anzuschauen und zu durchsuchen (Abbildung 30-3). GitWeb zeigt eine Übersicht aller Commits und aller Branches. Man kann sich die Dateien des jeweiligen Commits anschauen und die enthaltenen Änderungen untersuchen. Über eine Suchfunktion können Dateien und Commits gefunden werden.

Abb. 30-3
GitWeb-Oberfläche im Webbrowser

Zum Starten und Stoppen wird der instaweb-Befehl benutzt:

```
> git instaweb start
> git instaweb stop
```

30.8 Zusammenarbeit mit Subversion

Git ermöglicht es, ein Subversion[1]-Repository zu klonen (svn clone-Befehl). Dabei wird die gesamte Historie importiert. In dem Git-Repository können lokale Commits angelegt werden. Es ist jederzeit möglich, den neuesten Stand aus Subversion zu holen (svn rebase-Befehl). Werden die lokalen Commits zurück nach Subversion gespielt (svn dcommit-Befehl), dann wird für jedes Commit eine eigene Subversion-Revision angelegt:

```
> git svn clone http://localhost/projecta/trunk
> git svn rebase
> git svn dcommit
```

30.9 Notizen an Commits

Commits sind in Git unveränderbar. Man kann zwar Commits kopieren und dabei ändern, doch dann entsteht ein neues Commit. Möchte man Commits nachträglich mit Kommentaren versehen, stehen Notes zur Verfügung. Notes werden meistens von Entwicklungswerkzeugen genutzt, um Commits zu markieren.

Der notes add-Befehl erzeugt einen neuen Kommentar an einem Commit:

```
> git notes add -m "Mein Kommentar" HEAD
```

Mit dem notes show-Befehl kann der Kommentar wieder angezeigt werden:

```
> git notes show HEAD
```

Achtung! Notes werden nicht automatisch beim Push oder Pull zwischen Repositorys übertragen. Es gibt auch leider keinen einfachen Parameter --notes, um das zu erreichen. Die folgenden beiden Kommandos zeigen beispielhaft, wie Notes übertragen werden:

```
> git push origin refs/notes/*:refs/notes/*
> git fetch origin refs/notes/*:refs/notes/*
```

[1] http://subversion.apache.org/

30.10 Hooks – Git erweitern

Git stellt einen Mechanismus »Hooks« bereit, um mittels Skripten in die Verarbeitung von bestimmten Befehlen einzugreifen. So ist es möglich, vor dem eigentlichen Commit bestimmte Überprüfungen vorzunehmen, z. B. ob gewisse Konventionen bei dem Commit-Kommentar eingehalten wurden (`commit-msg`-Hook).

Im Verzeichnis `.git/hooks` eines jeden Repositorys sind Beispiele für die möglichen Hooks hinterlegt.

30.11 Github – Hosting von Repositorys

Github[2] ist ein Dienstleister, um Git-Repositorys zu verwalten und im Internet verfügbar zu machen. Github bietet einen SSH- und einen HTTPS-Zugang zu den Repositorys an.

Dabei ist das Anlegen von öffentlichen Repositorys kostenlos.[3] Für private Repositorys muss die kostenpflichtige Variante benutzt werden.[4] Viele Open-Source-Projekte nutzen mittlerweile Github als Entwicklungszentrale.

Der Pull-Workflow Insbesondere wird auch der Pull-Workflow gut unterstützt. Dazu kann man vorhandene Github-Repositorys innerhalb von Github klonen. Einen solchen serverseitigen Klon nennt man einen Fork. Anschließend wird ganz normal auf dem eigenen Fork-Repository gearbeitet. Es wird ein lokaler Klon angelegt, und Änderungen werden via `push`-Befehl zurückgeschrieben. Möchte man seine Änderungen in das Ausgangs-Repository zurückübertragen, kann man über Github einen Pull-Request an den Eigentümer dieses Repositorys schicken. Dieser kann jetzt mittels `pull`-Befehl die Änderungen holen und zusammenführen.

Warum nicht anders?
→ Seite 150

[2] https://github.com/

[3] Öffentliche Repositorys können von jedem gelesen werden, jedoch nur vom Eigentümer geändert werden.

[4] Private Repositorys können nur vom Eigentümer und eingeladenen Mitentwicklern gelesen und geändert werden.

31 Die Grenzen von Git

Nachdem wir in den bisherigen Kapiteln die Vorzüge von Git und das effiziente Arbeiten mit einer dezentralen Versionsverwaltung in den Mittelpunkt gestellt haben, setzt sich dieses Kapitel mit den Problembereichen auseinander.

31.1 Hohe Komplexität

Der Umgang mit zentralen Versionsverwaltungen gehört mittlerweile zum Standardwissen jedes Entwicklers. Häufig beschränkt dieses Wissen sich jedoch auf die grundlegenden Funktionen, wie »Neue Versionen holen« und »Eigene Änderungen einspielen«. Das Branching und die Repository-Administration werden häufig von Build-Verantwortlichen mit Spezialkenntnissen durchgeführt.

Bei Git ist das Branching jedoch ein elementares Konzept, das bei jedem Commit, Pull und Push verstanden sein muss. Auch ist jeder Entwickler der Administrator seines eigenen Repositorys. Der Umgang mit Remotes und der Austausch zwischen Repositorys muss von jedem Teammitglied selbst durchgeführt werden.

Daneben bringen dezentrale Versionsverwaltungen einen zusätzlichen Push-Schritt in den normalen Ablauf. Während es bei zentralen Versionsverwaltungen reicht, ein Commit durchzuführen, damit die Änderungen für alle sichtbar sind, müssen bei Git noch die Commits mit dem `push`-Befehl in das zentrale Repository übertragen werden. Insbesondere in der Umstiegsphase werden Sie sehr häufig den Satz hören: »Aber das habe ich doch schon gefixt ... ähem ... Moment, ich pushe ... jetzt noch mal pullen.«

Die genannten Punkte basieren auf der Komplexität einer dezentralen Versionsverwaltung und treffen auch auf jedes andere dezentrale Werkzeug, z. B. Mercurial[1], zu. Mit großer Wahrscheinlichkeit werden Softwareentwickler diese Konzepte aber bald als Standardwissen parat haben.

[1] http://mercurial.selenic.com/

Daneben bringt Git auch noch ein paar Eigenarten mit. Der Ursprung von Git liegt in der Linux-Kernel-Entwicklung. Dort ist man es gewohnt, viel mit der Kommandozeile zu arbeiten, und entsprechend mächtig ist diese auch bei Git. Es gibt eine Unmenge von Befehlen und Parametern. Wenn man sich die Hilfeseiten von Git-Befehlen anschaut, wird man von den Möglichkeiten schier erschlagen. Die Ausführlichkeit der Hilfeseiten ist zwar gut, um alle Details zu verstehen, doch helfen sie wenig, wenn es darum geht, zwischen dem Wichtigen und dem Unwichtigen zu unterscheiden.

Zu guter Letzt wurde bei der Namensgebung von Befehlen häufig mehr der technische Aspekt als der Anwendungsaspekt hervorgehoben. Zum Beispiel wird zum Verwerfen von lokalen Änderungen in Git der folgende Befehl benutzt:

```
> git checkout~-- DATEI
```

Wären Sie darauf gekommen?

Einige Git-Befehlsnamen haben bei anderen bekannten Versionsverwaltungen auch eine andere Bedeutung. Zum Beispiel heißt in Subversion[2] der Befehl zum Verwerfen von lokalen Änderungen folgendermaßen:

```
> svn revert DATEI
```

Einen `revert`-Befehl gibt es auch in Git, doch dient er dort dazu, die Änderungen eines bereits durchgeführten Commits zu entfernen, indem ein neues Commit mit den »entgegengesetzten« Änderungen erzeugt wird.

Die beschriebenen Punkte führen zu der hohen Komplexität von Git, und entsprechend lange dauert das Erlernen. Deswegen ist es wichtig, bei der Einführung von Git die Entwickler gut vorzubereiten und für die Standard-Workflows klare Abläufe zu definieren.

Belohnt wird man dafür mit einem sehr leistungsfähigen Werkzeug, das einen nicht in der eigenen Arbeitsweise einschränkt.

[2] http://subversion.apache.org/

31.2 Komplizierter Umgang mit Submodulen

Das Submodulkonzept wurde im Kapitel »Abhängigkeiten zwischen Repositorys« ab Seite 107 beschrieben. Submodule sind eigenständige Repositorys, die in ein anderes Repository (Main-Repository) eingebunden werden.

Dabei ist schon das Klonen eines Main-Repositorys mit Submodulen kompliziert und erfordert extra Schritte (`submodule init`-Befehl und `submodule update`-Befehl). Man erkennt deutlich, dass das Submodulkonzept nachträglich eingebaut wurde.

Git geht bei Submodulen den sehr konsequenten Weg, dass im Main-Repository immer genau ein spezifiziertes Commit des Submodul-Repositorys eingebunden wird. Das führt dazu, dass man immer einen reproduzierbaren Stand seines Projekts inklusive Submodulen wiederherstellen kann.

Mit Submodulen arbeiten → *Seite 112*

Leider macht das auch die Arbeit kompliziert. Änderungen an Submodulen müssen zunächst durch ein eigenes Commit abgeschlossen werden. Danach muss das neue Commit des Submoduls im Main-Repository ausgewählt und anschließend durch ein zweites Commit festgeschrieben werden.

In vielen Entwicklungsprojekten will man allerdings während der Entwicklungsphase immer den aktuellsten Stand von Submodulen integrieren (z. B. den `HEAD` im `master`-Branch). Dieses Vorgehen wird gar nicht von Git-Submodulen unterstützt. Es muss immer explizit ein Commit ausgewählt werden.

Dadurch, dass Submodule eigenständige Repositorys sind, ist es auch nicht möglich, zwischen ihnen Dateien inklusive Historie zu verschieben.

Das alles führt dazu, dass man in Git häufig auf Submodule verzichtet. Wenn fachliche Module nur als Strukturierungseinheit innerhalb eines Projekts dienen, dann arbeitet man am besten mit einem großen Repository, in dem alle Module enthalten sind. Damit kann man immer auf dem aktuellsten Stand aller Module arbeiten und Dateien können inklusive Historie verschoben werden. Separate Releasezyklen, Branches und Tags für einzelne Module sind mit dieser Lösung allerdings nicht möglich.

Alternativ, wenn die Module nicht so eng gekoppelt sind und eigene Release-Zyklen erfordern, greift man auf ein externes Komponenten-Repository inklusive Abhängigkeitsmanagement zurück (z. B. Maven[3] oder Ivy[4] in Java) und versioniert in Git nur die Definition der Abhängigkeiten zu den Modulen (in Maven mit der `pom.xml`).

---

[3] http://maven.apache.org/

[4] http://ant.apache.org/ivy/

31.3 Ressourcenverbrauch bei großen binären Dateien

Git hat eine sehr effiziente Speicherverwaltung. So wird der Inhalt von Dateien nur einmal gespeichert, auch wenn es mehrere Kopien einer Datei gibt. Das funktioniert auch Commit-übergreifend. Das heißt, solange sich der Inhalt einer Datei nicht ändert, gibt es nur ein Git-Objekt für alle Commits.

Zusätzlich werden die Git-Objekte zu Paketen vereinigt und diese komprimiert. Das alles führt zu einer sehr ressourcenschonenden Ablage von Dateien.

Allerdings werden immer alle Versionen aller Dateien im lokalen Repository gehalten. Sobald man in Git große binäre Dateien ablegt (z. B. Filme, Bilder oder virtuelle Maschinen), führt das bei jedem Entwickler zu mehr Ressourcenverbrauch. Werden jetzt diese großen binären Dateien geändert und wird eine neue Version erstellt, dann wird sowohl die alte wie auch die neue Datei im lokalen Repository liegen.

Hier haben zentrale Versionsverwaltungen den Vorteil, dass nur die aktuellste Version bei den Entwicklern lokal vorhanden ist. Ältere Versionen liegen nur auf dem Server.

Als Konsequenz daraus sollte man versuchen, im eigentlichen Git-Entwicklungs-Repository die Anzahl von großen binären Dateien zu minimieren. »Kleine« binäre Dateien (z. B. Java-Bibliotheken) sind kein Problem für heutige Festplatten und Netzwerkbandbreiten.

Falls ein Repository bereits sehr groß geworden ist, kann man mit dem Workflow »Lange Historien auslagern« (Seite 245) die älteren Versionen von Dateien entfernen.

31.4 Repositorys können nur vollständig verwendet werden

Was sind Commits?
→ Seite 29

Git versioniert in einem Commit immer das gesamte Projekt bzw. Verzeichnis. Im Gegensatz dazu verwalten die meisten zentralen Versionsverwaltungen einzelne Dateien. Deswegen unterstützen zentrale Versionsverwaltungen auch Teil-Checkouts, d. h., man kann einzelne Unterverzeichnisse separat aus der Versionierung holen und Änderungen wieder zurückspielen.

In Git sind Teil-Checkouts nicht vorgesehen, da alle Dateien sowieso schon lokal vorhanden sind.[5] Das Bedürfnis nach Teil-Checkouts weist häufig auf eine fehlende Modularisierung des Projekts hin, d. h., man sollte mehrere Repositorys anlegen.

Große Projekte aufteilen → Seite 231

Häufig werden Teil-Checkouts in zentralen Versionsverwaltungen auch benutzt, um der Langsamkeit der Systeme entgegenzuwirken – das Problem hat Git ganz sicher nicht.

Möchte man wirklich nur einzelne Dateien anschauen, dann kann man einen Gitweb-Server aufsetzen (siehe `instaweb`-Befehl). Dieser ermöglicht den direkten Zugriff auf bestimmte Dateien und Versionen.

Repository im Webbrowser anschauen → Seite 299

Alternativ kann man auch den `archive`-Befehl benutzen, um nur Teile des Repositorys zu exportieren.

Archive erstellen → Seite 298

31.5 Autorisierung nur auf dem ganzen Repository

Im vorigen Abschnitt wurde beschrieben, dass Git mit einem Repository nur in der Gesamtheit umgehen kann. Das trifft auch auf die Autorisierung zu.

Es ist mit Git nicht möglich, Rechte für einzelne Verzeichnisse zu spezifizieren. Entweder hat ein Nutzer vollständigen Zugriff auf das Repository oder er kann auf kein Verzeichnis zugreifen. Es ist nur möglich, zwischen lesendem und schreibendem Zugriff zu unterscheiden – wiederum nur für das gesamte Repository.[6]

Ein Projekt aufsetzen → Seite 135

In Open-Source-Projekten löst man das Rechte-Problem häufig ganz anders: durch das *Network of Trust*-Konzept (Vertrauensnetzwerk).

Beim *Network of Trust* erlaubt man keine Push-Zugriffe auf Repositorys, sondern benutzt einen reinen Pull-Workflow. Dabei erzeugen Entwickler lokale Commits und schicken Pull-Requests an Integratoren.

Gemeinsam auf einem Branch entwickeln → Seite 153

Die Integratoren akzeptieren nur Pull-Requests von bekannten und vertrauenswürdigen Personen. Bei anderen Pull-Requests müssen die Änderungen vorher von einer vertrauenswürdigen Person überprüft werden. Das unterstützt Git mit der Unterscheidung von Autor und Committer und dem Konzept der »signierten Commits«. Bei signierten

[5] Seit Version 1.7.0 unterstützt Git auch sogenannte *Sparse Checkouts*. Dabei enthält der Workspace nur die ausgewählten Verzeichnisse. Im Repository sind weiterhin alle Dateien vorhanden.

[6] Mit Gitolite (*https://github.com/sitaramc/gitolite*) und Gerrit (*http://code.google.com/p/gerrit*) können Rechte auch auf Branch-Ebene vergeben werden.

Commits »unterschreibt« ein vertrauenswürdiger Committer die Änderungen und bestätigt damit, dass er diese kontrolliert hat. Dazu wird die Commit-Message entsprechend erweitert:

```
Signed-off-by: Rene Preissel <rp@eToSquare.de>
```

Dabei entsteht ein neues Commit mit den überprüften Änderungen. Dieses hat als Autor den ursprünglichen Entwickler und als Committer denjenigen, der die Überprüfung durchgeführt hat.

So wird beim *Network of Trust* die starre Rechtevergabe für Verzeichnisse durch einen Reviewprozess im Vertrauensnetzwerk abgelöst. Bei großen Open-Source-Projekten (z. B. dem Linux-Kernel) gibt es mehrere Ebenen von Integratoren. Erst nach mehreren Schritten landet die Änderung vielleicht im offiziellen Repository. Dabei muss die oberste Ebene nicht noch einmal alle Commits kontrollieren, da ja bereits vertrauenswürdige Entwickler die Änderungen unterschrieben haben.

Eine Abwandlung des *Network of Trust*-Workflows wird durch das Werkzeug *Gerrit*[7] unterstützt. Dabei müssen alle Codeänderungen durch einen Reviewprozess, bevor die Änderungen im offiziellen Branch sichtbar sind.

Bei In-House-Projekten sind häufig weder feingranulare Rechte für Verzeichnisse noch komplexe formale Reviewprozesse notwendig. Alle Teammitglieder dürfen alle Dateien sehen und ändern. Maximal die Freigabe eines Release oder der Übergang zu einem bestimmen Testlevel soll beschränkt werden. Das kann man auch einfach durch separate Repositorys mit beschränkten Schreibrechten erreichen. Sobald ein Übergang passieren soll, werden die Commits von berechtigten Nutzern in ein anderes Repository übertragen.

31.6 Mäßige grafische Werkzeuge für die Historienauswertung

Wenn es in Projekten zu Merge-Konflikten kommt oder wenn nach einem Merge Fehler auftauchen, dann hilft die Commit-Historie, die Ursachen zu finden. Dabei ist häufig die Frage zu klären, warum eine Änderung eingebaut wurde. Bei aktiver Entwicklungstätigkeit und damit vielen Commits und Merges ist das nicht trivial.

[7] http://code.google.com/p/gerrit/

Git bietet sehr mächtige Kommandozeilenwerkzeuge (`log`-Befehl, `blame`-Befehl, `annotate`-Befehl) für die Analyse der Historie. Doch das mitgelieferte grafische Werkzeug `gitk` und auch die Plug-ins für Entwicklungsumgebungen (z. B. »EGit«[8]) bieten bisher nur eine unübersichtliche Darstellung. Es ist mühsam, mit dem Finger auf dem Monitor Pfade nachzuvollziehen. Da bieten kommerzielle Versionsverwaltungen klarere Darstellungsmöglichkeiten.

[8] http://eclipse.org/egit/

Anhang

»Schritt für Schritt«-Anleitungen

Workflow-Verzeichnis

Ein Projekt aufsetzen

Seite 135

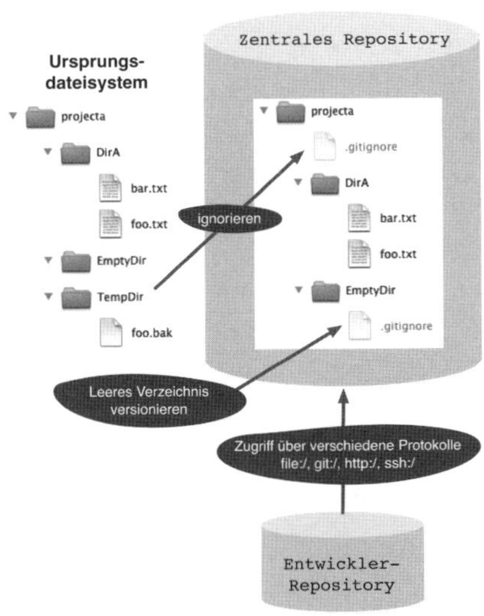

Ein Projektverzeichnis wird in ein neues Repository importiert. Dieses Repository wird als zentrales Repository für die Entwicklung im Team zur Verfügung gestellt.

Gemeinsam auf einem Branch entwickeln

Seite 153

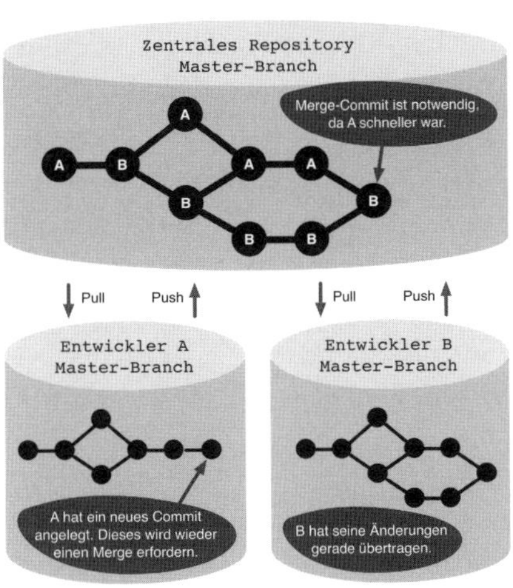

Alle Entwickler arbeiten auf dem gleichen Branch in ihren lokalen Repositorys und integrieren die Ergebnisse in den Haupt-Branch des zentralen Repositorys.

Mit Feature-Branches entwickeln

Seite 161

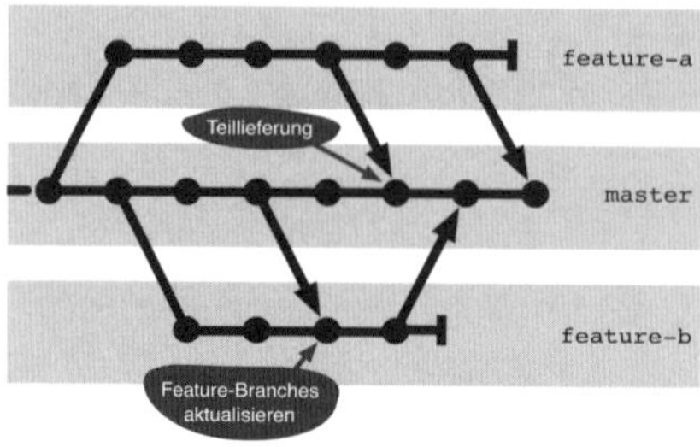

Jedes Feature oder jeder Bugfix wird in einem separaten Branch entwickelt. Nach der Fertigstellung wird das Feature oder der Bugfix in den `master`-Branch integriert.

Mit Bisection Fehler suchen

Seite 181

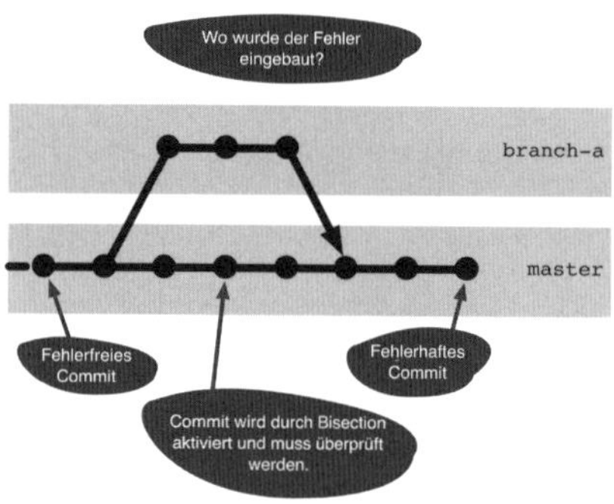

Während der Entwicklung tritt ein Fehler auf, der in vergangenen Versionen nicht vorhanden war. Bisection sucht in der Commit-Historie das Commit, das den Fehler eingeschleppt hat.

Kontinuierlich Releases durchführen

Seite 193

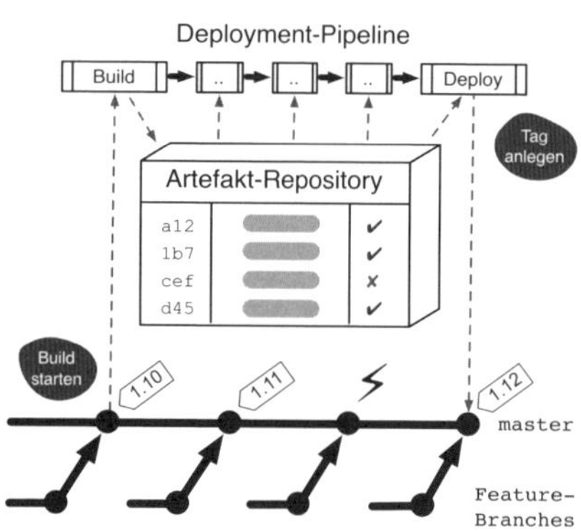

Für ein Projekt, das Continuous Delivery umsetzt, wird ein Release erstellt. Jedes Commit auf dem `master`-Branch ist ein potenzieller Release-Kandidat. Erfolgreiche Releases werden durch ein Tag markiert.

Periodisch Releases durchführen

Seite 203

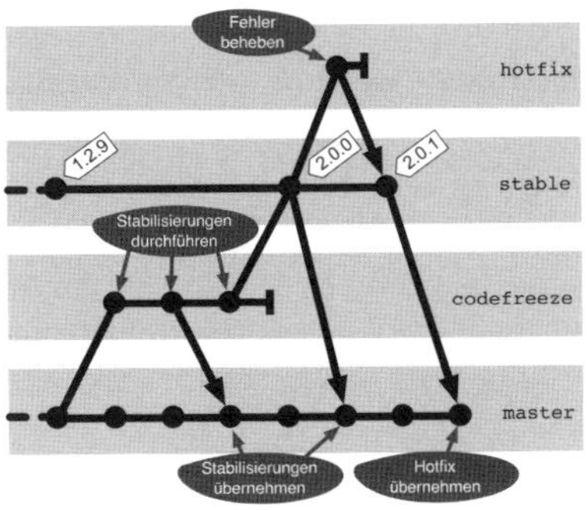

Für ein Projekt wird regelmäßig ein neues *Release* erstellt. Die Vorbereitung des Release findet in einem separaten Branch statt. Auf dem aktuell produktiven Release können Hotfixes durchgeführt werden.

Mit mehreren aktiven Releases arbeiten

Seite 217

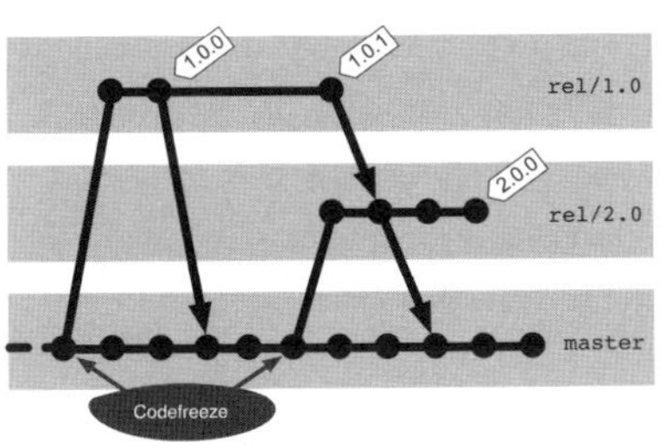

Für ein Software-Produkt werden mehrere Releases parallel betreut. Jedes Release wird auf einem separaten Branch vorbereitet. Hotfixes können zwischen Releases ausgetauscht werden.

Große Projekte aufteilen

Seite 231

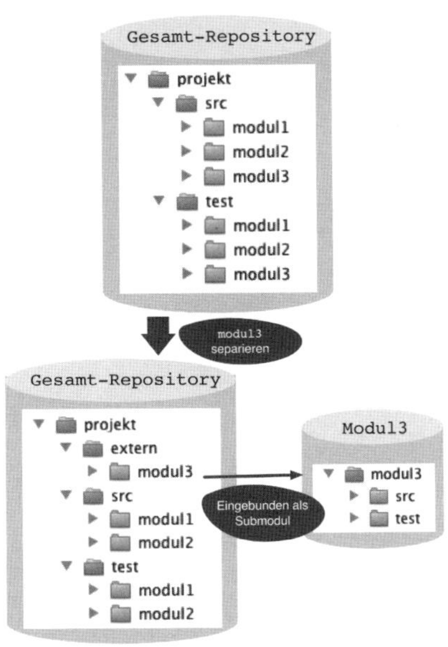

Ein Modul wird aus einem Projekt entfernt und in ein eigenes Repository migriert. Die Commit-Historie bleibt erhalten, unnötige Dateien und Commits werden entfernt. Das separierte Modul wird als externes Submodul wieder integriert.

Kleine Projekte zusammenführen

Seite 239

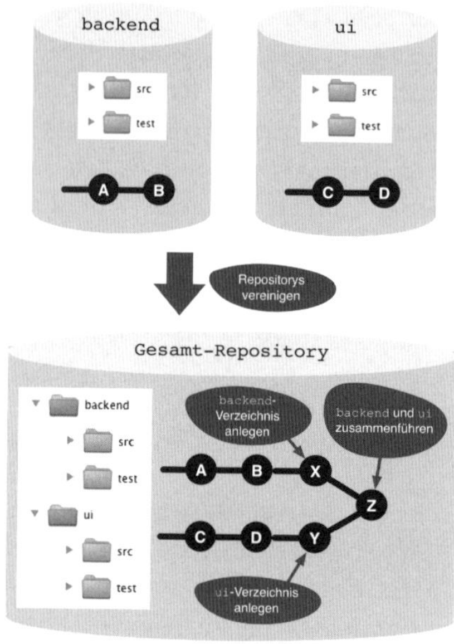

Mehrere Projekte mit eigenem Repository werden in einem gemeinsamen Repository vereinigt. Die Commit-Historien der Projekte bleiben erhalten.

Lange Historien auslagern

Seite 245

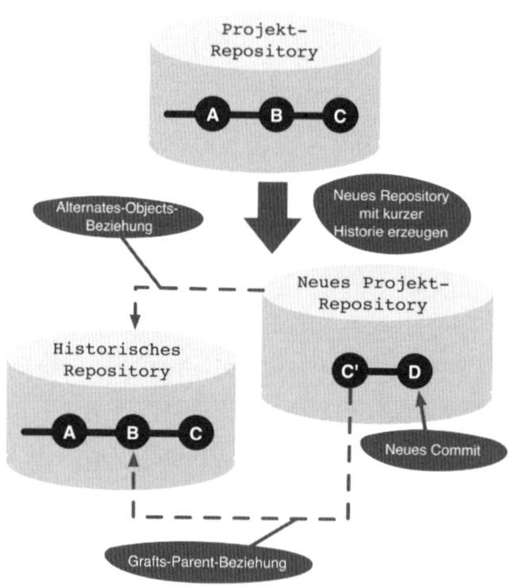

Ein Repository, das eine sehr lange Commit-Historie mit vielen und großen Dateien enthält, wird verkleinert. Die älteren Commits werden in ein separates Repository ausgelagert. Recherchen in der Historie sind weiterhin möglich.

Andere Versionsverwaltungen parallel nutzen

Seite 257

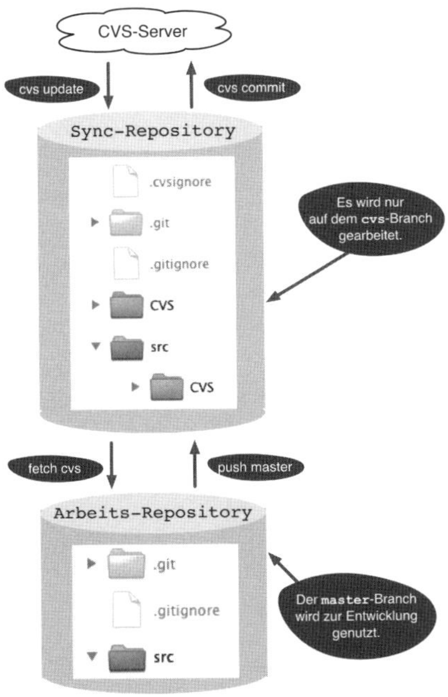

Im Unternehmen oder Team wird mit einer zentralen Versionsverwaltung gearbeitet. Einzelne Entwickler arbeiten mit Git und synchronisieren die Änderungen mit dem zentralen System.

Ein Projekt nach Git migrieren

Seite 269

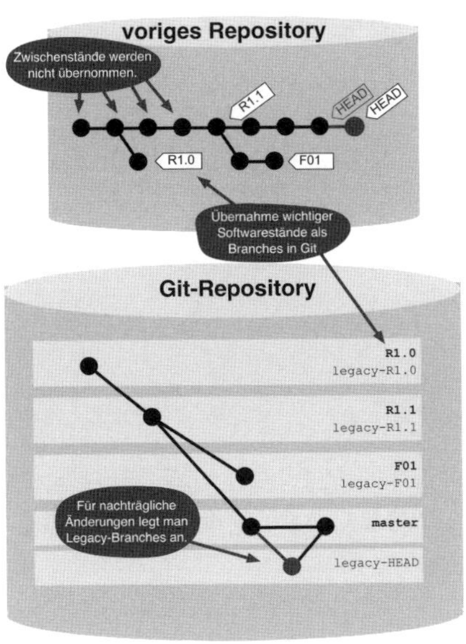

Ein Projekt aus einer anderen Versionsverwaltung wird nach Git migriert. Alle Softwarestände, die weiterentwickelt werden sollen, werden in das Git-Repository übernommen. Danach kann mit dem neuen Repository weitergearbeitet werden. Bei Bedarf können »nachtröpfelnde« Änderungen aus der alten Versionsverwaltung nachgezogen werden.

Index